《浴血广昌1934》编纂委员会

名誉主任 吴自胜　王　峰

主　　任 罗海清

副 主 任 易忠华

委　　员 段学文　何予波　葛江涛　陈　晨
胡广生　胡叔敏　谢街生

《浴血广昌1934》编辑部

主　　编 胡叔敏

副 主 编 谢街生　揭国柱

编　　辑 胡叔敏　谢街生　揭国柱　黎国兴
魏叶国　杨菊秀

浴血廣昌 1934

中共广昌县委宣传部
广昌县党史和地方志研究中心
广昌红色文化研究会
编著

江西人民出版社
Jiangxi People's Publishing House
全国百佳出版社

图书在版编目（CIP）数据

浴血广昌 1934 / 中共广昌县委宣传部，广昌县党史和地方志研究中心，广昌红色文化研究会编著 . -- 南昌：江西人民出版社，2023.7

ISBN 978-7-210-14751-0

Ⅰ . ①浴… Ⅱ . ①中… ②广… ③广… Ⅲ . ①革命史—史料—广昌— 1934 Ⅳ . ① K295.64

中国国家版本馆 CIP 数据核字 (2023) 第 114178 号

浴血广昌 1934

YUXUE GUANGCHANG 1934

中共广昌县委宣传部　广昌县党史和地方志研究中心　广昌红色文化研究会　编著

策 划 统 筹：黄心刚
责 任 编 辑：魏如祥
装 帧 设 计：上尚装帧设计

江西人民出版社 出版发行
Jiangxi People's Publishing House
全国百佳出版社

地　　址：江西省南昌市三经路 47 号附 1 号（330006）
网　　址：www.jxpph.com
电 子 信 箱：27867090@qq.com
编辑部电话：0791-86895309
发行部电话：0791-86898815
承　印　厂：南昌市印刷十二厂有限公司
经　　销：各地新华书店

开　　本：787 毫米 ×1092 毫米　1/16
印　　张：17.5
插　　页：10
字　　数：230 千字
版　　次：2023 年 7 月第 1 版
印　　次：2023 年 7 月第 1 次印刷
书　　号：ISBN 978-7-210-14751-0
定　　价：68.00 元
赣版权登字 -01-2023-272

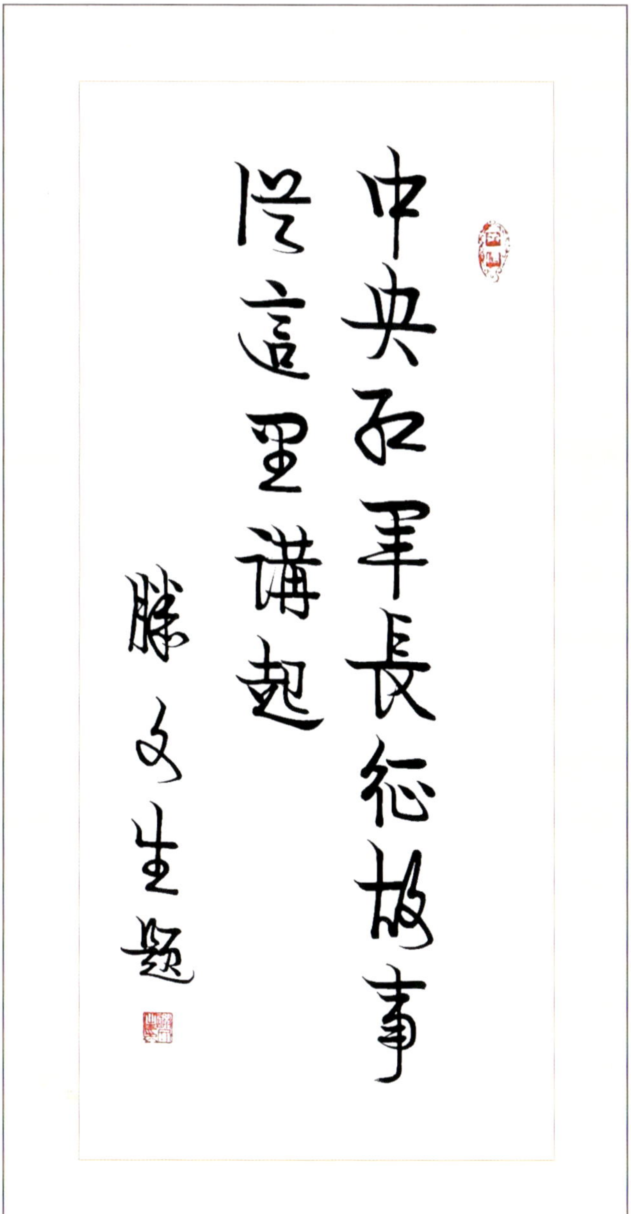

2023年3月，原中央文献研究室主任滕文生同志为本书题词

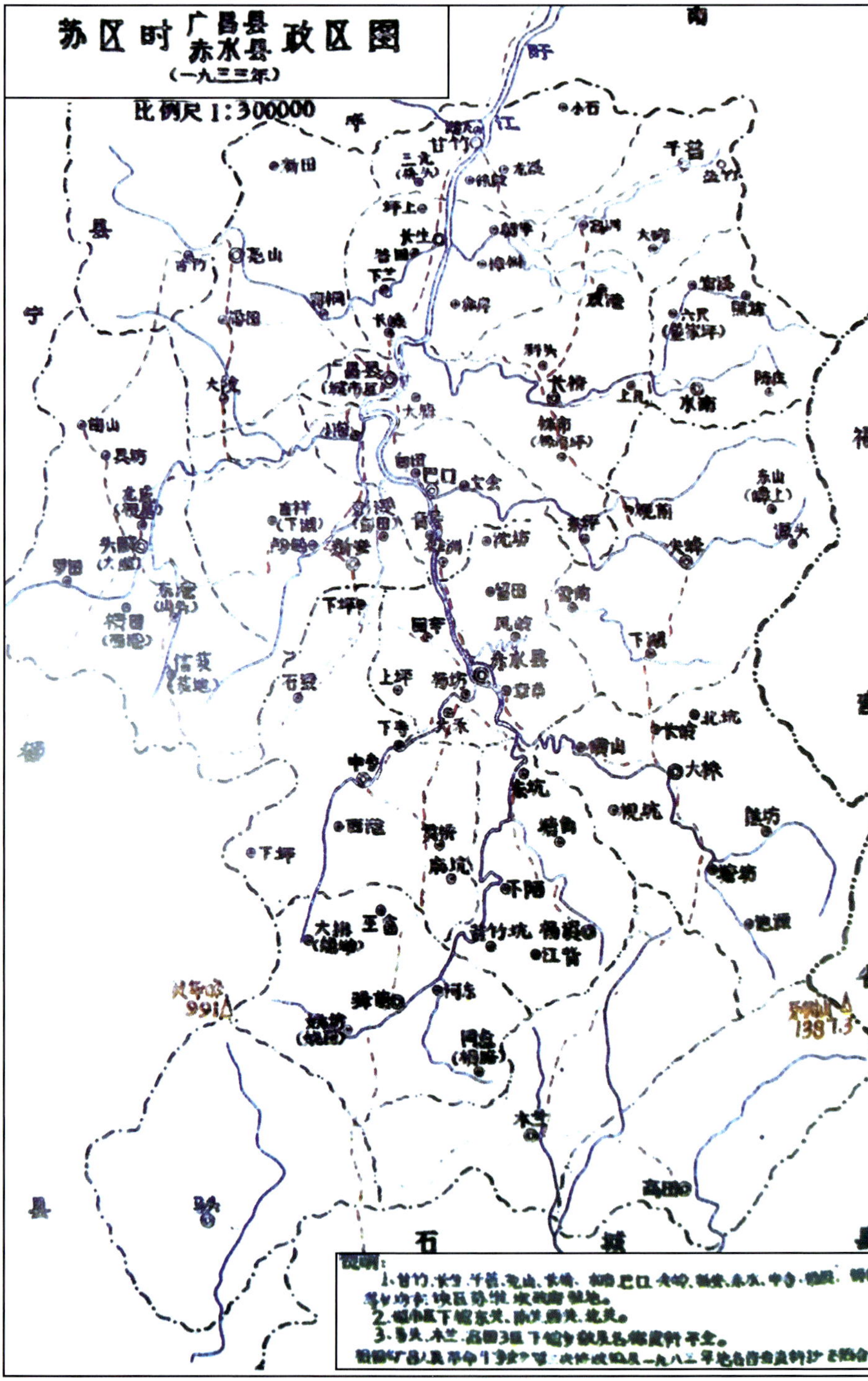

苏区时广昌县赤水县政区图（1933）

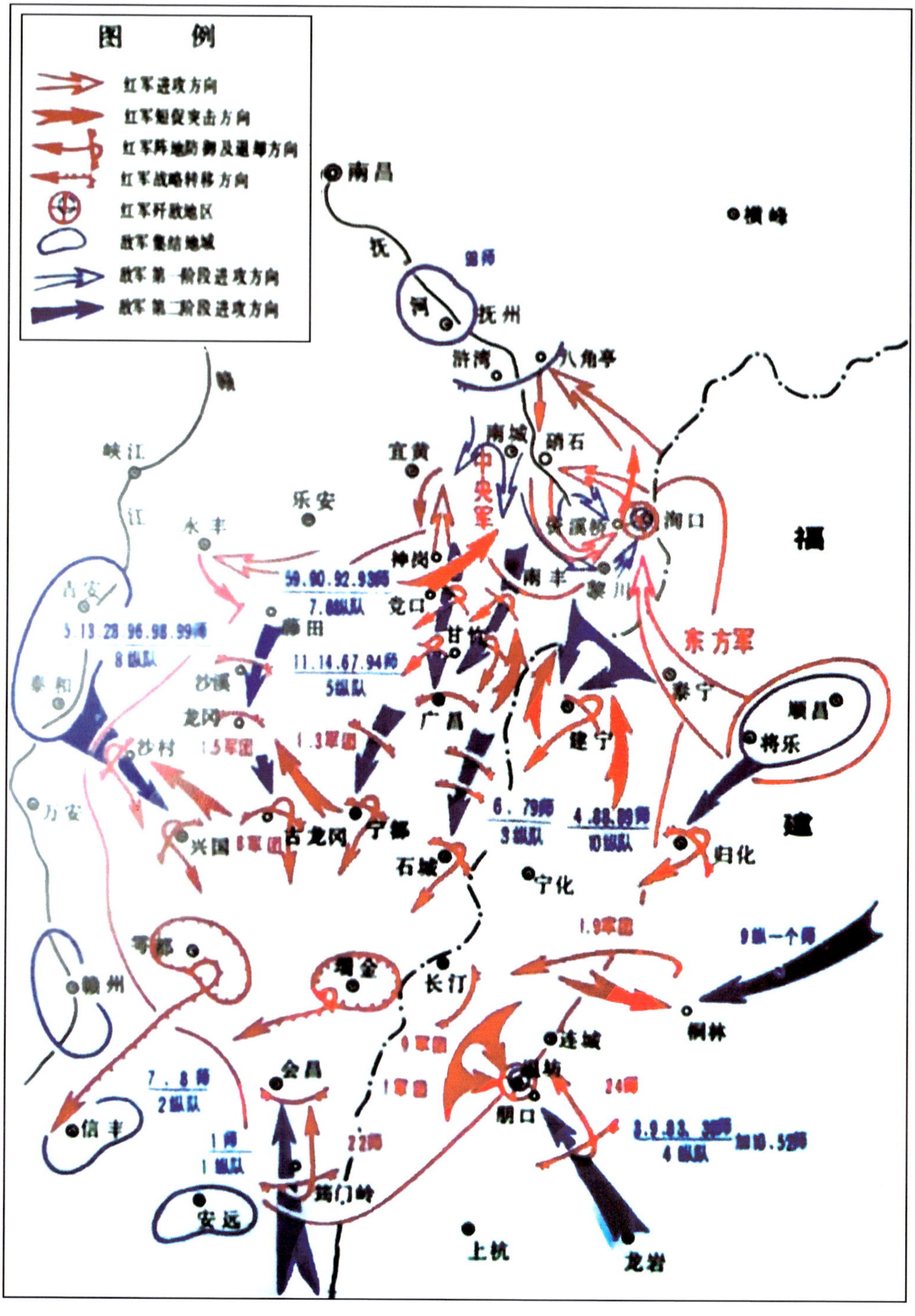

中央革命根据地第五次反“围剿”经过要图（1933.9—1934.10）

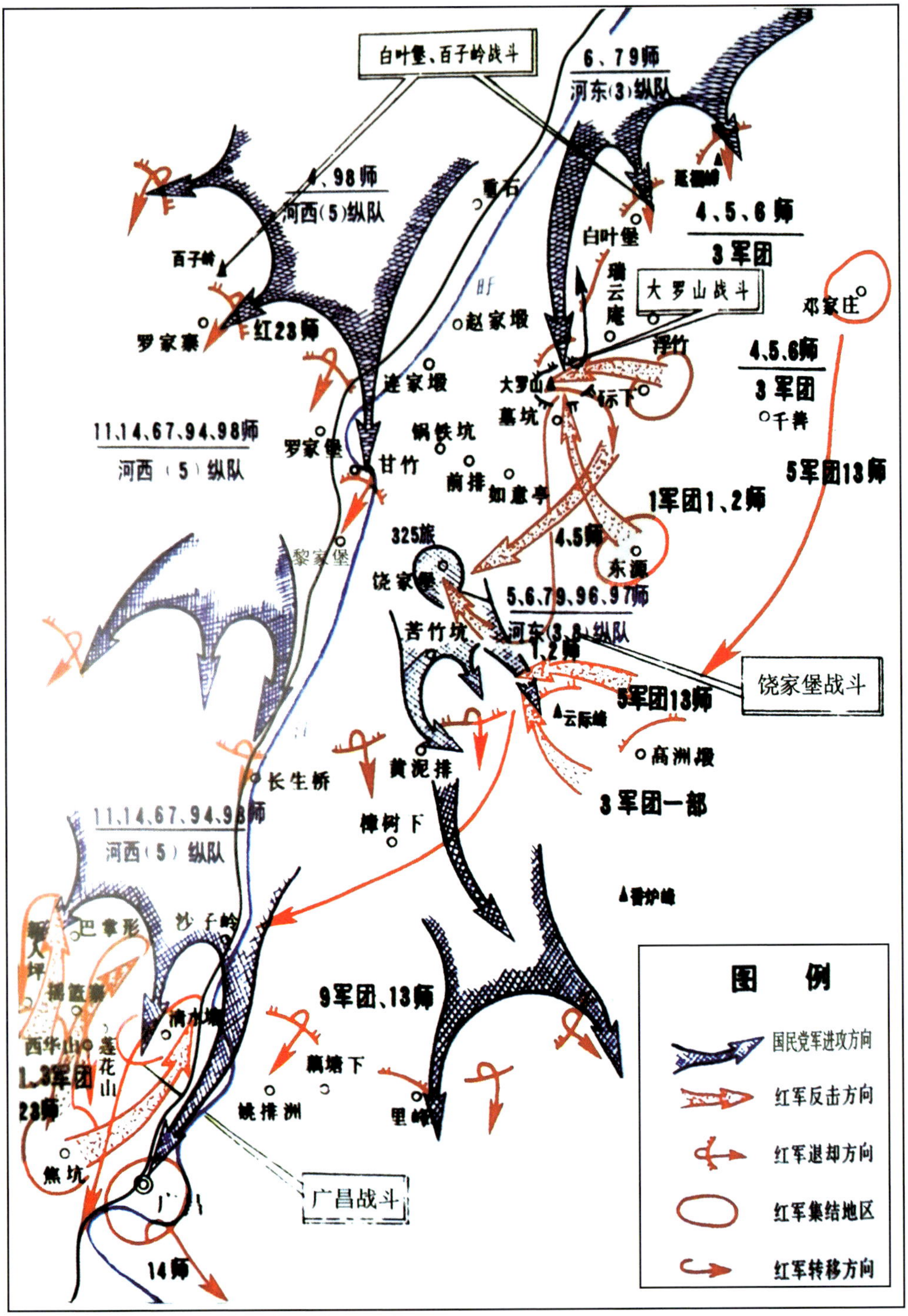

中央红军第五次反“围剿”广昌保卫战经过示意图（1934.4）

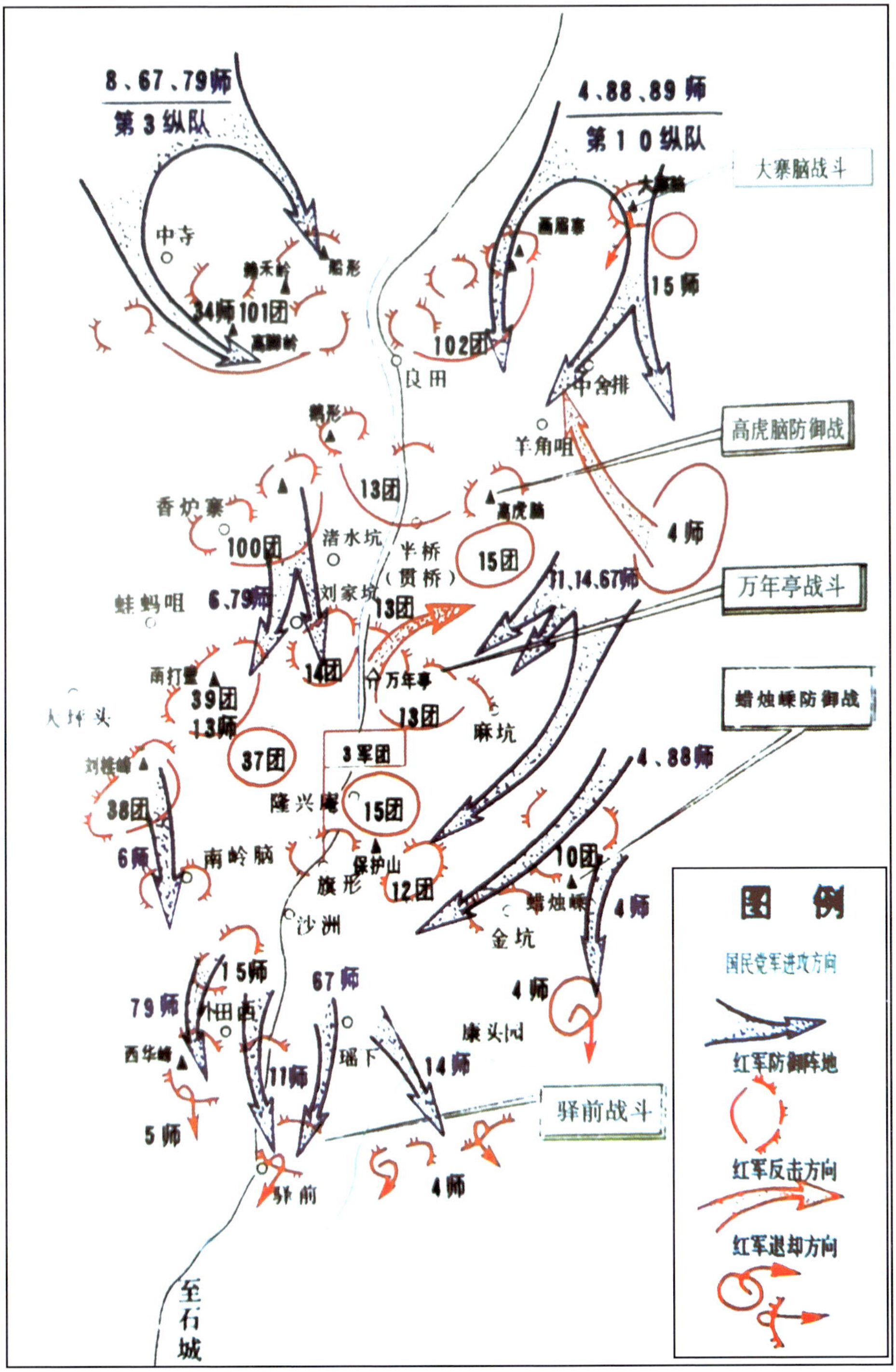

中央红军第五次反“围剿”高虎脑防御作战经过示意图（1934.7—8）

广昌保卫战中革军委会议旧址——头陂下关冯家祠

广昌保卫战中革军委野战司令部前线指挥部暨红军北线阵地指挥部旧址——广昌县城西南三官殿

广昌保卫战红一军团指挥部旧址——甘竹饶家堡雯峰书院

广昌保卫战红九军团指挥部旧址 ——甘竹罗家堡罗知县别墅

高虎脑战役红三军团指挥部旧址——驿前曾家排邱氏民居

广昌保卫战甘竹大罗山战场遗址

广昌保卫战长生桥、伞盖尖一带战场遗址——棺石寨

广昌保卫战赵陂洲、藕塘下、中坊战场遗址

高虎脑战役大寨脑战场遗址

高虎脑战役高虎脑战场遗址

高虎脑战役万年亭战场遗址

高虎脑战役蜡烛形战场遗址

高虎脑战役古楼峰战场遗址

广昌甘竹罗知县别墅红军标语

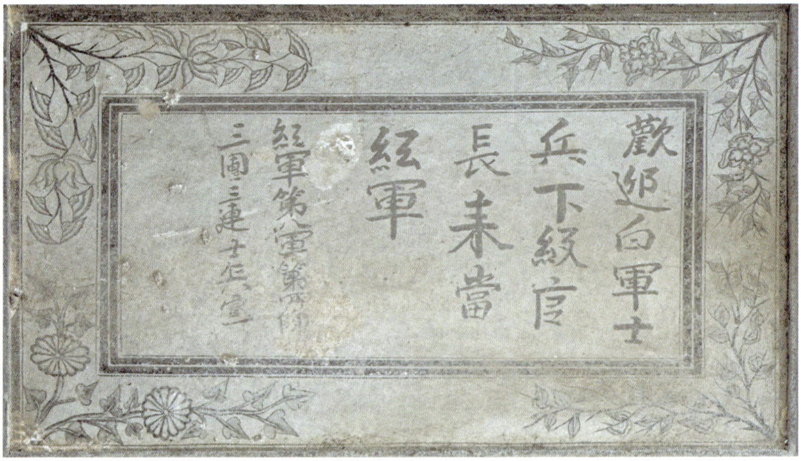

广昌甘竹鹅龙红军标语

广昌驿前曾家排红军标语

广昌驿前“迎薰”民居红军标语

高虎脑红军烈士纪念碑

广昌县革命烈士纪念馆

广昌县革命烈士纪念碑

广昌县烈士陵园

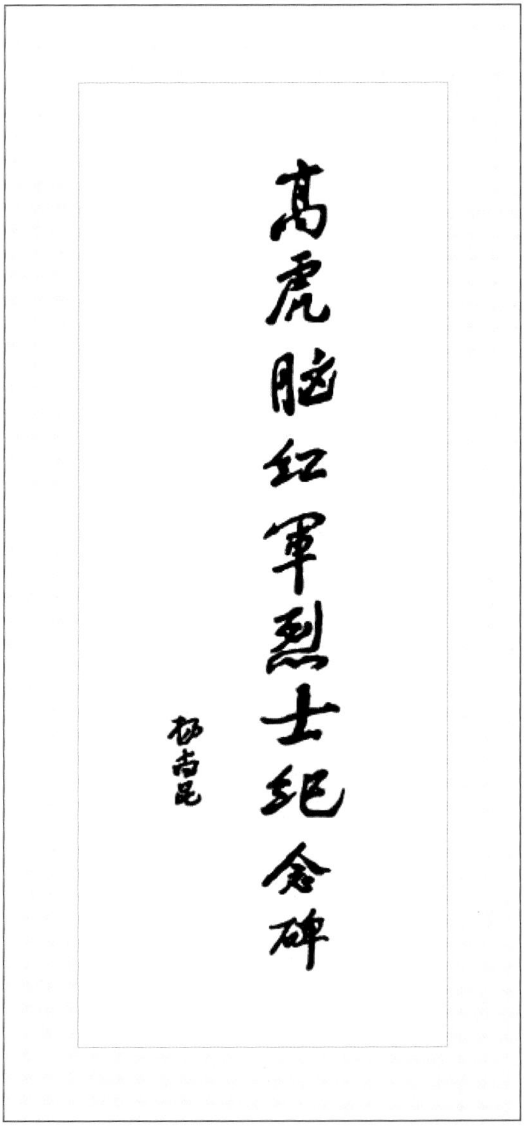

1986 年，中央军委副主席杨尚昆为高虎脑红军烈士纪念碑题写碑名

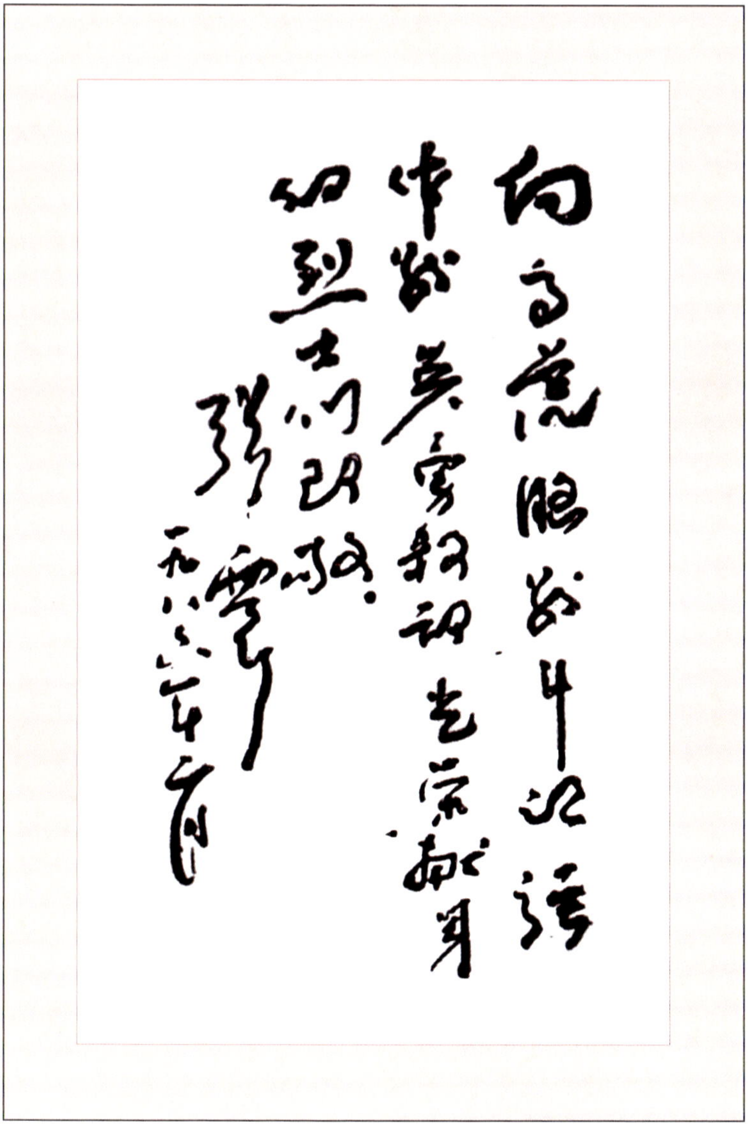

1986 年，开国中将（后授上将）、中央军委原副主席张震为高虎脑红军烈士纪念碑题词

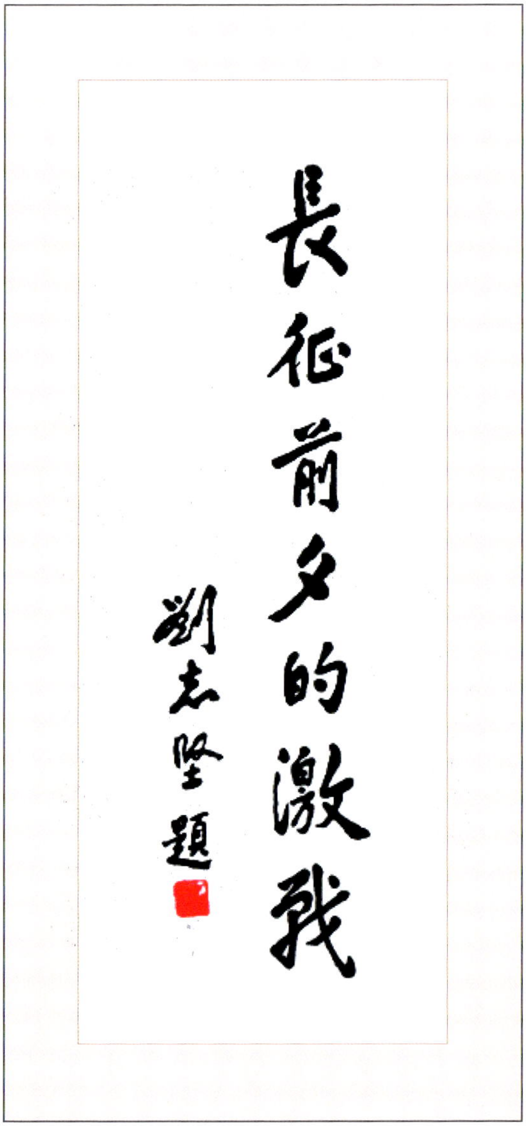

1986 年，开国中将、中国人民解放军政治学院原院长兼政治委员、中央委员、中顾委委员刘志坚为高虎脑红军烈士纪念碑题词

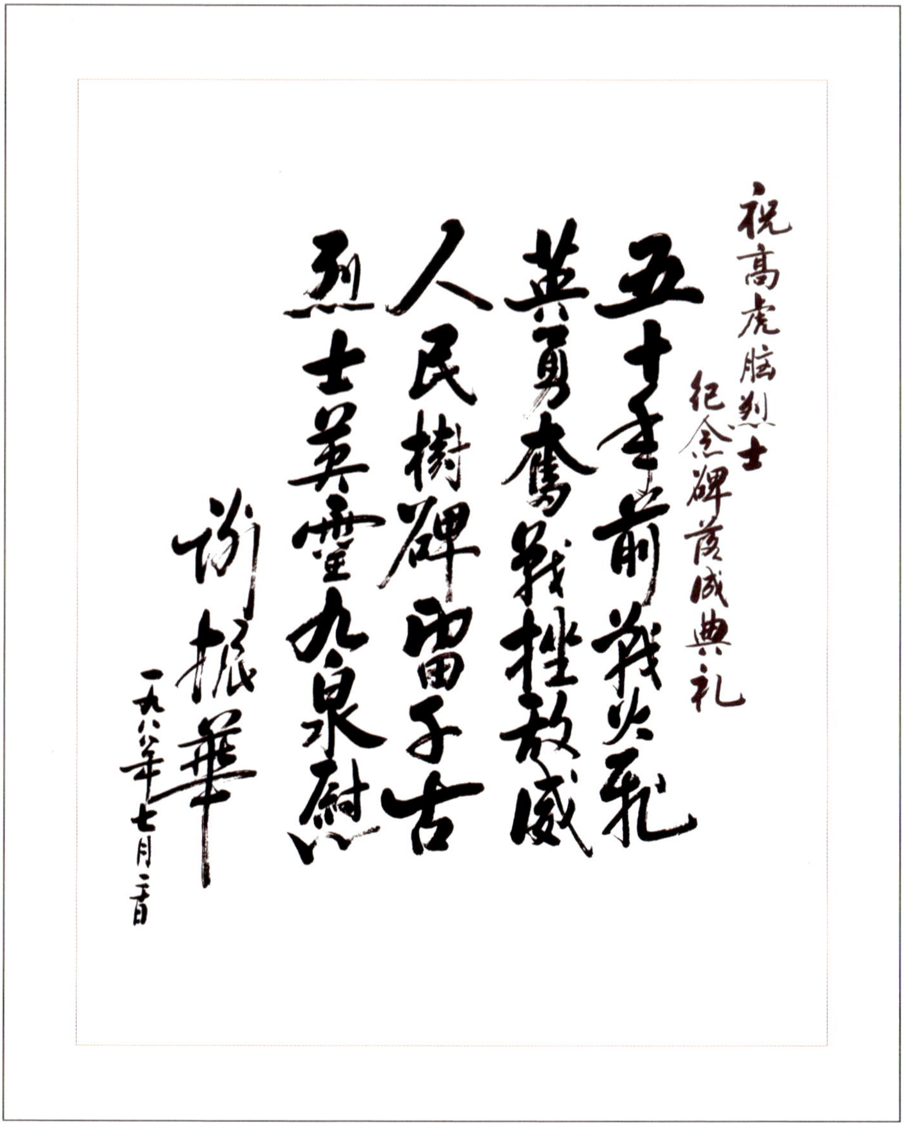

1988 年，开国少将、昆明军区政治委员谢振华为高虎脑红军烈士纪念碑题词

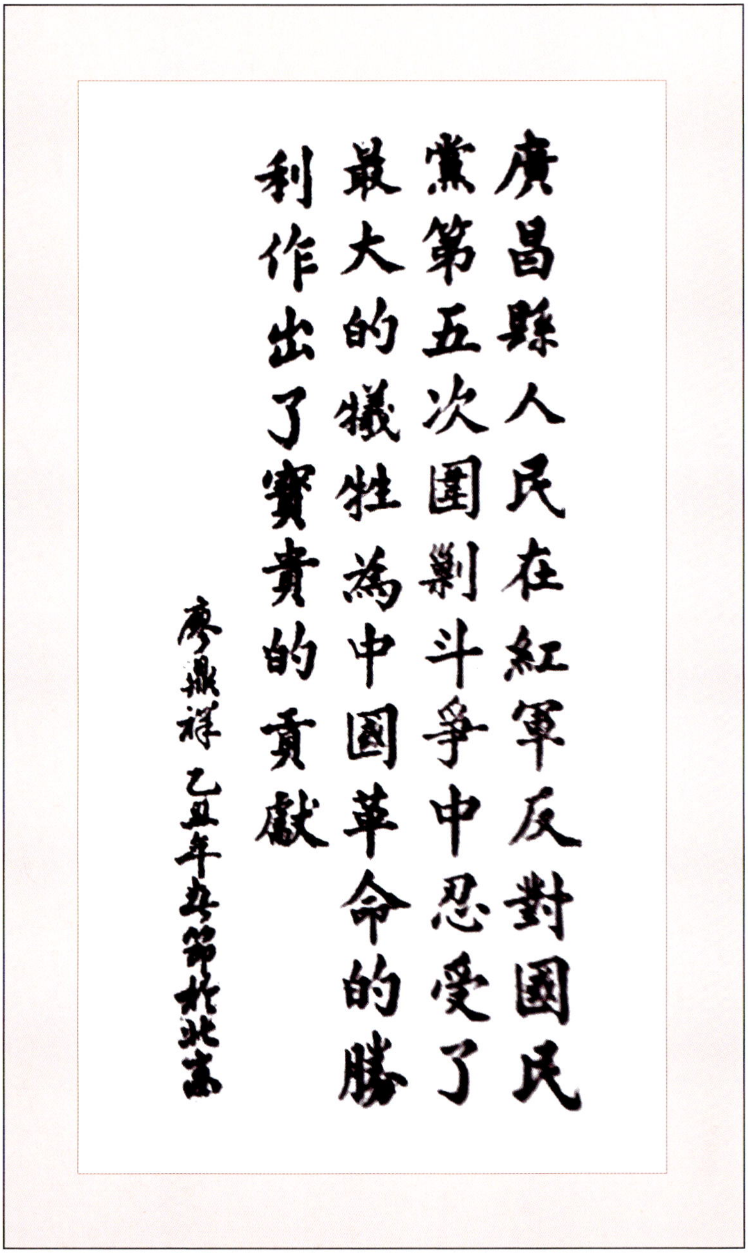

1985 年，广昌籍开国少将、中国人民解放军炮兵副司令廖鼎祥为广昌第五次反“围剿”斗争题词

序　一

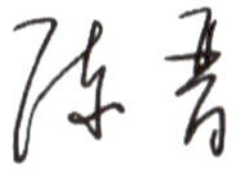

地处赣南与闽西建宁交界的广昌，是党在新民主主义革命时期建立的中央革命根据地的重要组成部分，是中央苏区最早的全红县之一。当年，毛泽东曾先后五次来到广昌，点燃了广昌土地革命烈火。特别是毛泽东在广昌谱写的《减字木兰花·广昌路上》这一光辉词章，更使广昌作为红色文化的一个地理标记，广为人知。历史不会忘记，毛泽东、周恩来、朱德、彭德怀、刘伯承、贺龙、陈毅、罗荣桓、聂荣臻、叶剑英等老一辈无产阶级革命家在广昌开展的革命实践活动，使广昌成为中央苏区的“战略锁钥”和“中心工作区”，成为连接赣南和闽西两块革命根据地的战略纽带。

正因为这样，广昌也成为第二次反“围剿”的主战场之一，成为第五次反“围剿”中国共双方军事争夺的焦点。

广昌保卫战和高虎脑战役，是发生在中央苏区第五次反“围剿”中的两次重大事件。广昌保卫战的失利，引发了中央红军战略转移；高虎脑战役的胜利，为中央红军战略转移赢得了宝贵的时间。这两次战役作为重要的历史节点，对党中央作出红军战略转移的决策，产生了重大影响。

《浴血广昌 1934》一书，生动还原了第五次反“围剿”中红军将士浴血广昌、激战高虎脑那段血与火的斗争岁月。本书通过对广昌保卫战和高虎脑战役的描写，赞颂了中央红军对党忠诚、顾全大局、英勇顽强、不怕牺牲的革命精神；讴歌了广昌苏区人民艰苦奋斗、求真务实、无私奉献、倾力支前的革命情怀。这场 80 多年前的战火硝烟虽然早已消散，但广昌苏区军民身上展现出来的革命精神仍然有着重要的时代价值，是我们取之不尽、用之不竭的力量源泉。

中央红军从 1934 年 10 月开始长征，迄今将近 90 年了。为了配合长征国家文化公园（江西广昌段）建设保护项目的实施，以广昌红色文化研究会的同志为主体的广昌党史工作者不辞辛劳，编撰了《浴血广昌 1934》一书，这是一件很有意义的事情。该书依据广昌苏区的史实，以图文并茂的形式，勾勒出中央红军战略转移的成因，呈现出长征前夕红军将士浴血奋战、壮怀激烈的画卷，就是要让人们不要忘记那段艰苦卓绝的历史，不要忘记近万名长眠在广昌红色沃土上的革命先烈。该书具有浓郁的苏区革命特色，兼具思想性和学术性，反映了长征国家文化公园（江西广昌段）建设保护项目的主题内容，是一部进行爱国主义、集体主义和革命英雄主义传统教育的生动教材。

我们常说，让历史告诉未来。那么，历史凭什么告诉未来？凭它孕育的革命精神感染人，凭它积累的历史经验教育人，凭它蕴含的前进规律启迪人。苏区的历史是中国共产党在艰难困苦的环境中，英勇奋斗、积极探索、奋勇前进的历史。回顾和学习这段历史，弘扬伟大的苏区精神、长征精神，深化社会主义核心价值观教育，发挥“党史、新中国史、改革开放史、社会主义发展史”的资政育人的作用，能够增进广大干部群众和青少年对党、对祖国、对人民的热爱，激发他们投身新时代中国特色社会主义事业的热情。让我们在以习近平同志为核心的党中央领导下，不忘初心，牢记使命，高举习近平新时代中国特色社会主义思想伟大旗帜，在全面推进中华民族伟大复兴的新征程上阔步前行！

2023 年 3 月 29 日

（陈晋，原中央文献研究室副主任）

序　二

在全面贯彻党的二十大精神，全党深入开展学习贯彻习近平新时代中国特色社会主义思想主题教育之际，经过近一年的辛勤工作，《浴血广昌 1934》终于要付梓了，值得祝贺。这既是广昌红色文化研究工作的丰硕成果，也是广昌人民政治生活中具有重要意义的一件大事。在此，谨向为该书编写和出版付出辛勤劳动的各位同志表示敬意和感谢！

广昌是中央革命根据地的战略锁钥，是中央苏区的北大门。毛泽东五进广昌，点燃了广昌土地革命烈火。在土地革命时期，周恩来、朱德、彭德怀、陈毅等老一辈无产阶级革命家也先后来到广昌进行伟大革命实践；有 9 位开国元帅和 6 位开国大将在广昌开展革命活动，有 27 名开国上将和数百名开国中将、少将曾经率部转战广昌。特别是在第五次反“围剿”期间，中央红军 12 个主力师有 9 个聚集在广昌，红军将士的革命足迹遍布盱江两岸，革命烈士的鲜血染红了广昌的山山水水。在那段血与火的斗争岁月里，中央红军浴血广昌、血战高虎脑，与广昌苏区人民在广昌境内构筑起了一座座历史丰碑。

苏区时期，广昌是第二次和第五次反“围剿”的重要战场。特别是第五次反“围剿”期间，在广昌发生的广昌保卫战和高虎脑战役，是长征前夕中央红军在广昌境内奏响的英勇战歌。在第五次反“围剿”初期，由于“左”倾教条主义的危害，致使中央苏区丢失了大片土地，广昌成为国共双方军事争夺的焦点。广昌保卫战打响以后，中央红军 9 个主力师在县城以北地域与国民党军展开了一场空前惨烈的生死大搏斗。广昌县城失守以后，彭德怀、杨尚昆指挥红三军团和红五军团一部又在广昌南部，即以高虎脑为中心，在大寨脑至驿前地域，与数倍于我的敌人展开英勇顽强的大激战。高虎脑战役的胜利尽管没有挽回第五次反“围剿”全局性的失败，但它却是第五次反“围剿”中极为关键的一仗。正如中共党史专家石仲泉先生所说，“广昌战役的失利引发了战略转移的决策，高虎脑战役的阻击为最后实施战略转移赢得了时间”。

中央红军长征胜利迄今已近 90 年了，为了配合国家长征文化公园（江西广昌段）的项目建设，广昌红色文化研究会为主体的我县党史工作者编撰了《浴血广昌 1934》，本书旨在告诉读者引发中央红军战略转移的成因是什么、高虎脑战役有何历史意义、为什么说中央红军长征故事要从广昌讲起。本书以图文并茂的形式，全面系统地记述了在第五次反“围剿”斗争中，中央红军为了捍卫中央苏区，保卫红色政权，前仆后继、不怕牺牲、英勇抗敌的奋斗历史；讴歌了广昌苏区人民为了保卫红色家园、支援革命战争，不屈不挠、艰苦奋斗、无私奉献的动人事迹。通过对这段历史的深入描写，勾画出了广昌苏区军民与敌斗争的壮烈画卷。因此，本书具有较高的思想和学术价值，是一部进行爱国主义和革命传统教育的生动教材。

党的二十大报告指出：“弘扬以伟大建党精神为源头的中国共产党人精神谱系，用好红色资源，深入开展社会主义核心价值观宣传教育，深化爱国主义、集体主义、社会主义教育”“推动理想信念教育常态化制度化，持续抓好党史、新中国史、改革开放史、社会主义发展史宣传教育，引导人民知史爱党、知史爱国，不断坚定中国特色社会主义共同理想”。为此，我们要以建设好国家长征文化公园（江西广昌段）项目为契机，发挥“以史鉴今，资政育人”的作用，在党员、干部、群众和广大青少年中深入开展中共党史和地方党史的学习，教育广大干部群众赓续红色血脉，传承红色基因，从中汲取智慧和力量。

当前，我们党担负着“团结带领全国各族人民全面建成社会主义现代化强国、实现第二个百年奋斗目标，以中国式现代化全面推进中华民族伟大复兴”的历史重任。新的使命、新的责任，要求广大党员和干部必须继承革命传统，以饱满的工作热情、过硬的工作本领、务实的工作作风，扎扎实实做好各项工作。让我们在以习近平同志为核心的党中央领导下，改革创新、踔厉奋发、砥砺前行，为实现全面建成社会主义现代化强国、实现第二个百年奋斗目标而不懈努力！

2023年4月19日

（吴自胜，中共广昌县委书记）

前言：中央红军长征故事从广昌讲起

为了配合长征国家文化公园（江西广昌段）建设项目的实施，我们编撰了《浴血广昌 1934》一书。本书依据广昌苏区的史实，客观还原了中央红军在广昌那段艰苦卓绝的斗争岁月，真实反映了中央红军在长征前夕浴血广昌、血战高虎脑的战争历史。为捍卫中央苏区，掩护中央机关和主力红军的安全转移，近万名红军将士和革命群众的鲜血永远洒在了广昌这片红色土地上。编撰出版《浴血广昌 1934》这本书，旨在告诉广大读者：为什么说中央红军长征故事要从这里讲起，长征前夕在广昌苏区究竟发生了什么，广昌与中央红军战略转移有何关系。

在中央革命根据地创建初期，广昌就是最早的全红县之一。1929 年 3 月至 1932 年 8 月，毛泽东先后五进广昌，亲手点燃了广昌土地革命烈火。其间，毛泽东在广昌谱写的《减字木兰花 · 广昌路上》这首气吞山河的光辉词章，真实地再现了毛泽东率领红军行进在广昌路上，人欢马酣，“风卷红旗过大关”的壮丽画卷。在土地革命时期，周恩来、杨尚昆、谭震林、曾山、伍修权、耿飚、李立三、李卓然等老一辈无产阶级革命家也先后多次来到广昌开展革命实践。朱德、彭德怀、刘伯承、贺龙、陈毅、罗荣桓、聂荣臻、叶剑英等 9 位开国元帅，粟裕、黄克诚、陈赓、谭政、张云逸、罗瑞卿等 6 位开国大将，萧克、张宗逊等 27 位开国上将，数百名开国中将和少将，都在广昌留下了光辉的革命足迹。由此，广昌成为中央苏区的战略锁钥和中心工作区，成为连接赣南和闽西两块革命根据地的战略纽带。

正是因为这一特殊的战略位置，广昌不仅是第二次反“围剿”的主战场之一，而且在后来的第五次反“围剿”中，广昌亦成为国共双方军事争夺的焦点。

在第五次反“围剿”中，蒋介石纠集 50 万兵力进攻中央革命根据地。面对敌人的猖狂进攻，临时中央博古、李德等领导人顽固推行和坚持“左”倾错误主张。在反“围剿”开始时，他们实行冒险主义的进攻方针，主张“御敌于国门之外”“不放弃根据地一寸土地”，使红军在战场上节节失利，陷于被动地位。在“福建事变”发生后，“左”倾领导者不仅没有很好地利用这一有利时机，反而在敌人新的进攻面前完全被敌人的优势兵力和堡垒战术所吓倒，进而实行防御中的保守主义，同敌人拼消耗，使革命根据地日益缩小。特别是在黎川失守以后，国民党军集中 11 个师的优势兵力进攻广昌，使广昌成为中央苏区防御敌人南进的北大门。面对敌人的重兵推进，中央“左”倾领导人不顾敌强我弱的实际情况，调集红军 9 个主力师在广昌同敌人决战。1934 年 4 月 10 日，广昌保卫战打响，战役历时 18 天，战场情景异常惨烈。战役中红军虽然作战英勇，歼敌2500余人，但红军以自身牺牲5500余人的惨痛代价，失守中央苏区北大门广昌。

广昌的失守，标志着第五次反“围剿”的全面失利。中央红军在内线要打破敌人的“围剿”已无可能。中央机关和主力红军被迫退出中央革命根据地，实行大规模的战略转移——长征。正因为中央苏区北大门（广昌）的丢失，引发了中央作出战略转移的决策。

攻占广昌后，国民党气势更加嚣张，先后纠集了9个师的重兵，继续向广昌南部的高虎脑地域推进。高虎脑离中央苏区腹地仅100余公里，红色首都瑞金形势岌岌可危！为了捍卫红色政权，为了中央机关和主力红军实施战略转移的谋划和准备争取时间，彭德怀、杨尚昆率红三军团和红五军团一部，奉命在广昌南部的大寨脑、高虎脑至驿前一带构筑了纵深10余公里的生死防线。以高虎脑为中心地域的高虎脑战役，从1934年7月下旬打响，至8月底结束，历时41天。为了阻击国民党军的南进，中央红军5个师与国民党军9个师的兵力展开了一场规模空前的生死较量。在广昌地方武装和人民群众的支持配合下，中央红军英勇作战，顽强抗击，打退了敌人一次次的猖狂进攻，致使国民党军平均每天南进的进程不到1华里。高虎脑战役的胜利阻击，为中央和红军主力的战略转移赢得了宝贵的时间，实现了战役的目的。高虎脑战役歼敌6500余人，我红军将士3000余人和数百名群众献出了宝贵生命。

根据上述历史背景，可以看出：中央苏区北大门广昌的丢失，引发了中央作出战略转移的决策；广昌高虎脑战役的胜利阻击为中央红军战略转移赢得了宝贵时间。

除以上史实之外，“中央红军长征从广昌讲起”，还可以从以下几个方面得到佐证：

一、广昌被列为“与长征密切相关的全红县”。长征国家文化公园（江西广昌段）是经过中共中央宣传部同意备案的建设保护项目。根据江西省文化和旅游厅2020年3月9日下发的赣文旅资开字〔2020〕7号文件，即“关于认真谋划和及时报送长征国家文化公园（江西段）建设保护项目的通知”，广昌被列为“与长征密切相关的全红县”“长征国家文化公园（江西段）重点建设区”。《浴血广昌1934》正是配合长征国家文化公园（江西广昌段）建设保护项目而编写的一部专著。

二、广昌保卫战和高虎脑战役与中央红军长征关联密切。对长征前夕在广昌境内发生的广昌保卫战和高虎脑战役，党史学界许多专家学者都有过专门论述。如2006年，在广昌举行的纪念红军长征胜利70周年暨第五次反“围剿”学术研讨会上，来自中央党史研究室、国防大学、军事科学院等机构的专家学者对广昌保卫战与中央红军长征的关系、高虎脑战役的历史意义等问题进行了研讨。其间，中央党史研究室原副主任石仲泉到广昌调研考察，并出席了学术研讨会。7月28日，石仲泉在广昌题词：“广昌战役的失利引发了战略转移的决策，高虎脑战役的阻击为最后实施战略转移赢得了时间。”

2022年8月，原中央党史研究室副主任、中央党校原副校长李君如在广昌高虎脑现场教学示范点课程《同心聚力跟党走 广昌路上再出发》视频中指出：“高虎脑战役是第五次反‘围剿’全面失利情况下，取得的一场极为关键的胜利，为掩护红军主力和中央机关安全转移赢得了宝贵时间。这场战役之所以取得胜利，与红军指战员沉着应战、顽强抗击是分不开的，与我们党坚持统一战线方针政策是分不开的。”

三、大量有关长征的著作和报刊文章，都详细描写过中央苏区北大门广昌失守这一历史背景。例如，中央党史研究室修订的《红军长征史》（中共党史出版社 2016 年版）第一章“长征的序幕”中的第一部分“第五次反‘围剿’的失败”，详细介绍了长征前的历史背景，其中以大篇幅文字阐述了广昌保卫战的失败、中央苏区北大门广昌丢失这一史实；第一章第四部分“中央红军战略转移的决策和部署”，在开头又阐明了中央红军战略转移决策的前因是中央苏区北大门广昌的丢失，中央苏区形势的恶化。又如，2021 年 2 月人民出版社和中共党史出版社出版的《中国共产党简史》在叙述中央红军长征的原因时，也明确地提到“中央苏区北大门广昌”的丢失。中央党校主办的《学习时报》在 2016 年 8 月 4 日第三版刊文《广昌之败 长征之始》，对广昌保卫战与中央红军长征的关系，作了更为深刻的阐述；2023 年 6 月 23 日，《学习时报》第五版又刊文《第五次反“围剿”中唯一取得重大胜利的战役》，该文就高虎脑战役对国民党军胜利阻击的重大意义给予的高度评价。另外，江西省委党史研究室主办的《党史文苑》杂志 2006 年第 1 期刊文《广昌高虎脑战役与中央红军战略大转移》和江西省委党校主办的《求实》杂志 1996 年第 4 期刊文《广昌高虎脑战役历史意义不可低估》，都对广昌发生的这两次战役与中央红军长征的关系进行了深刻的论述。

四、凡是完整描述中央红军长征的故事、小说、电影、电视剧，开头都必然会介绍“广昌保卫战”和“高虎脑战役”这两个重大历史事件。例如：中央电视台录制的电视剧《长征》第一集描写的就是“广昌保卫战”和“中央苏区北大门广昌失守”这一历史背景。这就说明，广昌保卫战失利是引发中央红军实施战略转移的直接原因。又如电影《赣水苍茫》(1979年上映)、《浴血广昌》(2018年上映)，也都明确了高虎脑战役与中央红军长征的关联。

综上所述，“中央红军长征故事从广昌讲起”，有着充分的历史依据和理论支撑，是学界的共识。

《浴血广昌1934》一书的出版，是中央红军长征起始90周年的纪念之作。本书力图拓展红军战略转移的文化外延。更重要的是，将此书奉献给广大读者，是想告诉人们不要忘记那段艰苦卓绝的历史，不要忘怀近万名长眠在广昌红色沃土上的革命先烈。我们一定要牢记，中央苏区的历史，是中国共产党在极其困难的环境中，艰苦奋斗、勇于探索、开拓前进的历史。重温这段历史，弘扬伟大的苏区精神和长征精神，必将激励我们更加坚定地践行初心使命，在以习近平同志为核心的党中央坚强领导下，高举习近平新时代中国特色社会主义思想伟大旗帜，不断夺取新时代中国特色社会主义伟大胜利，在实现中华民族伟大复兴中国梦的新征程中不懈奋斗。

目　录

第一章　广昌告急

第二章　北大门失守——引发中央作出战略转移的决策

第三章　激战高虎脑——为中央红军战略转移赢得了时间

第四章　同仇敌忾——广昌人民倾力支援反“围剿”斗争

第五章　铁血忠魂

大事记（1933 年 7 月—1935 年 1 月）

附录：历史文献选录

第一章　广昌告急

1933 年 9 月，国民党纠集了 50 万兵力，开始对中央苏区进行第五次“围剿”。9 月 28 日，国民党北路军攻占黎川以后，由于中共临时中央的“左”倾错误领导，在战役初期实行进攻中的冒险主义，致使红军作战不利、损失惨重。1934 年 1 月，中共临时中央的作战方针又转为防御中的保守主义，指挥被迫退到中央苏区核心区域内的红军打阵地战。2 月，蒋介石决定把广昌作为主攻方向，并重新调整了兵力部署。4 月，中革军委集中了大部分红军主力坚守广昌，准备与国民党军进行决战。至此，作为中央苏区的战略锁钥、中央苏区北大门的广昌，成了双方争夺的焦点。

一、中央苏区第五次反“围剿”的前期态势

（一）国民党军的“围剿”准备

1933 年 3 月，国民党军在对中央苏区第四次“围剿”失败后，即开始谋划第五次军事“围剿”，从政治、经济、军事、社会等诸多方面作充分准备。

提出“攘外必先安内”。蒋介石为集中力量对付苏区和红军，不顾当时日本侵略者向关内的进攻和全国人民高涨的抗日情绪，提出“攘外必先安内”的反革命策略，与日本签订了丧权辱国的《塘沽协定》；同时下达了“侈谈抗日者杀无赦”的命令，并公开叫嚣“治本莫若于充实国力，治标莫急于清除共产党”①。

制定“围剿”方略。蒋介石总结在前几次“围剿”失败的教训后，把“三分军事，七分政治”作为第五次“围剿”的战略方针。在“三分军事”方面，蒋介石制定了“持久战”和“堡垒主义”新战略。他采用“构筑碉堡，侧重据点战”的措施和德国军事顾问赛克特“中央根据地面积不过五万平方公里，如每日前进二里，则不出一年，即可全部吃掉了”这一“持久战”构想，决定用碉堡政策逐步压缩苏区范围，最后达到消灭红军和摧毁苏区的目的。他在1933年5—10月间多次召开军事战术会议和高级将领会议，设立了负责碉堡设计指导的专门机构，下发了“持久战”与“堡垒战”的相关手册，要求部队“无论进剿、防剿、清剿，以及封锁、善后等政务，均以依附于碉堡，逐步推行”②。到1934年1月，仅在江西就构筑碉堡4920座③。在“七分政治”方面，蒋介石强化了各级政治机构，要求党政军相互配合，要求各县须建立保甲制度和保安队等，并说这是“最紧要的政治工作”。同时，还进行“文化围剿”“经济围剿”和“交通围剿”，欲将红军和苏区困死。

---

① 1933年7月28日，蒋介石、汪精卫联名通电。

② 蒋介石南昌行营第一厅第六课编：《碉堡业务报告书》，南昌印记印刷所1934年。

③ 蒋介石南昌行营第一厅第六课编：《碉堡业务报告书》，南昌印记印刷所1934年。

培训军政人员。1933 年 7—9 月，蒋介石在庐山举办军官训练团，分 3 期轮训了 7500 名中下级军官[①]，其嫡系部队中的排以上军官都参加过轮训。同时，他还在江西星子县（今庐山市）举办党政人员训练所，训练军队各个师的党部和政训处人员。

进行调兵遣将。1933 年下半年，蒋介石调集了 100 万军队和 200 架飞机，向全国各苏区同时展开围攻。其中用于进攻中央苏区的有 64 个师又 7 个旅，共 50 万人，占总兵力的一半，并配属了空军 5 个纵队共 54 架飞机，用于通信、补给和协同地面部队作战。"围剿"中央苏区的兵力分南、西、北三路（"福建事变"后又组成东路军），其中南、西、东三路的主要任务是防堵，着重于"围"，"进剿"主力是北路军。

国民党军完成兵力部署后，蒋介石于 1933 年 10 月 2 日，在南昌召集军事会议，就"围剿"的战略战术原则作了训示，要求战术上多取守势，战略上必取攻势。10 月 17 日，他又发布了《战字第二一三号训令》，要求：各部队可不先找寻敌人主力，而以占领必占之要地为目的；各路军沿前进道路，在两旁横向三四十里以内的各要点均须构筑碉堡，掩护前进之安全，以外的地区则由据点部队尽量游击与搜索，勿使红军有侧击之机；如能日进二里，逐次缩小包围圈，最后可完全占领方圆五百里之赣南苏区。

在此期间，南昌行营还颁布了第五次"围剿"的行动计划。

（二）中央红军的反"围剿"对策

为了应对国民党军第五次"围剿"，中央苏区于 1933 年 6 月，

① 台湾国民党"国防部史政局"编：《五次剿匪战史》，第二编第五章第二节，1967 年。

开始了反“围剿”的准备。

制定战略方针。第四次反“围剿”结束后，中央苏区达到鼎盛时期，但临时中央博古等领导人盲目乐观，否认敌强我弱这个基本事实，甚至认为第五次反“围剿”战争是夺取中国革命完全胜利的阶级决战。特别是共产国际派来的军事顾问李德来到苏区后，博古把军事指挥权交给了他。李德根本不了解中国实际情况，搬用正规的阵地战经验，主张“全线出击”、“御敌于国门之外”。他们放弃过去几次反“围剿”战争中行之有效的积极防御方针，完全照搬苏联的军事教条模式，采用阵地战、正规战和“短促突击”的战术，实施进攻中的冒险主义、防守中的消极防御，并将这一战略方针迅速在苏区军民中进行传达贯彻。

开展政治动员。1933 年 7 月 24 日，中共中央发表《关于帝国主义国民党五次“围剿”与我们党的任务的决议》，号召全苏区人民积极参加革命战争，保卫苏维埃政权，提出“粉碎敌人的新的五次‘围剿’”“保卫与扩大苏区”“不让敌人蹂躏一寸苏区土地”“争取苏维埃在全中国的胜利”等口号。[①]8 月 15 日，中共中央发表《为帝国主义瓜分中国与国民党的五次“围剿”告全国民众书》，号召全国人民紧急行动起来，支援红军粉碎国民党军队的“围剿”。10 月 18 日，苏维埃中央政府发布《为粉碎五次“围剿”紧急动员令》，要求各级政府“用尽全部力量来进行战争的动员”“务使苏区每一个工农，都要了解粉碎五次‘围剿’的最战斗的意义，来热烈

---

① 中共中央文献研究室、中央档案馆编：《建党以来重要文献选编》第 10 册（1933），中央文献出版社 2011 年版，第 355 页。

乐安大湖坪红军整编旧址

的踊跃的进行参战工作”。①

进行军事部署。临时中央确定第五次反“围剿”的战略方针后，博古等“左”倾领导人在军事方面主要进行了两方面的部署，一是整编和扩充红军，二是实施分离作战。

在整编和扩充红军方面，中革军委于1933年6月在乐安大湖坪等地对红一方面军进行正规化整编。这次整编取消了军一级编制，由军团直辖师，师以下按“三三制”原则，把小师小团调整为大师大团。整编后，每师3个团，每团3个营，每营3个步兵连、1个机枪连，每连9个步兵班、1个轻机枪班，每班9人；各级都减少了非战斗员和杂务人员。这样整编，“左”倾领导人认为，部队更为统一、集中，增强了战斗力，更能适应大规模作战。为发展壮大红军队伍，中共中央苏区局提出了“扩大一百万铁的红军”

① 《中央政府为粉碎五次“围剿”紧急动员令》（1933年10月18日），中共江西省委党史研究室等编：《中央革命根据地历史资料文库·政权系统》（7），中央文献出版社、江西人民出版社2020年版，第1079—1080页。

的口号。中央苏区于1933年5—9月开展了大规模的扩红运动。到9月时，中央苏区的红军总兵力已达10万多人，地方武装约有5万人。

在实施分离作战方面，第四次反“围剿”结束后，毛泽东、周恩来、朱德等人的意见是红军应该进行休整，中央苏区也应做些巩固工作，但博古等人不同意此主张，认为第四次反“围剿”的胜利是他们“积极进攻路线”的胜利，因此不主张红军在大战后进行休整，而是要继续在闽西北地区和抚河与赣江之间地区，对国民党军实行不停顿的进攻。1933年6月13日，中共中央发布《中央对今后作战计划的指示》，提出了红一方面军主力实行分离作战的方针。同日，苏区中央局作出了《关于执行中央作战计划指示的布置》。分离作战的整体部署是：将红一方面军分成两个部分，一部分以红一军团为主组成中央军，在抚河流域积极活动，牵制敌人，破坏敌人；另一部分以第三军团为主，组成东方军到福建作战。这一计划的目的是用“牵制敌人的前进，来扰乱他的计划”“进而从抚州区域向南昌的进攻”，同时也能解决中央红军的一些实际困难。指示要求周恩来、朱德等在前线的“政治与军事的领导”，必须“同心一致的接受这一整个的计划”，“必须时时记着：我们不能允许以讨论或含糊的步骤来浪费我们的任何时间”。[①] 7月1日，中革军委代主席项英发布东方军入闽作战命令，任命彭德怀为东方军司令员，滕代远为东方军政委。当日，东方军各部在广昌头陂集结。7月2日，东方军主力1万多人，以红四师为左路、

① 中共中央文献研究室、中央档案馆编：《中共中央对今后作战计划的指示》（1933年6月），《建党以来重要文献选编》第10册（1933），中央文献出版社2011年版，第281页。

红五师为右路、直属队为中路，分别从广昌的头陂、东坑、下坊等地冒雨东进福建的宁化，开始入闽作战，直到10月初返回。

强化后勤保障。红军在进行兵力部署时，各级苏维埃政府和红军的供给部、卫生部也在同步进行后勤保障准备，千方百计地筹集打仗所需经费和各种物资。

一是动员群众踊跃支援战争。1933年秋，苏区各级政府广泛动员群众支援红军反“围剿”，人民群众成为红军的强大后援力量。中央苏区发行的第二期建设公债，各地都踊跃购买，仅广昌县就认购了6.4万余元，超过分配任务1.8万元。为保证部队的军粮，1933年中央政府筹集了公债谷和土地税谷50万担。红军每次作战，都有大批的群众作随军后勤。东方军入闽作战，仅广昌县就有712名少先队员和青年随军担负运输、担架任务。在第五次反“围剿”前，全苏区征调了36万余名赤卫队员、少先队员随军支前，以确保作战物资的补充和伤病员的后送。

二是开展节约运动。1933年，苏区各级政府工作人员开展了“每人每天节省一个铜板，捐助革命战争经费”运动、“节约3升米”运动。当时，中共中央局起草文件都是用废纸，中央政府的劳动部买印刷厂切下的纸头作办公用纸，教育部晚上在月光下开会。在广昌县，各机关单位节约经费30%，全县共节约各项经费1.6万元上交中央财政部，收集了6万公斤大米送到县城的红军兵站。

三是组织对外贸易。苏区的后勤保障部门和对外贸易局，千方百计打破敌人的封锁，把从苏区收集调剂的土特产、中药材通过秘密渠道运往白区出售，再换回食盐、布匹、煤油、棉花等物品，从而解决苏区军民生活上的需要。

四是发展兵工生产。1933年5月，福建被服厂迁到江西瑞金

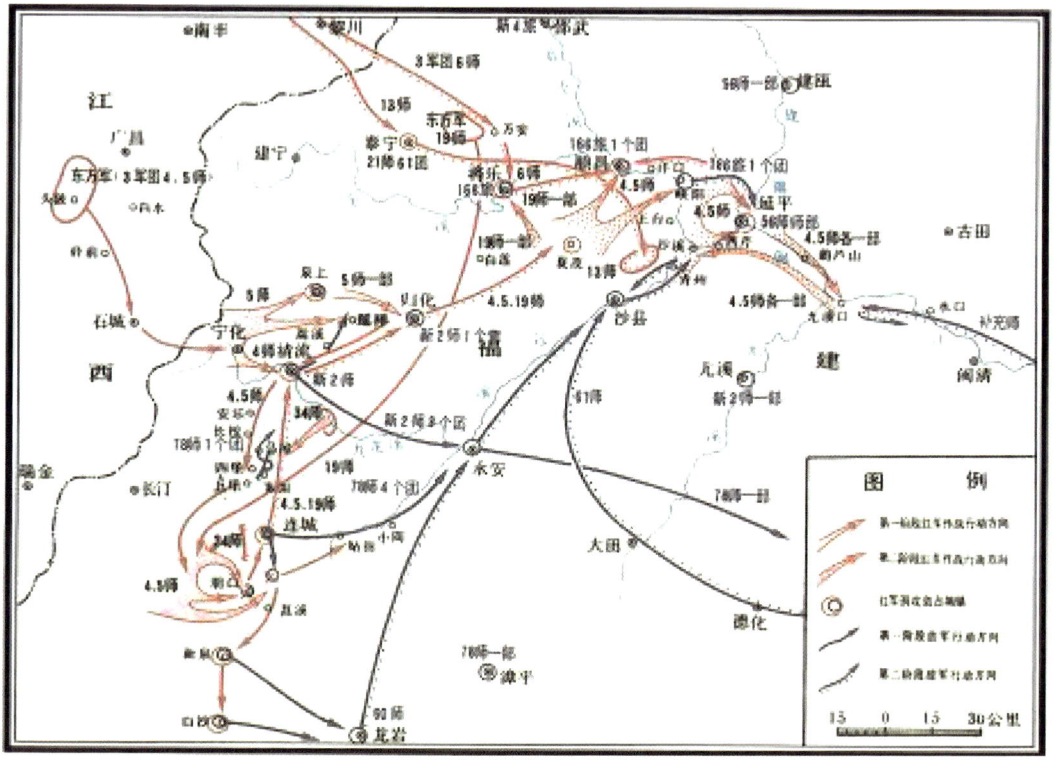

东方军第一次入闽作战经要图

并入军委被服总厂，工人达700多人，可年产单军装10万套、棉军装5万套。同年秋，中革军委兵工厂扩建了修械、弹药、杂械3个分厂，工人发展到2000多人，每月可生产手榴弹8万多枚、子弹40多万发，修枪2000多支。1932年底创办的红军卫生材料厂，1933年产出大量的医用棉花、纱布、绷带、中药、西药和外科医用器械，解决了红军严重缺药问题。另据《中国医学通史（近代卷）》记载，红军医药卫生器材厂，最初只能生产中药丸剂、片剂和少部分西药，以及药棉、纱布、绷带与一般外科器械，“至1934年，已能生产樟脑、薄荷油、硫酸钠、硫黄、酒精、精制食盐等多种药品”。到 1934 年 3 月，红军“春夏季的衣服已经有百分之八十的保障，步枪弹的生产二月份比一月份增加百分之百，手榴弹增加百分之百,三月份又增加几倍，卫生方面能够自己制造药品、器材，有些药品比西药的效力还好，而且还能保证部队的需要”[①]。“第五次反‘围剿’后期的弹药，大部分是自己的兵工厂供给的。”[②]

五是建立后勤保障线。为应对敌人即将进行的“围剿”，红军各级部队都建立健全了后勤、卫生机构，在前后方沿途调整、新建了多个兵站、医院。其中，在广昌县城设立了红军兵站，在头陂圩设立了红三军团总医院。同时，还建立了 3 条后勤运输线，第一运输线为瑞金—太雷—石城—建宁—泰宁—黎川，第二运输线为瑞金—长胜—博生—广昌—南丰—康都，第三运输线为胜利—兴国—龙冈—永丰—公略—万泰。

尽管红军对第五次反“围剿”进行了备战，但临时中央“左”倾领导人从一开始就武断地否认中央苏区的成功经验，制定不切合实际的军事冒险主义的作战方针。以实施分离作战为例，在国民党军力量占优势的情况下，这种分离作战的计划，只能徒然分散兵力，使自己陷于被动局面。结果是，东方军入闽作战虽然取得一些胜利，但连续作战造成部队非常疲惫；中央军则因为无仗可打，被置于无用之地。因此红军丧失了进行反“围剿”准备的宝贵时间。正如毛泽东后来评价说的“一个拳头置于无用，一个拳头打得很疲劳”[③]。

---

① 窦孝鹏著:《杨至成将军》，解放军文艺出版社 1996 年版，第 164 页。

② 军事科学院军事历史研究部编著:《中国人民解放军的七十年》，军事科学出版社 1997 年版，第 53 页。

③ 《毛泽东选集》第 1 卷，人民出版社 1991 年版，第 225 页。

二、中央苏区北大门的形成

（一）国民党军部署进攻广昌

1933年9月28日，国民党北路军3个师攻占黎川县城。黎川位于闽赣边界，东连闽北苏区，北接赣东北苏区，是苏区闽赣省驻地，战略位置十分重要。黎川被国民党军切入，使原本相连的中央苏区与闽浙赣苏区被隔断。

10月6日，由黎川派出侦察的国民党军3个团，与从福建回师硝石的红军东方军遭遇，在洵口、飞鸢大部被歼。9日，东方军进攻硝石，国民党军依托坚固堡垒据守，东方军攻击数日不克，伤亡惨重。此时，国民党军驻守南城的4个师闻讯增援，于13日进抵硝石。因红军主力中央军未能阻止敌人的援军，东方军即处于国民党军的包围危险之下，被迫放弃硝石，当晚撤出战斗。

自10月中旬至12月间，红军主要在黎川、南城、金溪等区域实施进攻作战，不断在苏区边沿主动出击敌重兵扼守并且堡垒坚固之地，甚至挺进白区地域去攻击敌人，先后进行了硝石、浒湾、八角亭、云盖山、大雄关等多次战斗，红军不但未能恢复黎川，阻止国民党的进攻，反而遭受重大损失，而且部队长期处于敌堡垒之间，日间受敌机轰炸，夜里冒寒露营，十分疲惫。

1933年11月20日，驻福建省的国民党第十九路军发动了反蒋抗日的“福建事变”，成立“中华共和国人民革命政府”，蒋介石慌忙从北路军中抽调了7个师，又从其他地方急调了4个师，一起前往镇压。事变发生后，毛泽东向博古等人提出，红军应抓住这一机会，组织有力兵团突击到苏浙皖赣地区去，将战略防御转为战略反攻，威胁敌人的根本重地。同时，周恩来、张闻天、彭德怀等人也提出了一些良策。这些建议，李德、博古等人均未采纳，而是采取“一切斗争、否认联合”的“左”倾政策，对十九路军合作采取虚伪应付的态度，使红军失去了打破“围剿”的良机。1934年1月下旬，蒋介石镇压了十九路军后，把入闽的国民党军11个师编为“围剿”中央苏区的东路军，转而协同北路军和南路军，合围红军。

1934年2月，蒋介石决定把广昌作为主攻方向，并重新调整了兵力部署。由北路军第三路军担任主攻。另外，南路军、西路军分头担任阻止红军向外发展的任务。北路军28个师又2个旅、2个团，另有赵观涛、钱大钧等10个师又4个团也归属北路军指挥。北路军总司令为顾祝同，前线总指挥为蒋鼎文。北路军共分3路，主力是第三路军，其他两路为策应。第三路军由陈诚任总指挥，薛岳为副总指挥。第三路军共有18个师又1个旅，其中14个师用于

第五次反“围剿”中国民党军在苏区修筑的碉堡

机动作战，编为第五、第七、第八3个纵队，另有4个师又1个旅为守备队。北路第三路军先集中在南城、南丰、黎川地域，构筑封锁线和交通线。1934年2月初，陈诚命令所部主力向黎川西南的西成桥方向南进，与红军在鸡公山、凤翔峰、山甲嶂等地激战后，步步向前推进。至3月中旬，国民党北路军完成了乐安至黎川的堡垒封锁，并与东路军在闽赣边界的德胜关会合。至此，国民党军进攻的锋芒直指广昌。

（二）中央红军部署广昌防御

中央苏区第五次反“围剿”斗争开始后，因红军前期作战不力，苏区土地不断被国民党军蚕食，导致中央苏区核心地域以外的根据地丧失殆尽，临时中央和中革军委不得不命令红军撤回核心区域内，进行内线防御。由此，广昌成为中央苏区的北大门。

广昌，位于武夷山西麓，连接闽赣两省、赣东赣南，历来是兵家必争之地。早在1929年3月，毛泽东率红四军主力从井冈山转战赣南闽西时，曾来到广昌，亲手点燃广昌的土地革命烈火，并把它纳入了赣南闽西红色割据战略构想的范围之内。1931年1月13日，红四军军部及所属3个师进驻广昌，并于当天成立中共广昌县委，杨成武兼县委书记。中共广昌县委的建立，使广昌的土地革命斗争进入一个新的发展时期。广昌成为中央苏区初创时期的全红县，是当时赣南、闽西苏区拥有的29个县级政权之一。1931年6月，毛泽东就红军分散工作区域问题写信给红一方面军政治部主任、中共闽赣边工作委员会书记周以栗和红十二军政治委员谭震林等，明确将广昌划为“必须分配土地、建立政权的中心工作区”“使

广昌警备区、红十四师师部驻地旧址——广昌县城何家屋

之联系建宁与石城”。[①]1932 年，中共中央为调动一切力量巩固和发展苏区，决定在江西、福建两省的战略重要地区建立中心县委，用强有力的中心县委领导其他县委，既巩固重要战略区，又加强对新发展区域的领导；同年 8 月，中共南广中心县委成立（驻地在广昌县城，1933 年 4 月改称中共广昌中心县委），标志着广昌又成了中央苏区的重要战略区域。

由于战略地位不断凸显，再加上广昌苏区在党的领导下，工农商贸欣欣向荣，各项事业蒸蒸日上，社会风貌焕然一新，广昌成为中央苏区的稳固之地和“鱼米之乡”。在中央苏区的形成过程中，广昌的战略地位和作用，随着国共双方战略战术的不断调整逐步凸显出来。自 1932 年起，广昌逐步成为从北面踏入中央苏区腹地的坚实屏障。中央和红军先后在广昌设立了中革军委北区司令部、广

① 《给周以栗谭震林等的信》，中共中央文献研究室、中国人民解放军军事科学院编：《毛泽东军事文集》第一卷，军事科学出版社、中央文献出版社出版 1993 年版，第 235 页。

昌警备区、中革军委广昌后勤基地、中华苏维埃中央政府关税处、江西军区第一分区指挥部、红军训练场、红三军团总医院等机构。从1932年开始，红军有一个师的兵力常驻广昌。

1930—1933年，主力红军不断进出广昌，或发动群众，或打击敌人，或整训集散，或留治伤员。以红三军团为主力的东方军，两次入闽作战，都是在广昌集结和出发。1933年3月，苏区中央局转发《中央对目前作战计划与任务的指示》，将广昌确定为“中央苏区战略的锁钥”，并强调“是永远不能放弃的，特别应该注意广昌”。①此后，广昌作为中央的重点区域进行建设。在第五次反“围剿”开始以后，广昌的战略地位更加凸显。黎川失守以后，面对国民党军的进攻锋芒，中革军委组织了9个师的主力红军在广昌北部边界约20公里的地域布防，准备抗击进犯之敌。

面对严峻的形势，博古、李德等领导人把战略方针从进攻中的冒险主义转为防御中的保守主义，提出“死守广昌”“胜利或者死亡”“为着保卫广昌而战，这就是为着保卫中国革命而战”等口号，在战术上采取集中对集中、主力对主力、堡垒对堡垒的阵地战，结合“短促突击”，准备与敌人决战。

为了保卫广昌，1934年3月下旬，中革军委在广昌设立相应的军事指挥和后勤保障机构，除原设在广昌的军事机构外，还新设立了中革军委野战司令部、野战政治部，以及红军北线阵地指挥部、红军总兵站。野战司令部由朱德任司令员、博古任政治委员，野战政治部由顾作霖任主任，驻地都设在头陂西南约4公里的株溪

---

① 《中共苏区中央局转发中央对目前作战计划与任务的指示》（1933年3月4日），中共中央文献研究室、中央档案馆编：《建党以来重要文献选编》第10册（1933），中央文献出版社2011年版，第138—141页。

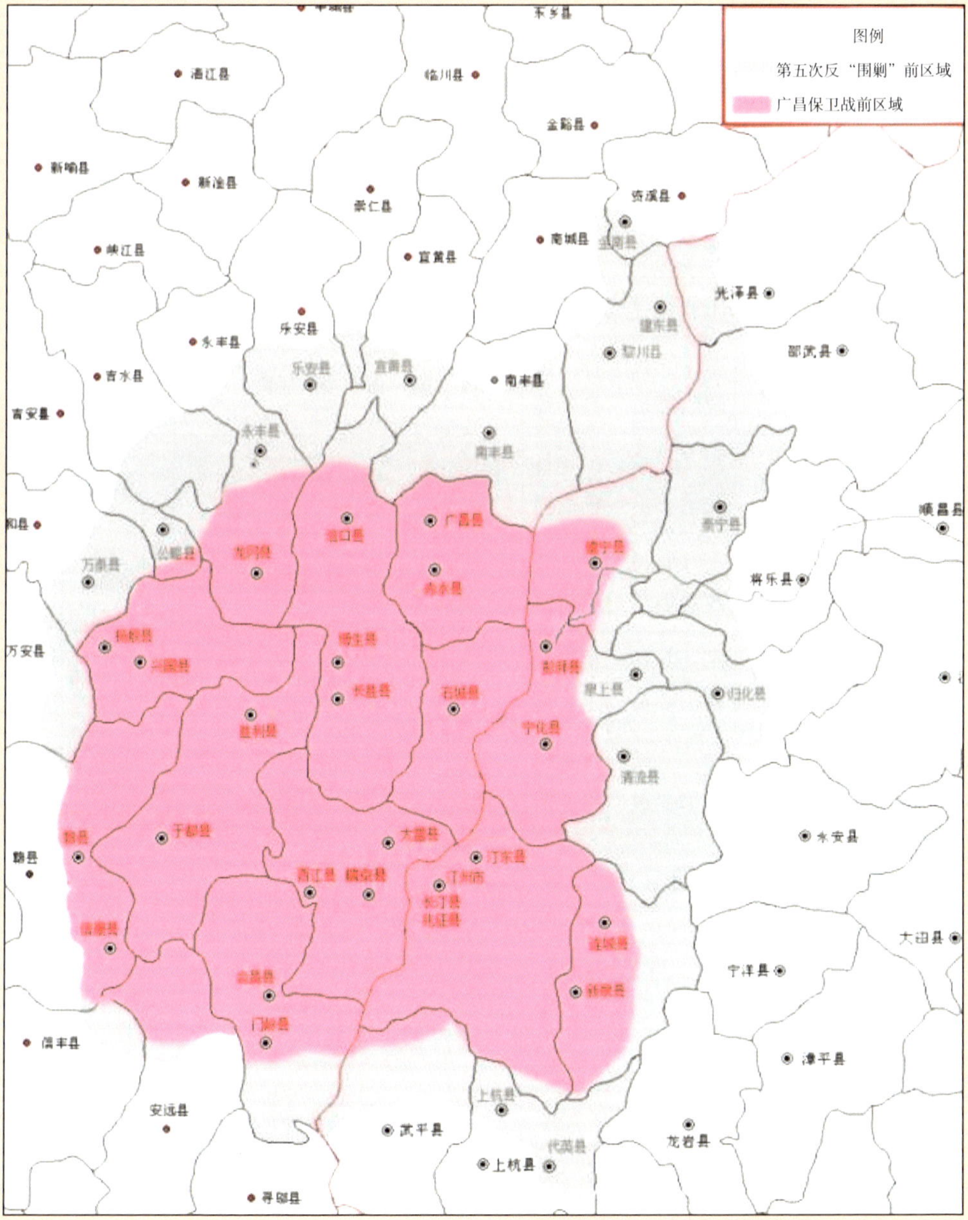

第五次反“围剿”前和广昌保卫战前中央苏区地域对比示意图

埠，战役期间临时前移到县城西南的三官殿，博古、李德、朱德、顾作霖等驻司令部指挥；北线阵地指挥部由彭德怀、林彪、董振堂等组成，驻地设在县城何家屋，后移至县城西南的三官殿与野战司令部驻扎在一起；红军总兵站设在县城横街关帝庙，负责储放军粮及其他军用物资。

广昌保卫战国共双方兵力对比

	部队番号	主要领导或指挥官	所辖兵力	参战兵力
中央红军兵力（共9个师，约4.5万人）	第一军团	军团长　林彪 政治委员　聂荣臻	第一师、第二师	全部
	第三军团	军团长　彭德怀 政治委员　杨尚昆	第四师、第五师、第六师	全部
	第九军团	军团长　罗炳辉 政治委员　蔡树藩	第三师、第十四师	全部
	第五军团	军团长　董振堂 政治委员　朱瑞	第十三师、第十五师	第十三师
	第二十三师	师长　孙超群 政治委员　李干辉	（红二十三师又称中央警卫师，为中革军委直属）	
国民党军兵力（共11个师，约10万人）	第五纵队	司令官　罗卓英	第十一师、第十四师、第六十七师、第九十四师、第九十八师	全部
	第八纵队	司令官　周浑元	第五师、第九十六师、第九十七师	全部
	第三纵队	司令官　樊松甫	第六师、第七十九师	全部
	第四十三师	师长　邹洪	预备队	
	另有2个山炮连、1个迫击炮营、2个工兵营以及三四十架飞机			

早在1933年冬，在李德“御敌于国门之外”的主张和阵地战、堡垒战策略的指导下，中革军委开始在广昌作固守的准备。1933

年 10 月，红九军团第三师七团和第十四师先后奉命在广昌县城到甘竹一带修碉堡、筑工事，其中在广昌城北郊修筑了一个大碉堡，在甘竹西北面修筑了两个中型碉堡。为了加紧构筑碉堡和防御工事，红军还动员了大量的群众参与，民工最多时一天达到四五千人。11 月底，李德、博古从建宁返回瑞金时，特意绕道广昌，视察碉堡、工事的修筑情况，要求修筑的碉堡既要目标小，又可向四面发挥火力，且每个碉堡里要储够一个星期用的干粮和水。到 1934 年 3 月，红十四师用了 4 个多月时间，从广昌城到甘竹一线，构筑了十多个坚固的大支撑点、碉堡及许多小碉堡，在广昌城周围修筑了 7 个支撑点。每个支撑点、碉堡里，都驻有 1 个排至 1 个营不等的兵力，并做好了打阵地战、堡垒战的准备。

到 4 月上旬，国民党第三路军的前锋部队已进占了离广昌县境只有十几公里的南丰白舍一带。国共双方军队都做好了争夺广昌的所有准备，大战一触即发。

第二章　北大门失守

——引发中央作出战略转移的决策

1934年4月，国民党军为了夺取中央苏区北大门广昌，纠集北路军第三路军11个师的兵力，沿盱江两岸向南推进。其中，以周浑元的第八纵队和樊松甫的第三纵队共5个师及2个炮兵连为河东纵队；以罗卓英的第五纵队5个师附加3个炮兵连为河西纵队，以四十三师为预备队，在河西跟进。为了抗击国民党军的南进，中央红军组织红一、三、九军团，红五军团第十三师和红二十三师，共9个主力师在盱江东西两岸阻击敌人。广昌保卫战从4月10日开始，至28日结束，历时18天。在广昌县城至甘竹纵横十余公里的战线上，硝烟四起，战火纷飞。这场战役，无论是战争规模之大、国共双方出动的兵力之多，还是战斗之惨烈和伤亡人数之众，在苏区历史上都是绝无仅有的。广昌保卫战最终失利，是博古、李德等领导人错误军事指挥的结果，留下的教训极为沉重，中央红军的命运也由此改变。

一、广昌保卫战经过

广昌保卫战，从 4 月 10 日开始，到 4 月 28 日结束。整个战役在盱江河东西两岸展开，分三个阶段。第一阶段是甘竹以北的战斗，第二阶段是甘竹到长生桥地域的战斗，第三阶段是保卫广昌县城的战斗。

（一）第一阶段，甘竹以北的战斗

1934 年 4 月 10 日，广昌保卫战正式打响。第一阶段的战斗，主要是在甘竹以北的地域展开。战斗打响以后，国民党军河东纵队和河西纵队在盱江东西两岸，同时向甘竹圩方向进攻。当日，国民党军河东纵队第六师开始向大罗山、延福嶂发起攻击；敌九十八师进占盱江西岸的罗坊圩。而后，西岸的战火又从罗坊圩、坊坑延续到刘家堡、咸水岩、仙山嵊一带。在中革军委野战司令部的指挥下，军团长林彪、政委聂荣臻所率的红一军团，军团长彭德怀、政委杨尚昆所率的红三军团和军团长罗炳辉、政委蔡树藩所率的红九军团的红军将士进行了英勇抗击。14 日，敌第五纵队第六十七师进占甘竹街。第一阶段战斗结束。

第一阶段甘竹以北的战斗历时 5 天，先后发生大小战斗 20 余次，其中主要战斗有 3 次。

延福嶂、白叶堡战斗。延福嶂、白叶堡地处盱江东岸的南丰、广昌两县交界处，距广昌甘竹圩五六公里。防守延福嶂、白叶堡的是红三军团第五师，国民党军的攻击部队是河东纵队第六师十七旅。延福嶂、白叶堡战斗是红军在广昌保卫战系列战斗中取得小胜的一场战斗。

4月10日下午约3时，守卫延福嶂的红军受到敌小股部队的攻击。因上午下了大雨，山中雾气弥漫，红军看不清敌军有多少人，于是轻重机枪齐发将敌击退。下午5时30分左右，敌人一个营占领了白叶堡，后红军于7时对敌进行猛烈袭击，夺回了白叶堡阵地。11日，国民党军为夺回白叶堡，以一个团的兵力进行攻击，其中用一个营主攻，另一个营在源头、罗家东南一带高地掩护，其余为预备队。当日早上6时，敌人的主攻营向白叶堡红军阵地发起攻击。守卫阵地的红五师士气高昂，打退了敌人的进攻。国民党军见进攻受挫，于6时半将担任掩护的营改为攻击部队，到7时半又增加了一个营的攻击兵力。面对敌人的3个营的攻击，红五师打退敌人的多次冲锋，并进行猛烈反攻，重创敌军，使敌人的主攻团伤亡惨重，红军守住了延福嶂、白叶堡阵地。

延福嶂战斗遗址

罗家堡、坊坑战斗。罗家堡位于盱江西岸，距甘竹圩 3 华里，坊坑与其相距四五华里。

罗家堡战斗于 4 月 13 日中午 12 时半打响。国民党军左翼第六十七师向罗家堡旁边的刘家堡进攻，第十一师一个团集结于虾尾南端高地，准备协同六十七师攻打坊坑南端的咸水岩。但是，敌十一师此时看到红军在向其右翼移动，怕遭到防守坊坑北边百子岭一带红军的攻击，意图先打百子岭再转攻咸水岩。当天下午 3 时，敌主攻团用一个连占领吴家山西北端阵地、一个连佯攻另一高地，主力向百子岭东北端的突出部进攻。红军据险抗击，与敌激战，在咸水岩被敌占领而暴露了右翼，并且敌人又增加了一个团攻击的情况下，还仍然坚守阵地。战至黄昏，百子岭阵地被敌占领，红军一部坚守罗家寨，大部向高桥、金坑方向退却。此战红军牺牲 100 多人、受伤 200 多人；国民党军死亡 80 多人。

广昌保卫战第一阶段战场遗址——甘竹北

罗家堡战斗遗址

坊坑战斗于4月13日上午11时半打响。国民党军第十一师前卫团一个营抵坊坑北端的百子岭，在此防守的红九军团第三师向其猛烈开火，敌人迅速在坊坑西北高地展开，掩护其主力集结。同时，敌六十三团、六十六团也迅速向虾尾西推进。潜伏在罗家寨一带高地的千余名红军迅速出击，一部向敌左翼冲击，大部向右翼移动。随后，国民党军在炮兵的援助下对红军进行反攻，冲上红军阵地。红军在阵地上与敌展开白刃战，用刺刀、枪托、徒手相搏，激战约2小时。在这场交战中，国民党军伤亡不下100人，红军伤亡也不少。

刘家堡、咸水岩、仙山嵊战斗。敌六十七师于4月13日上午8时半抵达离刘家堡不远的鄱阳堡以西高地。此时，在刘家堡、庙岭一带负责警戒的是红九军团第十四师。因刘家堡高地正面峻峭，于是敌人的一个团先对红十四师的警戒部队进行驱逐，再令山炮连、周炮营进入鄱阳堡高地，向刘家堡高地轰击。炮弹像雨点一样落在红十四师的阵地上，碉堡、工事顷刻被毁。敌在炮击后组织步兵进行集团冲锋，坚守阵地的红军对冲上来的敌军进行英勇搏杀。战斗进行到下午 1 时左右，敌六十七师三九九团夺得刘家堡高地，红军往罗家堡方向退却。随后，敌三九九团主力转向攻击仙山嵊侧背，于下午 3 时多夺得其东侧高地。

4 月 13 日，敌六十七师四〇二团向咸水岩附近的高地进攻，在其周炮营向高地以西的红军碉堡给予毁灭性轰击后，组织步兵进行攻击。红军无法抵抗敌人密集的炮弹，下午 3 时阵地丢失。敌四〇二团夺得高地后，又协助第十一师的第二营向咸水岩侧击。在敌人步炮协同攻击下，防守咸水岩及以北高地的红十四师只好退守。咸水岩被攻破，红九军团第三师右翼直接受到威胁，导致坊坑战斗失败。同时，敌四〇二团以第一营向仙山嵊西边高地进击，下午 5 时占领该高地。

仙山嵊由红九军团第十四师一部负责防守。13 日下午 6 时左右，国民党军第六十七师用炮火猛烈轰击红军的仙山嵊阵地，摧毁了大部分碉堡、工事。随后，敌六十七师直属队和预备队进驻刘家堡、罗家堡，构筑村落防御线。当日，仙人嵊左右两翼红军高地被国民党军攻占。红军在仙山嵊坚守一夜后，于 14 日拂晓前突围南撤。

（二）第二阶段，甘竹至长生桥地域的战斗

第二阶段的战斗，主要是在甘竹至长生桥地域展开。4 月 14、15 两日无战事，国共双方均利用战斗间隙加紧攻防准备。此时，红军仍坚守在盱河东岸广昌、南丰两县交界的延福嶂、大罗山一带。

4 月 16、17 日，敌河西纵队借助炮火的掩护，攻占甘竹南面各个高地，推进至慧眼岩、朱华山、朱淇（洙溪）堡一线。同时河东纵队也沿盱江东岸向大罗山、湖竹一带推进。

4 月 19 日，敌河东纵队第六、第七十九师，在飞机大炮的配合下向延福嶂、大罗山大举进攻，红军防御失利放弃阵地。在这种情况下，李德、博古仍然企图夺回甘竹，命令红军反攻大罗山。当晚，红军第一、三军团以红六、红十三师为右翼队，红四、红五师为中央队，红一军团一部为左翼队，向大罗山之敌发起猛烈的反攻，但未能夺回阵地。

20 日，敌河东纵队向高洲塅推进，占领司前排、饶家堡一线。红一、三军团于当日晚上向饶家堡、大坪咀、苦竹坑之敌进行猛烈反击，最终未能取胜。

22—23 日，敌河西纵队先后占领长生桥、张家脑和伞盖尖；河东纵队占领云际寨、香炉寨、高洲塅。第二阶段战斗结束。

广昌保卫战第二阶段战场遗址（盱江河西岸）

第二阶段战斗从4月16日开始，23日结束，历时8天。先后发生了25场大小战斗。其中，规模较大的战斗有延福嶂、大罗山、饶家堡、云际寨、长生桥、伞盖尖等10场，延福嶂战斗、大罗山战斗、饶家堡战斗尤为激烈。

延福嶂战斗。至4月19日，红军仍然在延福嶂坚守。当天正午，敌主攻延福嶂的第七十九师二三五旅，首先派出一个营附加侦探队，从叶坊湾向延福嶂红军阵地发起正面进攻，主力随后跟进。面对敌人的猖狂进攻，坚守在延福嶂、大罗山一带高地山寨和堡垒的红五军团将士英勇抗击。双方激战近1小时后，敌夺取延福嶂西北一带高地。同时，敌该旅的另一个团夺取了延福嶂北部的横山。下午1时许，敌机狂轰延福嶂，步兵乘势夺取北寨后，又转攻南寨。南寨石墙高围，敌数次猛攻不下，改从四面围攻，集中投掷手榴弹炸毁寨墙，守寨红军被迫冲出包围向南撤退。当时在油榨山防守的红军见延福嶂危急，便迅速增援，但遭到敌一个旅的阻击而难以前进。下午2时30分许，延福嶂南寨阵地被敌人攻占。

大罗山战斗。大罗山位于盱江东岸，在延福嶂的西南侧。从4月10日开始，红军一直坚守在大罗山，最为激烈的战斗发生在4月19日。当日12时10分，国民党军第三纵队第六师第十八旅的炮兵开始炮击大罗山。在炮火掩护下，敌十八旅开始向大罗山制高点发起猛烈进攻。

驻守大罗山制高点的是红九军团第三师十六团，他们在山上构筑了碉堡、工事。在敌人的大炮轰击下，红军的碉堡被炮火摧毁。因山上森林茂密，国民党军投放燃烧弹，片刻燃起大火，许多红军战士陷于火海之中。下午1时，红军退至大罗山东南方向的墓

大罗山战斗红军阵地遗址——如意亭

坑一带，国民党军第三十六团占领了大罗山。

此间，在大罗山右翼如意亭以北的红军防守阵地，也遭到敌人的炮火轰击和飞机轰炸。轰炸停止后，国民党军用一个团的兵力进行冲击，红军被迫退至树德亭。下午 2 时半，国民党军第三十四团夺取了如意亭以北高地。

红军在 19 日白天失守大罗山后，野战司令部欲夺回大罗山阵地，命令红一军团、红三军团组织反攻。当晚 7 时开始，红军的两个军团同时向大罗山之敌发起攻击，先后多次组织兵力进攻国民党军主阵地，与敌人反复搏杀，但均未取得成效。激战至 20 日拂晓，因敌人援兵赶来，红军被迫向东南撤退。红军在这次反攻大罗山的战斗中，阵地得而复失 5 次，但因缺乏攻坚武器，敌军又龟缩在碉堡内固守且炮火猛烈，虽激战一夜，予敌重创，红军自身也付出了很大代价，被迫退出战斗。

到20日早上5时半，大罗山区域的战斗基本结束。这一仗红军牺牲近800人，毙敌200余人。

饶家堡、司前排战斗。红三军团在20日凌晨撤出大罗山后，一部往东南方向退至饶家堡附近。当日早上5时30分，国民党军第七十九师二三五旅（加一个补充团）、第九十七师、第三纵队队部、第二三七旅一起向饶家堡推进；下午1时30分，先头部队二三五旅到达尖山红附近；第四六九团向饶家堡搜索前进，并先行占领瑶上塅东南高地以及竹园围附近高地。下午2时30分左右，二三五旅主力到达瑶上塅，以四六九团在右、四七〇团在左、补充团为预备队进行部署，并在饶家堡附近构筑工事。

此时，隐蔽在饶家堡东南树林里的红军，迅猛出击，三面围攻敌二三五旅。敌人见红军围攻，组织火力进行抵抗。红三军团主力绕敌左后侧，向司前排、锅铁坑一带急进，以阻击敌人的增援部队，恰好此时敌第三纵队指挥官樊松甫率七十九师到达司前排附近，当即遭到红军迎面痛击。红军因头晚通宵战斗，疲惫不堪，于是未与敌久战。

当日下午，红军运用有利地形，组织上千人与敌七十九师在胡家营、如意亭等地交战，弹如雨下，战斗异常激烈。13时半，敌七十九师的先头部队二三五旅及补充团到达饶家堡附近。为夺回阵地，红三军团军团长彭德怀、政委杨尚昆决定乘敌立足未稳之机围歼该敌，令红一军团由狗头坳、山羊咀地区向敌正面发起攻击；红三军团主力向司前排迂回，从饶家堡北端向敌发起攻击，并断敌退路；红十三师集结于磜上、磜下地域担任守备。

入夜，战斗打响。彭德怀、杨尚昆指挥红四师、红五师，在红一军团的协同下，乘夜向敌七十九师防守的饶家堡阵地、敌九十七师防守的大坪咀阵地发起猛攻。这天夜里阴雨绵绵，能见度极低，不便射击。红军冒着敌军的炮火，奋勇向前，前仆后继，与敌短兵相接，展开白刃战、肉搏战，反复争夺，喊杀声震荡山谷，阵地六易其手，惨烈程度无以言喻。红军一度占领饶家堡东南、北高地，但因敌人退入红十四师原先构筑的碉堡内，加上此处地形开阔，未能全歼敌人。战斗持续到第二天拂晓，为避免敌机攻击，红军撤出战斗，向云际寨方向退却。

在饶家堡、大坪咀、司前排一带战斗中，红军牺牲约 800 人、受伤约 1600 人，国民党军伤亡 508 人。

云际寨、高洲塅战斗。21 日晨，红三军团、红五军团第十三师从饶家堡退至东南方向的枫林亭、官府岭、云际寨、灵峰山、马鞍寨一线防守。国民党军的进攻部队是从饶家堡推进过来的第八纵队九十六师。

下午 2 时，战斗打响。敌五七一团和五七三团一部向鹅颈西北部高地发起攻击，红军抗击后向东侧高地退却，敌军跟踪追击。后红军增援的大部队到达，迎战敌军。战至 4 时，因遭到敌税警团的炮击和飞机的狂轰滥炸，红军退入云际寨及其西北高山上的堡垒内，国民党军则继续向堡垒进行冲击。战至 5 时，红军云际寨西北侧高山堡垒被敌五七一团左翼部队攻占，随后敌五七三团一部又攻下了下庄北端高地，但红军大部仍据守云际寨。

下午 3 时，国民党军炮击云际寨、山羊门的红军堡垒，后又用飞机向红军阵地进行轰炸。由于云际寨四周悬崖峭壁，地势险峻，易守难攻，下午 5 时 30 分，敌九十六师调整作战方案，组织五七六团先向山羊门进击，然后包围云际寨南侧，再向南攻占官府岭北侧高地，到 6 时 30 分时，敌右翼部队五七六团攻至山羊门北端高地，红军退守山羊门最高点，守山门的红军数次向五七六团反攻，但均未成功。

22日，凌晨1时许，敌五七六团向山羊门制高点冲击，五七一团继续攻打云际寨，1小时后山羊门制高点被敌攻破，红军退往张家山、官府岭一带；凌晨6时许，敌五七六团攻下张家山、官府岭，转而攻打云际寨侧面，守寨的红军两面受到夹击，无法坚持，被迫退往杨家岭，云际寨失守。22日上午，国民党又攻占了香炉峰、高洲塅一带。

长生桥、伞盖尖一带战斗。长生桥是甘竹通往广昌县城的一座重要桥梁。此处地势平坦，周边没有天然屏障，易攻难守。国民党军要切断红军从甘竹退守广昌城的后路，必须夺取长生桥。红军为了确保安全退守广昌城，也必须守卫长生桥。因此，长生桥成为国民党军和红军双方争夺的战略要地。

守卫长生桥的是红九军团第十四师。该师第四十团、四十一团到达长生桥后，立即编成两个梯队构筑工事，以形成交叉火力网。

21日上午11时许，敌十一师六十二团第三营到达长生桥北面四五里的龙陂岗，与刘家堡[①]附近地区的红军发生战斗，并进占了刘家堡及其以西高地，红军退往长冈上三口塅方向。敌十一师六十三团担任主攻，向长生桥进击，其二营与红军发生激战。守桥的红军打退了敌人的多次进攻，并组织了多次冲锋。敌人见步兵久攻不下，便调集大炮轰击。在敌人的炮击下，守桥的红军营伤亡四五十人。22日0时30分左右，长生桥失守。

21日，策应争夺长生桥的敌九十八师从雷公嵊、鹅龙塅附近

---

① 此刘家堡为甘竹答田村的刘家堡。上文中的刘家堡为甘竹罗家堡村的刘家堡。

出发，攻占沙家陂、砖头岭、亘黎源西南一带高地，红三师八团退往火神岩、李源、伞盖尖等处。敌二九四旅在炮火的掩护下向龙陂下、小溪坡、沙家陂一带高地攻击。12 时占领沙坪上，红三师九团退往火神岩。22 日，敌山炮连又向火神岩、伞盖尖的红军阵地进行轰击。因火神岩地势险峻，多悬崖峭壁，敌人攻击未果。23 日，敌人继续用炮火摧毁红军的碉堡、工事后，攻占了火神岩。

伞盖尖位于长生桥西边，山势相对更高。国民党军第十一师附加 1 个迫击炮连，担任主攻；第九十八师附加 1 个山炮连的一部协助第十一师攻打伞盖尖。

23 日，防守伞盖尖的红军，受到敌十一师的猛烈攻击。早上 7 时 30 分，敌六十一团以二营为右翼、一营为左翼、三营为预备队，对三仙庙南北一带高地，先集中强大的炮火轰击，再用步兵迅速向红军发起冲锋。红军与敌激战一个多小时后，向西南退却，三仙庙及其南北高地丢失。与此同时，敌六十一团转攻伞盖尖，在炮火轰击下，红军的碉堡、工事全部被摧毁。上午 9 时 30 分，敌六十一团占领三仙庙、伞盖尖及其西南一带高地。第二阶段的战斗结束，国民党军向广昌县城逼近。

（三）第三阶段，保卫广昌县城的战斗

第三阶段战斗，红军主要是以保卫广昌县城为目的，战斗在县城周边地域展开。4 月 26 日，中革军委下达《关于坚守广昌的作战命令》指出“我们的任务就是坚守广昌”，并以红九军团第三师、红五军团第十三师组成东方集团，由罗炳辉、蔡树藩统一指挥，在盱江东岸钳制敌人；红一、三军团及红二十三师组成西方集团，由军委直接指挥，在盱江西岸及县城以西及西北阻击南进之

敌；由红九军团第十四师和总部高射机枪连组成广昌支点地域守备队，守备广昌县城，并规定该部“只有受命后才能撤退”。①

国民党军为攻占广昌县城，将河东、河西两纵队改为左纵队和右纵队，要求各所属部队分区域执行攻击计划，步步为营向广昌县城逼近。

4 月 27 日，国民党军集中 10 个师的兵力，在 1 个炮兵营和三四十架飞机的配合下，同时向广昌城周围的各个红军阵地发起攻击。其中，右纵队第十一师向巴掌形、新人坪，第九十八师向摇篮寨、西华山，第十四师向莲花山，第六十七师向清水塘发起攻击，左纵队在盱江东岸进攻赵陂洲、藕塘下，对广昌城形成包围之势。

当日，巴掌形、新人坪、摇篮寨、西华山、莲花山、六子山、清水塘、赵陂洲、藕塘下等地硝烟迭起，弹如飞蝗，杀声震天。红军浴血拼搏，伤亡很大。

第三阶段的保卫广昌县城的战斗，从 4 月 27 日拂晓开始，至 28 日晨结束，广昌县城周边到处战火迭起，硝烟弥漫。红军分别在县城周边五个重点地域血战一天一夜，战况十分惨烈。

巴掌形、西华山、磜下、新人坪一带战斗。巴掌形、摇篮寨、西华山都在广昌城北，地势险要，多悬崖峭壁，易守难攻。守卫巴掌形、西华山、新人坪一线的是红三军团一部。红军在西华山的防守兵力还增加了精锐部队和公略步兵学校的学员队。

在巴掌形，国民党军的攻击部队是第十一师、第九十八师。27

① 《野战司令部关于周〔固〕守广昌的作战命令》（1934 年 4 月 26 日 11 时），《中央苏区反“围剿”》，中共江西省委党史研究室编：《江西党史资料》第 21 辑·上，第 185 页。

广昌保卫战第三阶段战场遗址——城北盱江西岸

日拂晓，敌十一师一个团向守卫巴掌形北端高地的红军进攻。红军凭借险峻的山势和坚固的工事、堡垒进行抵抗，打退了敌左翼和中路的十多次冲锋，双方形成拉锯战。负责防守右翼的红军与敌激战约两小时后，守堡的红军大部分伤亡，少数冲往南端的堡垒，与守南端的红军一起对敌进行猛烈反攻，伺机冲锋五六次。敌人见红军顽强阻击，便用大炮摧毁红军堡垒，随后占领了红军阵地。与此同时，敌九十八师一部也在巴掌形南端进攻，压制巴掌形山上的红军火力，并迅速运动到红军侧背。受到南北夹击的红军伤亡很大，难以支撑，战至上午9时，巴掌形山阵地被敌占领。

在敌十一师攻占巴掌山的同时，敌十四师、六十七师、九十八师3个师主力分别与红一、三军团的主力鏖战。敌十一师主力增援十四师右翼，经下兰往新人坪攻击，其一个团的先头部队抵达磜下后，对守堡的红军进行攻击。红军组织两营兵力分两路反攻，后敌又增加了1个营的攻击兵力，攻占了磜下。敌十一师进入新人坪后，在此地堡垒中防守的红军与敌进行正面交锋，堡垒被敌人夺去。后敌我双方反复争夺该堡垒，红军多次发起冲锋均未成功。双方战斗至日落，敌人因土堡远离其他据点，怕被红军夜袭，退回磜下。

在西华山，敌九十八师二九二旅向摇篮寨、西华山高地进击；二九四旅派一个团在二九二旅左翼，其余部队为预备队；炮兵三连先在苦坑进入阵地，后随步兵跟进。敌九十八师推进到摇篮寨、揭家排后，集中炮兵火力向西华山轰击，红三军团第四师迅速赶往增援。红军与敌肉搏，战斗极其激烈。红三军团军团长彭德怀亲自到西华山指挥，看到红军难以打破国民党军的攻势，急调公略步兵学校几百名学员增援。战至黄昏时分，红军勇猛冲向敌阵地，子弹打光了用刺刀，手榴弹打光了用石块，后因红军伤亡过重，大部不得不退出西华山。

下兰、莲花山一带战斗。国民党军第十四师协助第六十七师攻打清水塘。27日早上约6时30分，敌十四师前卫七十九团向下兰、长嵊方向推进，7时30分占领下兰北端一座红军土堡及附近村庄；八十一团推进到下兰北端高地，对新人坪方向警戒，以掩护七十九团右侧。9时许，敌七十九团攻取了杨坊堡南端高地，快速进入莲花山、长嵊西北一线，遇到红军抵抗，双方展开激烈战斗。敌八十一团于10时40分攻占了莲花山以南高地；敌八十四团推进至下兰。

上午11时许，防守大仙山、长嵊一带的红军，集中兵力向敌七十九、八十一团正面发起猛烈冲锋，双方互有进退，反复多次，战斗激烈。当时，在田心寨的红军和赶到徐田的数百名红军对敌构成巨大威胁。后敌十四师追击炮连与赶来增援的敌九十八师山炮连集中对红军进行火力打击。红军顽强抵抗，一直与敌激战至下午3时。此时，敌十一师赶到增援，随后红军在田心寨的碉堡被敌军炮火摧毁。

麒麟山、中华山、大磜一带战斗。在盱江东岸的高洲塅至长桥一线的国民党军第五师，于27日早上7时向防守麒麟山的红五军团第十三师发动进攻。防守麒麟山的红军约一个团，依据碉堡进行顽强抗击，激战两个小时，伤亡惨重，后退至清凉山。

当敌二十七团追至红军第二道工事时，红十三师对敌进行猛烈反击，激战约1小时后退往中华山。12时，敌二十七团追至中华山南麓，九十七师又从左侧猛攻，受到夹击的红军随即往长桥方向撤退，敌二十七团占领中华山并就地构筑工事。敌第五师二十五团早上7时进至香炉峰西南一带，7时10分向溪岭上北和花家寨北进攻；该团第一营首先突破红军一个阵地，红军向溪岭上和花家寨收缩，敌跟踪追击，又占领了蚂蟥寨、鸡藏寨，红军与敌肉搏多次，血战约2小时后向南退却。当敌人推进到太平寨时，遭到红军的猛烈反击。红军集中火力向敌射击。红三师从科头增援，从左侧逆袭敌军。红军组织密集队形，从太平寨东西两麓，利用敌阵死角，向花家寨反攻，冲锋数次，伤亡惨重。

在敌进攻溪岭上和花家寨北时，大磜的红军向敌二十五团发起进攻，但因花家寨失守造成腹背受敌，往南撤退。

高洲、清水塘、羊面岭一带战斗。在高洲、清水塘，敌六十七师前卫部队占领高洲及其以西高地后，向清水塘推进。27日10时许，敌进占清水塘及其以西小高地并继续对这一带的红军进行攻击，红军依据碉堡进行抗击。下午1时，红一师向敌人实行正面冲锋，打退了敌人的一个增援营后突破到了敌阵地，但此时敌六十七师预备队赶到，双方军队展开了3次肉搏，红军阵地最后失守。敌人攻占高洲后，红十四师一部坚守在高洲西侧高地的碉堡中，后遭到敌人炮火轰击，守堡的一个连100多名红军伤亡惨重。

在当天的战斗中，红四师一个营固守在清水塘的一个大型碉堡里，敌人攻占堡垒四周的地域后，对红军形成包围之势，红军将士仍然英勇搏杀、顽强固守，成为阻击敌人前进的重要火力点。敌人见步兵攻不下，便改用火炮对红军进行密集轰击，将堡垒夷为平地，该营300多名红军指战员全部壮烈牺牲。

在羊面岭、焦坑一线的红军阵地，敌税警团和九十八师炮兵连于当日早上7时开始，向羊面岭附近的红军碉堡猛烈轰击，六十七师和七十九师二三七旅进占清水塘后也向羊面岭红军阵地推进。在羊面岭一带据守的红军约有一个团的兵力，他们依据堡垒抗击敌军的多次进攻，与敌展开激战，战况十分惨烈。8时30分左右，敌七十九师二三五旅和补充团到达清水塘附近。当时，天下倾盆大雨，敌人乘机向红军堡垒逼近，红军顽强抵抗，最后羊面岭阵地失守。与此同时，敌人集中炮火向广昌城西北一带的红军堡垒进行猛烈轰击，敌七十九师二三七旅四七四团乘势攻击，红军被迫撤出阵地。

藕塘下、赵陂洲战斗。国民党军第九十七师进攻藕塘下、赵陂洲一线的红军阵地，在该地防守的是红三军团第六师。27日早上7时30分，敌五七七团就地展开，向板马陂进击；五八二团从高排出发，向马坊寨进击。7时30分，敌五八二团首先攻占了马坊寨北边和西边的各高地，切断了马坊寨与周边阵地的联系。红军居高临下，奋勇抗击。敌军见正面难攻，在强大的炮火掩护下，一部分便绕到侧翼，到达寨前后攀藤而上。当红军发现时，敌人已经冲到了面前。红军抵挡不住，向县城方向退却。进攻板马陂的敌五七七团，因寨高而难攻，用强大的炮火轰击，步兵从两翼进攻。红军的火力受到敌团炮火的压制，寨堡两翼被敌军攻破。至11时许，敌军连得马坊、板马陂两寨，继续向藕塘下、赵陂洲方向推进。

下午1时许，敌五七九团抵赤岸，五八二团主力抵藕塘下。防守这两处的红军对敌顽强抵抗后，退至中坊、顺化渡。下午3时30分，敌人占领藕塘下、赵陂洲。在赵陂洲战斗中，红六师政治部主任曹其灿亲临前线指挥作战，不幸中弹，壮烈牺牲。

守卫县城的最后战斗。27日傍晚，红军各防御地带的堡垒工事被摧毁，战略要地被攻占，广昌县城周边被敌人东、西、北三面包围。面对惨痛的现实，博古、李德不得不同意放弃固守广昌的计划，经与留守瑞金的周恩来电商后，于28日晨1时半向各军团下达撤退命令。28日，红军开始撤离广昌县城，但担负守卫县城的红九军团第十四师仍然在县城附近的河东、河西两端的支点上坚守，以掩护红军各部撤离广昌县城。

根据红十四师师长张宗逊、政委罗荣桓1934年4月25日签发的《十四师保卫广昌的命令》，所属红四十团坚守在河东岸顺化渡至云庄的防御地带上，红四十一团坚守在河西岸温祠及南、北的支点上。上午8时30分，敌五八二团和五七九团在炮火的掩护下，攻占了红一军团二师六团在中坊的防御阵地。随后，敌人又向红十四师最后一道防线推进。此时，红四十团在顺化渡至云庄一带抗击敌人向县城进犯；同时，红四十一团仍在河西岸温祠的支点上顽强抵御。根据中革军委 26 日下达“十四师坚守广昌工事地区，只有受命后才能撤退”的命令，红十四师全体将士抱着赴死的决心，奋起抵抗。战至下午，红四十团的一个守备营在云庄的一个大型地堡中英勇抗击，敌人见久攻不下，集中炮火轰击红军地堡，数百发炮弹倾泻在地堡中，驻守在地堡中的红军全部陷入火海，大部壮烈牺牲。在西岸支点上的红四十一团也遭火炮攻击，伤亡惨重。战斗结束后，红十四师只剩下 300 余人（此后不久，红十四师被取消了番号）。红十四师为保卫广昌县城、掩护红军主力撤离，作出了重大牺牲。

至此，广昌保卫战结束，红军全部撤离了广昌县城。

二、广昌保卫战述评

（一）广昌保卫战失利的沉痛教训

广昌保卫战历时 18 天，无论其战斗规模、投入兵力、伤亡人数，还是惨烈程度，在苏区时期都是罕见的。广昌保卫战的失利给中央苏区和红军主力造成了严重损失，在苏区历史上留下了十分沉痛的教训。

1.“左”倾军事领导，是导致广昌保卫战失利的主观原因

在第五次反“围剿”开始前，国民党军鉴于以往“长驱直入”“分进合击”作战策略失败的教训，采用了“稳扎狠打，步步为营，修碉筑路，逐步推进”的办法，实行“战略攻势，战术守势”。然而，临时中央主要负责人坚持“左”倾错误思想指导，面对敌人即将进行重兵“围剿”，只看到了国内的有利因素和中央苏区在版图扩大、事业兴旺以及斗争意志、经验等方面的有利条件，对敌人的重兵压境和这次“围剿”的新特点与采用的新战术，没有引起足够的重视，未切合实际制定应对措施，盲目地认为这次反“围剿”是争取革命完全胜利的决战，确定了“御敌于国门之外”这一军事冒险主义的错误战略决策，主张红军在苏区以外制敌，对优势敌人实施进攻作战。

当中央红军反“围剿”前期作战频频失利，被迫步步后退，使根据地范围不断缩小后，临时中央在1934年1月，又将军事策略从进攻中的冒险主义转变为防御中的保守主义，强令装备远不及敌人的红军打阵地战、消耗战。在这种“左”倾思想的指导下，同力量悬殊的国民党军进行决战，失败也就成为战役的注定结局。

2. 战术上的瞎指挥，是导致广昌保卫战失利的直接原因

1933年9月，共产国际军事顾问李德到达中央苏区后，博古、项英等决定由他“主管军事战略、战役战术领导、训练以及部队和后勤的组织等问题”，可直接“参加政治局及其常委讨论军事问题的会议”①，使他实际上把持了军事指挥大权，完全排斥了毛泽东对红军的领导。李德坚决支持和贯彻“左”倾错误思想，并完全照搬苏联的军事教条和模式，依靠他在外国作战时积累的不成熟经验，建立了一套所谓的“新原则”，要求红军打阵地战、“正规战”，要求固定的作战线和绝对的集中指挥等，把中央革命根据地的家当消耗殆尽。这是第五次反“围剿”乃至广昌保卫战遭遇失败的直接原因。

① 李德：《中国纪事（1932—1939）》，现代史料编刊社1980年版，第46页。

广昌保卫战是由博古、李德直接指挥的。在这场战役中，他们指挥红军打阵地战、堡垒战，并采用“短促突击”的战术进行作战。李德要求红军严格按照战术规范展开作战，并无论巨细一律都要按他的命令执行，甚至连迫击炮放在地图上某一曲线上都规定了，前方指挥员没有任何临时处置的权力。例如，对守备部队如何防空，明确规定“应毫不动摇的在敌人炮火与空中轰击之下支持着，以便用有纪律之火力射击及勇猛的反突击，消灭敌人有生兵力”。在红十四师守卫广昌城时，命令中细到“以一个连守备六、七两号支点，六号内步兵两班、轻机枪两架，七号内步兵两帮、重机枪一架，其余布置于火力巢”。李德这种刚愎自用的作风、教条主义的瞎指挥和不切实际的战术运用，最终导致广昌保卫战失利。

这次战役，不仅给红军带来重大损失，丢失了根据地大片土地，而且使中央苏区陷入极其危险的境地。

（二）红军将士大无畏的革命精神值得永远铭记

广昌保卫战虽然失利了，但广大红军指战员和苏区人民群众在广昌保卫战中表现出来的对党忠诚、顾全大局、英勇顽强、无私奉献的革命精神具有重要的时代价值。

对党忠诚，革命信念坚定。在 18 天的残酷战斗中，几万红军将士浴血搏杀，尽管战斗一次次失利，身边的战友一个个倒下，尽管许多指战员都感到这次的反“围剿”斗争在战略上存在失误、战术指挥不得当，但他们没有违抗命令、擅自退却，更没有临阵脱逃，而是怀着坚定的革命信念，怀着对党的赤诚之心，坚决执行中革军委的命令，义无反顾，前仆后继，奋勇杀敌。

顾全大局，政治品格高尚。广昌保卫战期间，在敌强我弱的形势下，博古、李德等领导人仍然坚持“左”倾错误，主张“御敌于国门之外”，要求红军打正规战、阵地战，在前线的各级指挥员，对错误的军事指挥也提出过批评意见，还提出了许多切合实际的作战建议。当这些批评和建议未被采纳后，以彭德怀、杨尚昆为代表的战场将领和广大红军战士，仍然坚决执行中革军委的命令，在前线尽心尽力指挥战斗，努力减少部队损失，充分体现了坚定的大局意识和严明的纪律观念。这种高尚的政治品格，垂范后世。

英勇顽强，战斗意志顽强。这场战役有大大小小几十场战斗，其中有大罗山的十天守卫战、饶家堡的彻夜争夺战、盱江两岸的迂回伏击和城北一线的大规模阻击战，均体现了红军大无畏的革命精神。面对强大的敌人，红军将士们弹药打光了就用石头砸，用刺刀拼。红军英勇顽强，不怕牺牲的事迹感天动地，烈士的鲜血染红了盱江两岸的山山水水。

无私奉献，争做模范表率。在广昌保卫战期间，全县的党员、团员和苏维埃干部以身作则，在各项工作中都能发挥模范作用。战役开始前，在苏区干部的动员和带领下，每天都有几千名群众帮助红军修工事、削竹签。战斗打响后，广昌的地方武装与红军并肩作战，共同抗击敌人，县城及周边的群众分别组成了担架队、救护队、送饭队、做饭队、洗衣队、护理队、向导队等十多种支前队伍。少共县委巡视员王克绳，一次就带领了75名青年奔赴广昌保卫战前线，展现了苏区干部以身作则、无私奉献的精神风貌。

（三）广昌保卫战中牺牲的7000余名烈士永垂不朽

这场战役，是中央红军同国民党军展开的一次生死决战，英勇的红军在盱江两岸十余公里的战线上辗转血战，虽然最终未能扭转战局，但红军大无畏的英雄事迹惊天地、泣鬼神。

在这次战役中，红军毙伤俘敌2600多人，但自身也伤亡5500多人，占参战总兵力的五分之一；为支援反“围剿”战争，广昌的苏区干部和革命群众在这次战役中，有1500余人献出宝贵的生命。特别在4月27日保卫广昌县城的战斗中，红三军团几次突击均未成功，一天就伤亡近千人。红四师的一个营，坚守在城北清水塘的一个所谓的“永久性”堡垒中，从当日早上到午后，打退了敌人步兵的十多次攻击，始终岿然不动，最后在敌人密集的炮火中，全营300多名红军指战员全部壮烈牺牲。守城的红九军团第十四师，在战役开始前全师有2000多人，战后只剩下几百人，随后被撤销番号。

这些英勇牺牲的红军将士和苏区革命群众，绝大多数没有留下姓名，但他们可歌可泣的英雄事迹永留青史，他们大无畏的革命精神永垂不朽！

三、中央红军战略转移决策的引发

（一）广昌保卫战的失利，引起党内和红军广大指战员的不满

广昌保卫战的失利和部队遭受的重大伤亡，令红军广大指战员在思想上产生了巨大震动。在中央领导层和红军高级指挥员中，很多人对战役的策略和结局极为不满，甚至提出了尖锐的批评。

4月28日晚，中革军委在广昌头陂圩下关的冯家祠召开会议，总结广昌战役失利的教训，讨论下一步行动。中革军委和中央红军

中革军委头陂军事会议旧址——广昌头陂下关冯家祠

各军团的领导共20多人参加了会议。主要与会人员有：博古（中共临时中央负责人、中革军委野战司令部政治委员）、李德（共产国际军事顾问）、朱德（中革军委主席、红军总司令、中革军委野战司令部司令员）、顾作霖（红军总政治部代主任、中革军委野战政治部主任）、林彪（红一军团军团长）、聂荣臻（红一军团政治委员）、左权（红一军团参谋长）、李卓然（红一军团政治部主任）、彭德怀（红三军团军团长）、杨尚昆（红三军团政治委员）、邓萍（红三军团参谋长）、袁国平（红三军团政治部主任）、董振堂（红五军团军团长）、朱瑞（红五军团政治委员）、罗炳辉（红九军团军团长）、蔡树藩（红九军团政治委员）、伍修权（李德的翻译）。会议决定：红一、九军团即刻东进保卫建宁，红三军团在新安附近阻敌南进，指挥机关撤回瑞金。参加会议的许多红军高级将领，原本在战役过程中对“左”倾战略方针和李德的作战指挥就有很多意见，在这次战后会议的讨论中，纷纷表示不满。这次战役的失败和付出的惨痛代价，令广大指战员对“左”倾错误带来的严重后果有了更为明确的认识。

在头陂期间，彭德怀对“左”倾路线的错误军事指挥和李德的专横霸道作风，表示了极大愤慨和不满。他在后来回忆广昌战役和这段经历时说：

> 三、四月间，敌集中大量兵力进攻广昌。方面军前方司令部撤回瑞金，另组临时司令部。博古为政委，实际上是李德为总司令亲上前线，指挥坚守广昌。我再三说广昌是不能固守的，必须估计敌军技术装备。他们不相信，而相信他们自己构筑的永久工事。我说，在自己没有飞机大炮轰击的情况下，就算是比较坚固的野战工事，在今天敌军的装备下，是不起作用的。如果固守广昌，少则两天，多则三天，三军团一万二千人，将全部毁灭，广昌也就失守了……
>
> 当日约八时以后，战斗停止时，博古来电话，说李德、博古约我和杨尚昆去谈谈，他们明天回瑞金去。见面时，李德还是谈他那一套，如何进行短促突击，如何组织火力。我说，怎样去组织火力点？根本没有子弹！在敌碉堡密布下，进行短促突击，十次就有十次失败，几乎没有一次是得到成功的。我尽情地、毫无保留地讲了自己的意见，大胆地准备个人的不幸，

说，你们的作战指挥从开始就是错误的。……如果不是红军高度自觉，一、三军团早就被你送掉了。我还说，这次广昌战斗你们看到了吧！这种主观主义，是图上作业的战术家。中央苏区从一九二七年开创到现在快八年了，一、三军团活动到现在，也是六年了，可见创造根据地之不易。“崽卖爷田心不痛”，被送掉！

这段话是伍修权同志翻译的，李德没有发火。我知道没有全翻，如果全翻了，哪有不发火的道理呢？我请杨尚昆同志重翻了。这时李德咆哮起来：“封建！封建！”他跳我高兴。他继续骂我，说是因为撤掉我的革命军事委员会副主席不满意（撤职是事实，但不知为什么）。我说，根本没想那些事，现在是究竟怎样才能战胜敌人，这是主要的。我骂了他下流无耻，鄙视了他。那次，我把那套旧军衣背在包里，准备随他到瑞金去，受公审，开除党籍，杀头，都准备了，无所顾虑了……[①]

在后方，时任中共中央政治局委员、苏维埃中央政府主席的毛泽东指出，广昌战役对红军来说，是个灾难，毫无战绩。

曾支持“左”倾冒险主义的一些人，也开始对李德的指挥不满。在第五次反“围剿”中，中共中央政治局委员、书记处书记，苏维埃中央政府人民委员会主席张闻天对李德的错误指挥已经开始怀疑。他在广昌战役失败后说：这样打下去，我们能有胜利吗？并批评博古过于重用李德，说我们中国的事情不能完全依靠李德，自己要有点主意。为此，还与博古发生了激烈的争论。1943年，他撰文回忆说：

---

① 《彭德怀自述》，人民出版社，1981年版，第189—191页。

> 我同博古同志的公开冲突，是在关于广昌战斗的一次讨论。我批评广昌战斗同敌人死拼，遭受不应有的损失，是不对的。他批评我，说这是普列哈诺夫反对一九〇五年俄国工人武装暴动的机会主义思想。我当时批驳了他的这种污〔诬〕蔑，坚持了我的意见，结果大家不欢而散。[①]

当时任红军总参谋长的刘伯承，因不满意李德的错误指挥，被降为红五军团参谋长。[②]

在战后，还有红军高级指挥员根据广昌保卫战的教训，写信给中革军委说："我主力兵团可以取得胜利的仗不应放过，对于得不偿失的仗，对于胜利条件不大足的仗，则不应以主力进入战斗"，应切忌"过去那样以主力逼近敌人，与敌对峙"的方法，消耗兵力和弹药，陷于被动。还说："地形条件对于作战有很大的决定意义，战胜敌人时的兵力对比的少不成为重要因素，在山地战为尤〔犹〕然。如地形条件适宜和战术运用巧妙等，是能少胜众的，至少能消灭敌之一部。"[③]

在红军基层部队中，营连排干部和战士们看到广昌保卫战打得如此被动，看到身边的战友一个个牺牲，心里十分悲痛难过，情绪波动很大，纷纷质疑广昌保卫战为什么不能像以前那样打。红军的基层官兵对战役指挥者的不满是普遍的。

---

① 张闻天：《从福建事变到遵义会议》(1943 年 12 月 16 日)，中共中央党史资料征集委员会、中央档案馆编：《遵义会议文献》，人民出版社 1985 年版，第 77—78 页。

② 《刘伯承传》编写组：《刘伯承传》，当代中国出版社 1992 年版，第 101 页。

③ 转引自中国工农红军第一方面军史编审委员会编：《中国工农红军第一方面军史》，解放军出版社 1993 年版，第 447—448 页。

（二）广昌保卫战的失利，引发中央作出战略转移的决策

广昌县城的丢失，致使中央苏区的北部屏障被打破，敌人开始进入中央苏区腹地。而后，国民党军的“围剿”主力北路军重兵云集广昌，开始修筑南进的公路。

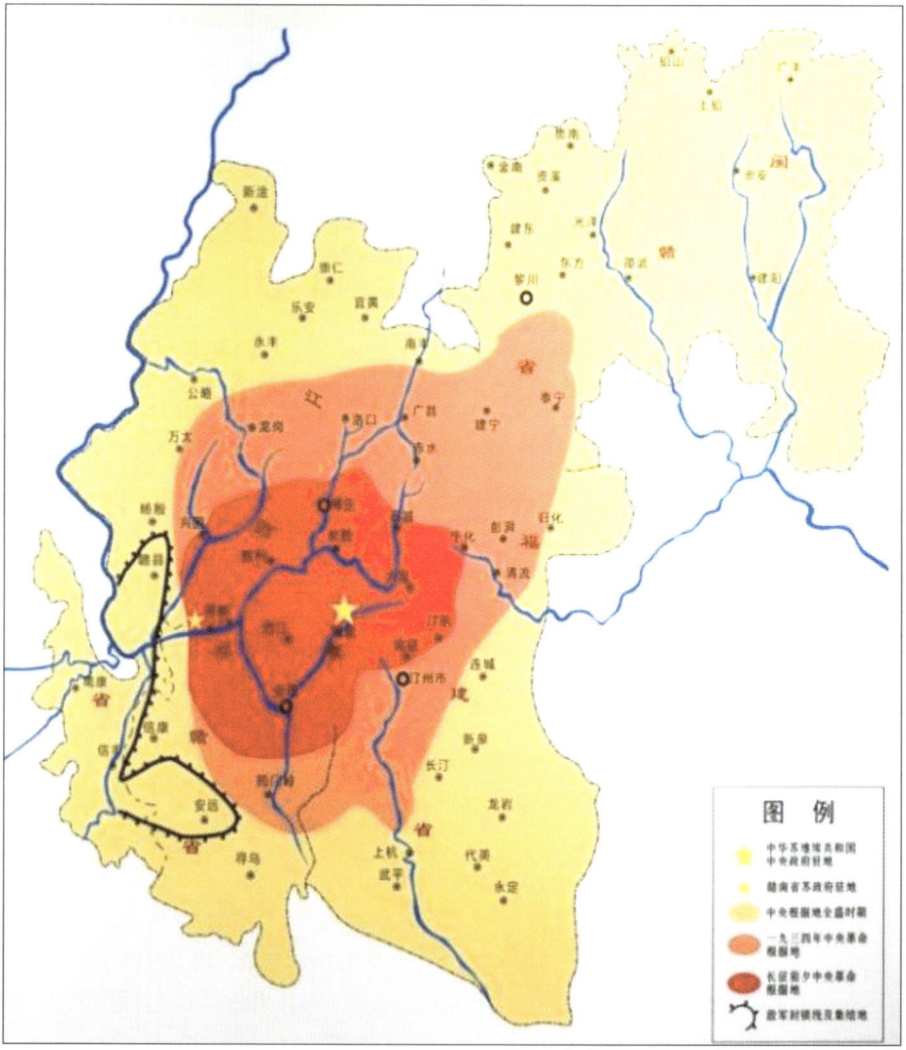

中央革命根据地日趋缩小区域示意图

在广昌保卫战酣战之时，中央苏区的南大门筠门岭于4月21日失守。在西线，至5月1日，国民党军第六纵队5个师先后占领永丰县的沙溪、藤田和龙冈。在东线，红军5月中旬在建宁保卫战中失利，建宁城陷于敌手。至此，红军在中央苏区内部打破国民党军的“围剿”已无可能。

鉴于中央苏区日益恶化的形势，中共临时中央和中革军委从1934年5月上旬起多次召开会议，讨论广昌战役失利后的危局应对问题。

5月下旬，中共中央在瑞金召开书记处会议，作出了战略转移的决策：鉴于中央苏区北大门——广昌失守后，国民党军开始进入中央苏区腹地，红军内线作战已十分困难，决定将主力撤离中央苏区，进行战略转移。

6月2日，中共中央将会议讨论的意见报告给共产国际和共产国际远东局，共产国际远东局政治代表埃韦特将中共中央的电报和他个人的看法，一并报请共产国际执委会政治书记处。埃韦特在电文中说：

> 关于事态发展，您已经收到大量关于军事问题的电报，其中最重要和最近的电报，我再次附上。我也附上【中共】中央的防御计划，这个计划已通过另一个渠道电告了您。【中共】中央最近的电报将在6月初寄给您，在这份电报的结尾，他们征询您的建议和决定。我不想在这里重复，而只对【中共】中央提出的两种可能性作一些评论。
>
> 1. 从起草【中共】中央报告时起，形势又发生了对我们更加不利的变化，特别是由于广昌和建宁的失陷以及敌主要兵团

的进一步推进。此外，由于不间断的战斗和不充足的战利品，我们的弹药储备大大减少了。我们的损失巨大。开小差现象在增加。

2. 敌军的大量集中和不断地挖通道和防御工事（如果敌人在同我们的斗争中将继续取得成绩的话），使中央一号建议难以实施。中央一号建议是："留在中央苏区，转入游击战，将其作为我们斗争的最重要方法。"当然，把我们的基本力量分成小的游击小组，可以在许多据点、许多地方长时间给敌人制造麻烦，但仅仅这样做决不能保证有效地保卫中央苏区。

3.【中共】中央说："否则我们只有保卫中央苏区到最后，同时准备将我们的主力撤到另一个战场……"

4. 我个人认为，不应把【中共】中央指出的两种可能性截然对立起来。四军团 1932 年在预先未作计划的情况下向四川采取的远征行动表明，除了游击兵团，我们主力的一部分，应该留在老的地区，以防止敌人在没有我方任何抵抗的情况下全面而神速地占领这些地区。这一部分军队不应人数很多，否则我们没有足够的力量在【中共】中央电报中规定的方向顺利地进行突破。在这个方向上，我们的基本力量，只有在实行保卫的各种可能性都用尽之后并且在保存着我们大部分有生力量的情况下才应使用。①

从上述电文可以看出，中共中央提出了两种可能性：一是红军

① 《埃韦特给皮亚特尼茨基的报告》（1934 年 6 月 2 日），中共中央党史研究室第一研究部编：《共产国际、联共（布）与中国革命档案资料丛书》第 14 卷，中共党史出版社 2020 年版，第 116—117 页。皮亚特尼茨基，时任共产国际执行委员会书记。

主力留在中央苏区转入游击战争，作为斗争的最重要方法；二是坚决保卫中央苏区到最后，同时准备将主力撤到另一个战场。共产国际远东局政治代表埃韦特认为，不应把这两种可能性截然对立起来，在实行保卫的各种可能性都用尽之后并且在保存着大部分有生力量的情况下，才应撤出苏区进行战略转移。他同时也将上述意见报请共产国际执委会政治书记处审议。

6 月 16 日，共产国际执行委员会政治书记处政治委员会致电埃韦特和中共中央，说："我们完全赞成你们目前根据对形势的正确评价而实行的计划"，并指出，"争取保存中央苏区的前途，是与在外部地区、在交通线上和靠近敌人设防地区的后方广泛开展游击战密切联系在一起的。不这样大规模地开展游击运动，在苏区内，机动能力非常有限的军队的处境，到今年秋季敌人发动新的攻势，作出最后努力来突破苏区的防线时，就会发生危机"。共产国际来电指示说："但是在夏季，红军若竭尽全力，是能够采取主动把业已形成的不利形势改变为有利的。为此，必须完成两项任务：（1）为防备不得不离开，要规定加强在赣江西岸的基地，同这些地区建立固定的作战联系，成立运粮队和为红军建立粮食储备等；（2）现在就用自己的一部分部队经福建向东北方向发起战役，以期最后这些部队成为将来闽浙皖赣边区苏区的骨干力量，现在四省边境地区就有可观的游击行动和第十军的核心力量。这次战役，威胁蒋介石的主要基地和交通线，对保存中央苏区和便于其余部队向湖南方向撤离（如果我们不得不这样做的话），都具有很大的意义。"电报还指出："动员新的补充人员的过程证明，中央苏区的资源还没有枯竭。红军作战部队的抵抗能力、后方的情绪等，还没有引起人们的担心。如果说主力部队可能需要暂时撤离中央苏区，为其做准备是

党史党建

本版编辑：兰文飞

2016年8月4日 星期四 學習時報 03

编者按：今年是红军长征胜利80周年。为纪念这一伟大历史事件，从本期开始，本报将陆续刊发文章，回顾80多年前两万五千里长征途中的艰难与胜利。

广昌之败 长征之始

□简 奕

怎样理解合格党员的标准

□袁德安

《学习时报》2016年8月4日第3版刊文《广昌之败，长征之始》

适宜的，那么这样做也只是为了撤出有生力量，使之免遭打击。”①

在这份回电中，实际上是同意了中共中央书记处关于红军主力在必要时撤离中央苏区的决策，并且强调了四点意见：一是必须从现在起就开始为将来的撤离做必要的准备；二是必须派出一支强有力部队“经福建向东北方向发起战役”，以牵制敌军；三是红军主力必要时“向湖南方向撤离”；四是“中央苏区的资源还没有枯竭”，红军还可以在中央苏区坚持一段时间，为红军主力撤离苏区赢得准备时间。

收到共产国际的回电后，中央政治局于6月下旬召开会议，讨论了红军在危境中的对策，从此中央苏区开始了战略转移的各项秘密准备。

综上所述，由于博古、李德等临时中央领导人推行“左”倾

① 《共产国际执行委员会政治书记处政治委员会给埃韦特和中共中央的电报》（1934年6月16日于莫斯科），中共中央党史研究室第一研究部编：《共产国际、联共（布）与中国革命档案资料丛书》第14卷，中共党史出版社2020年版，第130—131页。

教条主义，使中央苏区北大门广昌丢失，广昌保卫战的失利，是导致中央红军实行战略转移的直接动因。正如著名党史专家石仲泉所说：“广昌保卫战的失利，引发了中央红军战略转移的决策。”2016年8月4日，中央党校主办的《学习时报》刊文《广昌之败　长征之始》，阐述引发中央红军战役转移的成因，认为是由于广昌保卫战的失利。

第三章　激战高虎脑

——为中央红军战略转移赢得了时间

国民党军占领广昌城后，气焰更加嚣张，继续以重兵向中央苏区腹地推进，企图进占红色首都瑞金。中央苏区的形势急转直下，为阻击南进的国民党军，红三军团和红五军团一部奉命在广昌南部的大寨脑、高虎脑至驿前一带布防。在彭德怀军团长、杨尚昆政委的统一指挥下，红军先后有 5 个师与国民党军 9 个主力师，在广昌高虎脑地域进行了一场大规模的激战——高虎脑战役（又称广昌南部系列阻击战）。高虎脑的胜利阻击，为中央红军的战略转移赢得了时间。

一、高虎脑战役经要

（一）战役概述

广昌保卫战结束以后，国民党军调整会攻中央苏区腹地的部署，兵分六路向中央苏区中心区域推进。1934 年 7 月初，国民党第三路军以广（昌）石（城）大道为分界线，分左右两翼向南推进。具体为：以汤恩伯第十纵队的第四、第八十八、第八十九师为左纵队，从广（昌）石（城）大道以东地区向南进犯；樊松甫第三纵队第七十九、第六十七、第八师（第八师后奉调建宁）为右纵队从广石大道以西地区，协同左纵队齐头并进；罗卓英的第五纵队第

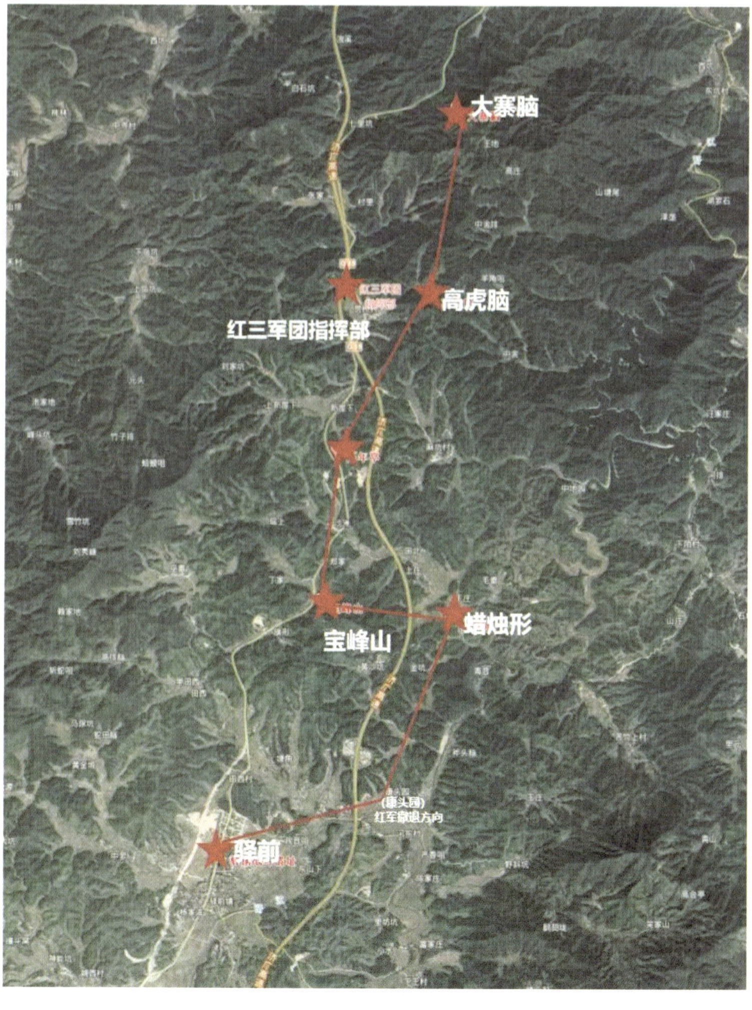

高虎脑战役五次主要战斗示意图（1934 年 7—8 月）

六、第十一、第十四师随后跟进，进攻锋芒直指高虎脑地域。

高虎脑地域处于广昌南部的赤水、驿前两镇之中，扼控着广昌至石城乃至瑞金的必经通道。从大寨脑、高虎脑至驿前，重峦叠嶂，群山绵延。7月上、中旬，遵照中革军委的命令，红三军团和红五军团一部先后在大寨脑、高虎脑至驿前约15公里纵深地域构筑了以5道骨干防御阵地为主体的生死防线。

1934年7月21日，高虎脑战役打响。在彭德怀军团长、杨尚昆政委的统一指挥下，红三军团第四、第五师和红五军团第十五、第三十四、第十三师共5个师，先后与国民党军陈诚部9个师，在广昌南部的高虎脑地域展开了一场殊死大搏斗。战役从7月21日开始，到8月底结束，历时41天，共发生大小战斗数十次，其中主要战斗5次。战役打响后，从大寨脑、高虎脑至驿前10余公里，硝烟四起、战火纷飞，战斗十分激烈。在战役进程中，尽管敌军疯狂至极，但我主力红军和地方武装英勇顽强，骁勇善战，不怕牺牲，一次次击退了兵力占据优势且装备精良的敌军的疯狂进攻，最终取得高虎脑战役的胜利。

高虎脑战役国共双方兵力部署表

<table>
<tr><th></th><th>部队番号</th><th>主要领导或指挥官</th><th>所辖兵力</th><th>参战兵力</th></tr>
<tr><td rowspan="3">中央红军兵力（先后5个师）</td><td>红四师</td><td>师　长　洪　超
政治委员　黄克诚</td><td>第十、第十一、第十二团</td><td>全部</td></tr>
<tr><td>红五师</td><td>师　长　李天佑
政治委员　陈阿金</td><td>第十三、第十四、第十五团</td><td>全部</td></tr>
<tr><td>红十五师</td><td>师　长　彭绍辉
政治委员　萧　华</td><td>第四十三团、第四十四团、第四十五团</td><td>全部</td></tr>
</table>

续表

	部队番号	主要领导或指挥官	所辖兵力	参战兵力
中央红军兵力（先后5个师）	红三十四师	师　　长　陈树湘 政治委员　程翠林	第一〇〇团、第一〇一团、第一〇二团	全部
	红十三师	师　　长　陈伯钧 政治委员　宋任穷	第三十七团、第三十八团、第三十九团	全部
国民党军兵力（先后9个师）	第五纵队	司令官　罗卓英	第六、第十一、第十四师	全部
	第十纵队	司令官　汤恩伯	第四、第八十八、第八十九师	全部
	第三纵队	司令官　樊松甫	第七十九、第八、第六十七师	全部
	另有2个山炮连、2个迫击炮连、20多架飞机，以及中央炮兵第一旅第五团第一营（900多人，装备有当时最先进的卜福斯山炮12门）、税警总团迫击炮营及炮兵训练处山炮第一营			

（二）主要战斗

1. 大寨脑战斗

大寨脑是广昌赤水通往贯桥、驿前的必经之路，地势险要，处于广昌南部防御地带的突出位置。7月中旬，红十五师（少共国际师）和红三十四师在大寨脑一带布防。红十五师的具体部署是：大寨脑正面山头置第四十四团；左面山头为第二营，右面山头为第一、第三营，准备抵御国民党进犯。第四十三、第四十五团为梯队。7月16日至20日，国民党军汤恩伯第十纵队第四、第八十九师攻占大寨脑的西北高地，沿途构筑碉堡。21日拂晓，敌军第四师、第八十九师，在飞机、大炮的掩护下，向红军所在的大寨脑、鸭子岭阵地发起猛攻，红十五师奋起反击，打退了敌人六七次冲锋。之后，敌八十九师在敌四师掩护下朝红十五师正面阵地又发起猛烈进攻，同时敌四师于右翼向红军侧击。红十五师在师长彭绍辉、政委萧华的指挥下，红军先是利用枪炮、手榴弹和阵地前沿的地雷、“地黄蜂”（即地下埋竹钉）消灭敌人。手榴弹、子弹打光了，红军将士就用石头砸，进行肉搏战。当四十四团二营镇守的左翼阵地失守后，右翼的一、三营采用反突击，打退了敌人的多次冲锋。战至午后1时，红三军团一部赶至增援，对敌发起反攻，反复冲杀，战斗越发激烈。最后因敌人飞机、大炮轰炸猛烈，红军于当晚奉命撤出战斗，向高虎脑一带撤退。

大寨脑战斗，国民党军死伤500余人，红军也付出了伤亡400余人的代价。

2. 高虎脑战斗

高虎脑系贯桥村（又称半桥村，今属驿前镇管辖）的后龙山，形似仰首蹲坐之虎，主峰海拔406米。高虎脑北连大寨脑，南连广昌最南端的驿前，是敌人南进必经之关卡和要地，在军事上有其重要的战略意义。由于高虎脑险要的地理位置，决定了它成为高虎脑战役的主战场。

1934年7月中旬，红三军团第四、第五师奉命和红五军团第三十四师开抵贯桥一带，在高虎脑地域的纵深地带构筑防御阵地，准备抗击南进之敌。红三军团在高虎脑地域阻敌的设防部署为：红五师在正面，其中第十三团防守高虎脑及贯桥北端阵地，十四团在上坪东端为第二梯队，第十五团在高虎脑南端为预备队，师部设在曾家排；红四师在红五师右翼，配置在老寨、宝峰山（保护山）、蜡烛形一带，师指挥所设在麻坑；红三十四师配置在高虎脑西北地域警戒，其中第一〇二团守画眉寨，第一〇一团守高脚岭和赖禾岭（赖和嵊），第一〇〇团守香炉峰。红三军团司令部设在高虎脑南端的楮树坑。

为了打好这次战斗，红三军团军团长彭德怀、政委杨尚昆亲自到前沿阵地视察，并特别嘱咐守卫高虎脑一带主阵地的红五师十三团、十四团的团长、政委：阵地还要加固，要经得起敌人飞机、大炮的轰击；人员要加强政治思想工作，提高坚守阵地的决心和信心；高虎脑地形险要，要利用这种有利地形，居高临下，打他个下马威。在军团首长的关怀鼓励下，广大指战员不顾疲劳，昼夜奋战，不仅加固了主阵地，而且还在阵地前沿加筑了副防御设施，挖了外壕，埋了地雷，设了竹签和鹿砦。

8 月 5 日凌晨，高虎脑战斗打响。敌左纵队一个师向红三十四师一〇二团阵地画眉寨发起进攻。同时敌右纵队又向守备高脚岭的红三十四师一〇一团和守备在香炉峰的一〇〇团阵地进行攻击。在师长陈树湘、政委程翠林的指挥下，红军两个团进行了顽强守御。同日，守备在高脚岭的红一〇一团又与敌激战 3 小时，红十三团也在守备的阵地英勇抗击。这一天，红四师、红五师和红三十四师密切配合，击退了六倍于己的敌人轮番进攻。

6 日 8 时，敌主力向高虎脑主阵地发起猛烈进攻。先以 10 多架飞机轮番轰炸，接着以火炮轰击，尔后以步兵密集队形向红军的鹅形阵地发起冲击。红十三团在团长黄珍和政委苏振华的率领下沉着应战，以枪弹、手榴弹、地雷、“地黄蜂”、鹿砦等杀得敌人尸横遍野。与此同时，红十四团在团长姚喆和政委谢振华的率领下，从右翼向北对敌实行突击，一举将敌人击溃。随后，敌人又连续发起几次攻击，都遭到红四师和红五师的顽强抗击，伤亡惨重。

7 日 8 时，敌军右纵队和左纵队的六个师同时向高虎脑两侧推进，并在密集的炮火掩护下向鹅形和香炉峰阵地发起冲击。在彭德怀军团长和杨尚昆政委的统一指挥下，红四师一部和红一〇〇团密切配合，英勇反击，红军将士一次次跳出战壕与敌人肉搏拼杀。在高虎脑地域山头上，红军将士“冲啊”“杀啊”的口号声响彻山头上空。战至下午1时，红军阵地全被敌人炮火破坏，枪弹告罄。下午3时，红三军团首长下令部队撤离高虎脑主阵地，退至楮树坑、万年亭至香炉峰一带，继续阻击敌人。

高虎脑战斗，是第五次反“围剿”以来最激烈的一仗。红军的顽强抗击，阻滞敌人整整3天，毙伤敌人4000余人。在这次战斗中，红军伤亡1415人。

3. 万年亭战斗

万年亭是一座古亭，坐落在贯桥村向南两公里的广（昌）石（城）大道边的山腰上。1934年8月10日5时30分，中革军委电令红三军团的任务仍以防御及部分反击来阻敌南进，但不必进入决战，以免损耗兵力。根据这一指示，红军继续以抗击敌军进占驿前为目的，设置了三道防线：第一防线为刘桂峰、雨打壁、万年亭、保护山、蜡烛形等地域，由红三十四师担纲防御，第二防线为黄土门、旗形、金鸡寨等地域，由红五师驻守，第三防线为平头寨、西排峰、鼓楼峰一带，由红四师驻防。红三军团司令部设在旗形。

国民党军占领高虎脑、鹅形以后，其北路军第三路军总指挥陈诚命令所属各部在大寨脑至贯桥构筑碉堡封锁线。12日，敌汤恩伯第十纵队第四、第八十八师向榷头、下麻坑推进。同时，敌罗卓英第五纵队第六十七师也逼近万年亭。当晚，红三军团首长彭德怀和杨尚昆根据敌情，决心遏制敌人南进，用反突击的方式击溃敌人，消灭其一部分，遂于当晚21时30分下达命令，各部队于13日4时前进入阵地。

13 日晨，敌樊松甫第三纵队一个师在飞机和炮火轰击一个小时后，逼近守护在香炉寨一带的红三十四师的阵地。在师长陈树湘、政委程翠林的带领下，红三十四师的将士奋起反击。14 日 5 时，在敌机和火炮的轰击下，敌罗卓英第五纵队第六十七师实行“羊群战术”向万年亭右侧红五师的阵地发起猛烈进攻。在师长李天佑、政委陈阿金的指挥下，红五师各部协力反击，将进攻之敌六十七师大部歼灭于阵地前沿，剩余残敌在敌机掩护下退回清水坑北端的堡垒地带。红五师英勇作战，沉重打击了国民党军嚣张气焰，对敌军起到了很大的震慑作用，使敌军其他各部暂停进攻。由此，战斗遂告一段落。

至 26 日，敌七十九师和六师第十八旅及 2 个山炮连继续攻击万年亭阵地。红军一直顽强坚守阵地。28 日拂晓，敌军集中 7 个师的兵力向红军阵地发起全线进攻。在宝峰山、蜡烛形失守以后，鉴于守卫万年亭的红军有被敌人包围的危险，红三军团首长遂令红四、红五师向南转移。

在万年亭战斗中，红军前后在万年亭地域坚守 15 天，歼敌 1500 余人。敌人后来追述当时的战况，说到自己的两个团陷入火网之中，“冲到鹿砦内无一生存，鹿砦外者亦死伤过半”[①]。

在这次战斗中，红军阵亡 315 人，其中红五师政治委员陈阿金、红三军团卫生部长何复生壮烈牺牲。

4. 蜡烛形、宝峰山（保护山）战斗

万年亭战斗结束后，遵照中央军委命令，红军利用战事间歇在驿前至万年亭一带加固防御阵线，准备抗击敌人新的进攻。此

---

① 参见台湾国民党“国防部史政局”编:《五次剿匪战史》（三），第 399 页，1967 年。

时，为加强驿前以北的防御力量，红五军团主力第十三师奉命接替第三十四师的防务。

与此同时，国民党军亦加紧进攻准备。8 月 26 日，敌人从南京调来的中央炮兵第一旅第一团第一营（该营有 900 多人，装备德国造的卜福斯山炮 12 门，每门炮配有炮弹 150 发）到达贯桥地区，还有税警总团迫击炮营、炮兵训练处山炮第一营、第二十三师重迫击炮连均配属第三路军，大大增强了敌军的攻击力量。此时，国民党军的攻击力量共有 7 个师。其部署是：第十纵队第四、第八十八师为左翼，攻击蜡烛形阵地；第五纵队第十一师和第三纵队第六十七师为中央队，攻击宝峰山阵地；第三纵队第七十九师和第五纵队第六师十八旅为右翼，攻击万年亭阵地；第五纵队第十四师置于贯桥东南做总预备队。同时规定炮兵、空军与步兵协同作战，并将空军前移至广昌机场，配合地面部队作战。

此时红军力量仍为 3 个师（红四师、红五师、红十三师），抵抗国民党军 7 个师的进攻。根据敌情变化，红三军团按照中革军委的御敌要求，重新进行防守部署：以红四师第十团坚守蜡烛形及其左右支点，第十二团坚守宝峰山及支点高地以右，第十一团为突击队，集结于下庄附近；红五师第十三团坚守宝峰山至万年亭的大路以左地带，第十四团坚守万年亭至龙坑西北支点大岭夹，第十五团为突击队，集结于沙洲附近；红十三师以第三十九团坚守铁掉山以北至刘桂峰以东阵地，第三十八团坚守刘桂峰阵地，第三十七团为突击队，集结于铁掉山附近。

28 日拂晓，敌军在 20 多架飞机和数十门大炮掩护下，向红军阵地发起全线攻击。在师长洪超、政委黄克诚的统一指挥下，红四师防守的蜡烛形、宝峰山阵地的战斗打得异常激烈。

高虎脑宝峰山战场遗址

天刚亮，敌左翼第四师以两个团的兵力，向蜡烛形阵地左翼发起冲击。防守蜡烛形主阵地的红四师第十团三营阵地工事全被打坍，机枪也被炸坏，但全营在营长张震的率领下毫不畏惧，凭借交通壕，用步枪、手榴弹、刺刀与敌拼杀，连续打退敌人多次冲锋。激战至中午，红军弹药将尽，火力明显减弱，敌见此情况乘机组织了两个团的兵力，以密集队形在炮火掩护下发起冲击。营预备队见此立即实施反击，全营指战员同敌展开拼杀，子弹、手榴弹打光后与敌肉搏，一直血战至下午。面对敌一个师的多次猛攻，三营尽管付出了很大代价，其第七连伤亡过半，第八连仅剩 20 多人，第九连损失也很大，但仍坚守在交通壕里，准备同敌作最后一搏。

敌军在进攻蜡烛形阵地同时，又以其中央纵队第十一师向宝峰山进攻。防守宝峰山阵地的是红四师第十二团，主阵地是二营防守。二营营长邓克明把全军闻名的红五连配置在主阵地前沿，红四连配置在主阵地左翼的高地上，红六连为营预备队，隐蔽在营指挥部附近。敌先以6架飞机轮番轰炸和低空扫射，接着数十门大炮猛烈轰击，炮弹雨点似的落在红军阵地上。面对近10倍于己的敌人和猛烈的炮火，红军指战员沉着应战，待敌冲到接近外战壕时轻重火力齐射，打退敌第一梯队的攻击。接着敌又开始进攻，飞机狂轰滥炸和低空扫射后又进行炮击，重炮弹、硫黄弹、燃烧弹、烟幕弹，暴雨般地倾泻在红军阵地上。红军的阵地被摧毁，交通壕沟被破坏，电话联系也中断。这场战斗极为惨烈，许多红军战士的耳朵被敌人炮火震聋，并且被硫黄弹烟熏而中毒昏倒或呕吐不止。敌军在炮火掩护下包围并冲入红军阵地，红十二团除第二营冲出重围外，团参谋长吴连生和守卫主阵地的红五连大部壮烈牺牲。

宝峰山失守以后，红军的第一、二防御阵线被击破，红军南撤至驿前一带的第三防御地带。这场战斗历时3天，战况非常惨烈，红军伤亡严重。

5. 驿前战斗

驿前位于广昌县最南端，是红军在广昌境内的最后一道防线。为阻击敌人继续南进，红三军团于8月29日零时30分下达命令，部署红五师守卫驿前北部正面的鼓楼峰、西华峰、平公寨一带阵地，红四师为右翼突击队，已归属红一军团的红十五师和从宁化调来增援的红五军团第十三师为左翼突击队。

29日晨，敌军开始向红军警戒地带推进，并以飞机、炮火向红军主阵地猛烈轰击。上午敌军进占瑶下、南岭，午后又以 2 个团的兵力向南攻击。在师长陈伯钧、政委宋任穷的指挥下，红十三师将士英勇作战，击退了敌人多次冲锋。但由于红军阵地不坚固，火力不足，部队伤亡严重，红三十八团余克复牺牲，三十九团参谋长李连祥负伤。下午，中革军委授权彭、杨可视战事发展决定对驿前的守弃，避免过大消耗。30 日 5 时，在飞机和火炮的掩护下，敌人向驿前外围的红军阵地发起攻击，红四师、红五师奋起迎战，给敌人迎头痛击，后退守西华山主阵地。7 时，敌军占领西华峰北端阵地后，又以飞机、火炮对西华峰主阵地轰击，再用步兵发起攻击，红军奋勇反击。战至 11 时，敌军主力攻陷西华峰、平公寨，红军最后弃守驿前。12 时，敌军炮火向驿前南延伸，加上敌兵向鼓楼峰支点攻击，红军节节抗击，后因工事被敌军炮火摧毁，红四师主动撤至横江下、椒林、隔背等后面防御地带。驿前战斗历时 2

高虎脑战役红四师指挥部旧址——麻坑吴氏祠堂

驿前战斗红军宿营地旧址

天，敌我伤亡情况不详。

至此，高虎脑战役结束。在这次战役中，我中央红军歼灭敌军 6500 余人，从而沉重地打击了国民党军的嚣张气焰，阻滞了敌人进攻中央苏区的进程。

二、高虎脑战役评述

（一）历史意义

高虎脑战役的胜利尽管没有也不可能挽回第五次反“围剿”全局性的失败，但它却是第五次反“围剿”斗争全面失利后关键性的一仗。高虎脑战役历时 41 天，从大寨脑至驿前，中央红军和广昌苏区的地方武装以血肉之躯构起了一道道捍卫中央革命根据地和红色政权的坚固屏障。由于红军的英勇抗击，沉重打击了国民党反动派进攻中央苏区的嚣张气焰，使敌人每天前进不足 1 华里，从而紧紧拖住了国民党军向中央苏区腹地推进及进占红色首都的进程，为分散在苏区各地的中央红军顺利集结，为掩护主力红军和中央机关的安全转移赢得了宝贵时间，实现了战役目的。

在这次战役中，红五师政委陈阿金等 3000 余名红军将士（含团以下干部 794 人）和数百名革命群众壮烈牺牲，他们的忠骨长眠高虎脑。

（二）永远的丰碑

“忠骨长眠高虎脑、热血映红长征路。”高虎脑战役是中央红在长征前夕留下的一曲英勇战歌。高虎脑战斗结束后，时任红三军团政治部宣传部部长、后为开国中将的刘志坚，为庆祝高虎脑战斗取得胜利，创作了《祝捷歌》。

这首歌描写红军取得高虎脑战斗胜利的喜悦心情，歌颂了红

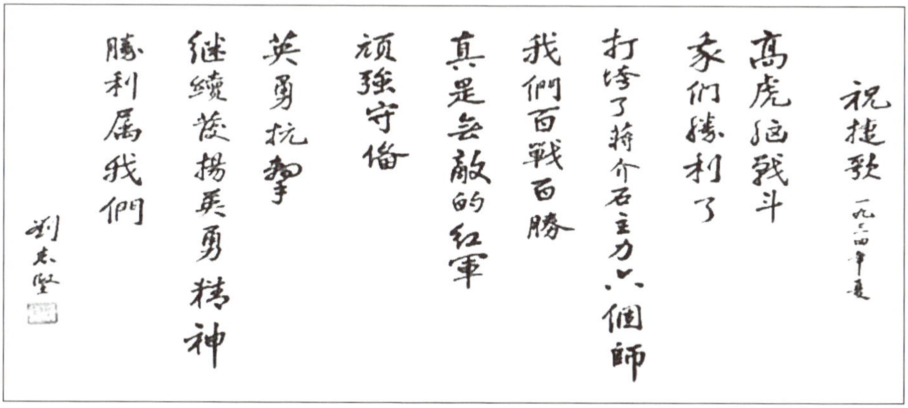

刘志坚创作的《祝捷歌》

军英勇杀敌、顽强战斗的革命精神。后来将歌词谱成了曲子，在红军战士中传唱。这首鼓舞人心、激发斗志的红色歌曲在长征途中一直传唱，从广昌唱到了遵义，唱到了延安。

高虎脑战役结束即红军撤离驿前时，时任红三军团第四师政治部主任、后为开国上将的张爱萍，为了纪念高虎脑战役创作了《壮征行·驿前誓师》：

壮征行·驿前誓师

人海波涛涌，
锣鼓动地鸣。
军民列陈刀枪林，
战马嘶嘶扬飞尘，
红旗猎猎，号角壮征程。

"围剿"誓粉碎，
外线打敌人。
早破国贼报佳音。
此一去远离家门，
父老乡亲，依依话别情。

广昌老区人民没有忘记当年在高虎脑浴血奋战的革命先辈们，永远怀念在高虎脑战役中牺牲的革命先烈。为了纪念高虎脑战役，中共广昌县委、广昌县人民政府于1986年在高虎脑战场遗址修建了高虎脑红军烈士纪念碑。碑高13米，占地800余平方米。中央军委副主席杨尚昆题写了碑名"高虎脑红军烈士纪念碑"。开国中将、中国人民解放军总政治部副主任刘志坚为纪念碑题词："长征

1999 年 4 月，中央军委原副主席张震将军（左三）回到曾经浴血奋战过的广昌

前夕的激战”。开国中将、国防大学校长张震为纪念碑题词：“向高虎脑战斗顽强作战英勇献身的烈士们致敬”。开国少将、昆明军区政委谢振华为纪念碑题词：“五十年前战火飞，英勇奋战挫顽敌，人民树碑留千古，烈士英灵九泉慰。”这些曾经在高虎脑战役中浴血奋战的革命先辈的题词寄托着党和政府，代表着老区人民对牺牲在高虎脑的 3000 余名红军先烈和广昌优秀儿女的深深怀念！

1994 年 4 月，中央军委原副主席张震上将回到阔别 55 年的广昌，在回忆起当年广昌保卫战和高虎脑战役战况时说：“广昌保卫战是历次反‘围剿’以来最为激烈、最为残酷、最为困难、最为被动的一仗。”“我当了一辈子的兵，打了一辈子的仗，在我们的军旅生涯中，还没有哪一仗有广昌保卫战和高虎脑战斗那样惨烈、我们的红军将士那样的英勇无畏！”

（三）史学评论

中央苏区北大门广昌失守以后，中央苏区腹地的形势异常严峻。地处广昌南部的高虎脑，距离红色首都瑞金仅有100余公里。因此，高虎脑战役是第五次反“围剿”斗争中全面失利后关键性的一仗。历时41天的高虎脑战役，有效地阻滞了国民党军向南进犯的进程。为此，党史学界对高虎脑战役的历史意义给予了高度评价。

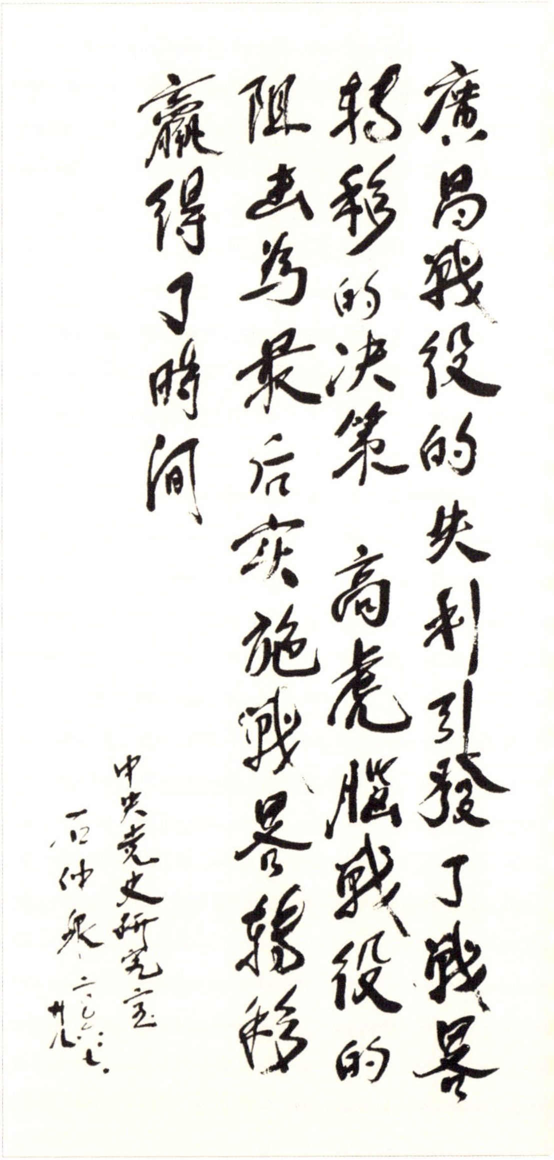

2006年，原中央党史研究室副主任石仲泉在广昌题词

2006年，时值长征胜利70周年，江西省、市、县党史系统联合在广昌举行纪念红军长征胜利70周年暨学术研讨会，来自中央党史研究室、国防大学、军事科学院等机构的专家学者对广昌保卫战与中央红军的战略转移的关系和高虎脑战役的意义等问题进行了深入探讨。原中央党史研究室副主任石仲

泉亲临广昌考察调研，并出席在广昌召开的理论研讨会。会议期间，石仲泉在广昌题词："广昌战役的失利引发了战略转移的决策，高虎脑战役的阻击为最后实施战略转移赢得了时间。"2022年8月，原中央党史研究室副主任、中央党校原副校长李君如在广昌高虎脑战役现场教学示范课程《同心聚力跟党走，广昌路上再出发》视频中指出："高虎脑战役是第五次反'围剿'全面失利情况下，取得的一场极为关键的胜利，为掩护红军主力和中央机关安全转移赢得了宝贵时间。"

对高虎脑战役的历史意义，史学界也进行过有益的探讨和研究。中共江西省委党校主办的《求实》杂志在1996年第4期刊文《广昌高虎脑战役历史意义不可低估》。中共江西省委党史研究室主办的《党史文苑》杂志2006年第1期刊文《广昌高虎脑战役与中央战略转移》。中央党校主办的《学习时报》2023年6月23日第五版也刊文《第五次反"围剿"中唯一取得大胜利的战役》，对高虎脑战役的历史意义进行了高度评价。

三、中央红军战略转移的谋划和准备

1934年5月下旬，博古在瑞金主持召开中共中央书记处会议。会议鉴于广昌失守以后，国民党开始逼近中央苏区腹地，苏区内线作战十分困难，决定将红军主力撤离中央苏区，进行战略转移。[①]随后，中共中央将实行战略转移的意见致电共产国际，共产国际6月16日回电同意了中共中央书记处关于红军主力撤出中央苏区的

---

① 《周恩来年谱（1898—1949）》（修订本），中央文献出版社2020年版，第259页。

决策，中央政治局于6月下旬召开会议，讨论了红军在危境中的对策。此后，中央苏区开始了战略转移的谋划和准备。

（一）战略转移的准备工作

1. 组织上的准备

——成立领导机构。1934年夏，为准备红军主力撤离苏区，实行战略转移，中央书记处会议决定成立由博古、李德、周恩来组成的中央最高“三人团”，负责对红军主力撤离中央苏区实行突围转移进行秘密筹划。[①]“三人团”的具体分工是：博古、李德负责制定政治、军事方面的行动计划，周恩来负责督促军事计划的实行。

——确定干部走留名单。中央党政军高级干部谁走谁留，由博古亲自确定；中央各部门走留人员名单，由各部门党政领导决定后，报“三人团”或中央书记处审批；各省委干部的走留，由省委决定后报中央批准。凡是确定随军突围转移的人员名单，统一由中央组织局编队。中央和省级机关及红军部队中的女同志，由中共中央妇女部提出了一个30人的名单，然后组织她们体检，身体合格者随部队行动：中央领导人的夫人和在中央直属机关担任领导职务的女同志随军转移人员名单，由中央书记处和组织局决定，无须体检。所有随军转移的人员名单确定后，要等到突围转移前一两天，才临时通知有关人员。博古等人在确定中央高级干部走留名单时，利用这个机会，把他们认为有“右倾”错误、不执行中央路线的人留了下来，如张鼎丞、邓子恢、谭震林、瞿秋白、贺昌、陈潭秋、何叔衡、毛泽覃等等。博古甚至连毛泽东、王稼祥等人也不想

① 《周恩来年谱（1898—1949）》（修订本），中央文献出版社2020年版，第259页。

带走，在周恩来据理力争下，博古才同意让毛泽东和王稼祥参加突围转移。当然，有些人是确因工作需要留下来的，例如项英、梁柏台、刘伯坚、阮啸仙、周月林等。有些是因为患病或负伤而留下来的，例如周以栗、陈正人、陈毅等。

——组织人事安排。派出中央组织局局长罗迈（李维汉）到江西省委、粤赣省委传达中央精神，让省委作好转移的准备。决定成立了中央分局、中央军区、中央政府办事处，领导中央苏区军民坚持游击斗争。派陈云、刘少奇、凯丰分别到红五军团、红八军团、红九军团担任中央代表。

2. 军事上的准备

军事上的准备主要有四个方面的举措：

——抽调红七军团组成抗日先遣队北上“调敌”。在国民党军向中央苏区腹地全面推进的严重时刻，为吸引国民党军从中央苏区调回部分兵力，以减轻中央苏区压力，配合中央红军主力准备实施战略转移，1934 年 7 月初，中共中央、中央政府和中革军委决定，以红军第七军团组成北上抗日先遣队，北上闽浙皖赣边区，开展抗日民主运动，发动群众游击战争，创造和建立新的根据地。

红军北上抗日先遣队仍以红七军团建制，寻淮洲任军团长，乐少华任政治委员，粟裕任参谋长，刘英任政治部主任。中共中央和中革军委给北上抗日先遣队的任务是：第一，“最高度的在福建、浙江发展游击战争，创造游击区域，一直到在福建、浙江、江西、安徽诸地界建立新的苏维埃的根据地”；第二，“最高度的开展福建、浙江的反日运动”；第三，“消灭敌人后方的单个部队，特别是在福建及浙赣边境上的单个部队”；第四，“深入到敌人远后方去，经过闽江流域，一直到杭江铁路及安徽的南部，以吸引蒋敌将其兵力从中央苏区调回一部到其后方去”。[①]

北上抗日先遣队的行动计划是：“第一步是由瑞金出动，经连城以北、永安东南，到达福州、南平间之的闽江地域”；“第二步是渡过闽江后，经由古田、庆元、遂昌向浙西前进”，在有利条件下，协同红十军消灭浙赣边境地区的敌人；“第三步是要在八月下旬，在浙江及皖南地域，创立广大的游击地区及苏维埃的根据地”[②]。

根据上述行动计划，1934 年 7 月初红七军团由福建连城地区回到瑞金休整，部队改编为第一、第二、第三师，补充了 2000 多名新战士。全军团共 6000 余人，装备有 1200 余支枪和 6 门迫击炮。在出动之前，中央为红七军团赶印了 160 余万份宣传材料，其中包括《中国工农红军北上抗日宣言》《中国工农红军北上抗日先遣队告农民书》《中国能不能抗日？》《拥护红军北上抗日运动口号》等。1934 年 7 月 6 日晚，红七军团在中央苏区军民热烈欢送下从瑞金出发，按预定计划东进福建，经长汀、连城、永安县境，7 月下旬进占闽中大田县城，随后获得尤溪口和樟板湖战斗胜利，缴获一批物资，歼敌 2 个连，俘敌 100 余人，缴枪 100 余支。7 月 30 日晚在红九军团掩护下成功渡过闽江，顺利完成第一步计划。

部队渡过闽江后，本应按预定计划乘敌防备不严之机迅速北上浙西、皖南。但是，中革军委为求能调动更多的国民党军从中央苏区调走回援，突然改变计划令红七军团东进占领水口，在福州地下党组织策应下相机袭取福州。红七军团得令东进，8 月 7 日进抵

① 中共江西省委党史研究室等编：《中央革命根据地历史资料文库（军事系统）》（13），中央文献出版社、江西人民出版社 2015 年版，第 3626—3627 页。

② 中共江西省委党史研究室等编：《中央革命根据地历史资料文库（军事系统）》（13），中央文献出版社、江西人民出版社 2015 年版，第 3626—3627 页。

福州西北部，当晚发起攻打福州的战斗。由于福州地下党组织力量太弱，敌人预先有准备，红军攻城 3 日未克，只得撤退。

1934 年 8 月中旬，红七军团由桃源地区北上闽东游击区。在当地党组织和群众协助下，安置了伤病员，取得了攻占罗源县城、歼敌千余人的胜利。尔后继续北上浙西，一路势如破竹，于 9 月 3 日进入闽北苏区。红七军团领导人原拟利用闽北苏区有利条件，逐步向外发展连接闽东，创造大块苏区，然后跳跃式地向浙西和皖南发展，可是中革军委却要求红七军团迅速北上浙西破坏敌之铁路、公路交通运输线，扰乱敌根本重地后方，后又要求以浙西遂安为中心建立新苏区。为执行这一任务，红七军团在浙赣边和浙西地区来回游击活动，虽歼灭了一些敌人，但对敌人后方的交通线未能进行大的破坏，反使自己处于敌军包围的困境之中。为避免更大损失和寻求新的发展，红七军团决定向皖南前进。不料中革军委又于 9 月 24 日致电红七军团，批评他们向皖南前进是“逃避”斗争，强令红七军团返回浙西遂安地区。可此时浙西敌情更趋严重，红七军团只得转向皖赣边，10 月 7 日前后转移途中与中共皖赣边特委和皖赣边红军部队会合。10 月中旬，部队在皖南地区得到休整补充。10 月底红七军团冲破敌人两道封锁线，进入赣东北苏区德兴重溪，部队仅剩 2500 余人。11 月 4 日根据中革军委电令，红七军团与赣东北苏区的红十军合编为红十军团。11 月 18 日中革军委电令组成以方志敏为主席的红十军团军政委员会，并命红十军团向浙西进发。此时，中央红军已长征西去一个多月，先遣队已完成战略掩护任务，但红十军团后来却因多种原因，日益陷入被动、危险的境地，最后兵败怀玉山，方志敏、刘畴西等不幸被俘，后在南昌被国民党杀害。

——派出红六军团西征“探路”。1934 年 7 月初，湘赣苏区的中心区域被国民党军占领，由湘赣苏区和湘鄂赣苏区红军主力组成的红六军团已处于危险境地。为保全这支红军部队，同时为给即将进行的中央红军主力突围转移“探路”，1934 年 7 月 23 日，中共中央和中革军委给湘赣苏区红六军团下达训令，命令红六军团离开现在湘赣苏区，转移到湖南中部去进行游击战争，创立新的苏维埃区域，并规定了西征路线、地域和行动计划。

西行的红六军团由任弼时任中央代表，萧克任军团长，王震任军团政治委员，李达任军团参谋长，张子意任军团政治部主任，并由任弼时、萧克、王震三人组成红六军团军政委员会，任弼时任主席。全军辖第十七、第十八师，共 9758 人。

1934 年 8 月 7 日，红六军团从遂川县横石和新江口地区出发，突破遂川县衙前、五斗江敌军封锁线。8 月中旬到达湖南桂东县寨前，后经资兴、郴县、桂阳、新田等县，8 月 23 日到达湘西南零陵东北地区。随后再经嘉禾县进入广西北部，9 月上旬在界首渡过湘江，9 月 11 日进入湘西南城步县境，10 月 24 日终于到达黔东印江县木黄，与贺龙领导的红军第三师（原红二军团）胜利会师。

红六军团突围西征，历时 80 余日，行程 5000 余里，冲破了敌人的围追堵截，实施了战略转移，起到了为中央主力进行掩护、侦察和探路的作用。

——派出小股部队侦察转移路线。秘密派出国家政治保卫局保卫大队到赣南省的于都县、登贤县等地域侦察转移路线；派出副总参谋长张云逸带领小分队秘密前往赣粤湘边界地区，为红军突围转移选择行军路线。

——派员与国民党陈济棠部秘密谈判。中央红军主力突围前夕，为了扫除突围障碍，顺利通过国民党军的封锁线，中革军委和红军总部秘密谋划并实行了与国民党粤军陈济棠部的“和平谈判”，谈判极为成功。

陈济棠系地方军阀，曾经三次通电反蒋。他深知蒋介石奸险狡诈、反复无常，对他又打又拉，居心叵测。在第五次“围剿”中，陈济棠虽被封为南路军总司令，却一直力图偏安广东。他不想在江西为蒋介石卖命，消耗实力，所以两三年来他基本上将战线稳定在武平、寻乌、安远至信丰、赣县、南康、大余一线，未更多地向苏区腹地推进。1934 年 4 月进攻筠门岭得手后，蒋介石曾“传令嘉奖”，赏洋“劳军”，并令陈济棠再接再厉，直捣会昌城。但陈济棠却以交通运输困难、机械无法运送、待公路筑成后遵命而婉拒。特别是驻守南线的红二十二师遵照毛泽东指示，采用灵活的游击战术与国民党粤军周旋，接连歼灭粤军出来骚扰的小股部队，击毙敌营长朱省亚，全歼会昌周田“铲共团”后，粤军将领更感到与红军交战不利，便暗中派人前往红军部队试探媾和。陈济棠部的高级参谋杨幼敏，曾亲自将 3 万发子弹从筠门岭送往驻会昌的红军部队。眼看蒋介石从北、东、西三面步步向瑞金进逼，陈济棠猜测红军将迅速放弃赣南苏区，便迫不及待地想和红军谈判。他想方设法找到罗炳辉在广东做生意的小舅子，通过他给罗炳辉写信拉关系，随后又派出一位姓李的密使，于 9 月间携带他给朱德、周恩来的亲笔密信一封，潜来瑞金，信中说他准备派总参谋长杨幼敏为谈判总代表，红军最好派粤赣军区司令员何长工为总代表，进行停战谈判。

朱德、周恩来很快接见了陈济棠派来李姓密使。通过交谈和阅读密信，周恩来和朱德都认为陈济棠要求和谈是有诚意的，决定抓住这一难得机会与陈济棠部谈判，力争达成停战协议，以便为红军主力即将开始的突围转移创造有利条件。于是，朱德当即给陈济棠写了一封回信交密使带回。

1934 年 10 月 5 日，中革军委委派潘汉年和何长工两人为总代表前往寻乌县罗塘镇，与国民党粤军总参谋长杨幼敏等秘密会谈。

临行前，周恩来对何工长说：“长工同志，这是中央给你的重任，望你勇敢沉着，见机而作。”周恩来还向何长工交代了联络密语等事项。军委副总参谋长叶剑英也嘱咐道：“此去白区谈判，任务重大，谈成了是很有益处的，要尽力而为；谈不成，也不要紧，关键是沉着灵活。”

按照周恩来、朱德的交代，潘汉年、何长工在寻乌县罗塘镇一幢二层小洋楼里，与粤军代表进行了三天三夜的紧张谈判，最后达成 5 项协议：（1）同盟停战，取消敌对局面；（2）解除封锁，互相通商；（3）互通情报，设有线电话（器材由陈济棠负责）；（4）我军可以在粤北设后方医院；（5）可以互相借道，各方在现在战线后退二十华里。

为保密起见，协议只写在双方代表记事本上，并未形成正式文件。谈判期间，周恩来密电何长工：“长工，你喂的鸽子飞了。”① 何长工、潘汉年接电后，向粤方代表作了巧妙的解释，消除了对方疑虑。话别之后，何、潘即离开寻乌，返回会昌。此时，红军主力已在于都集结休整，准备突围转移了。

3. 兵力上的准备

在第五次反“围剿”期间，由于中央主要领导的“左”倾错误，不仅丢失了中央苏区的大片土地，红军在兵力上也遭受严重损

---

① 《何长工回忆录》，解放军出版社 1987 年版，第 326—328 页。

失。为了保证主力红军战略转移兵力上的需要，在长征前夕，中共中央、中革军委紧急动员，扩大军力。

1934 年 5 月 12 日发布《中共中央给各级党部党团和动员机关的信——为三个月超过 5 万新的红军而斗争！》以后，中央苏区紧急开展扩红运动。至 6 月底完成扩红任务 62269 名，9 月又完成扩红任务 18204 名。在突围转移前夕，为红一、三、五、八、九军团和地方红军分别补充数千名新战士。

设在兴国、于都、宁都、瑞金等地的红军补充师、补充团，加紧对新兵员实行军事训练。

为突围转移需要，中革军委于 1934 年 9 月 21 日，发出命令，以红军第二十师和第二十三师为基干部队，新组建第八军团，由周昆任军团长，黄甦任政治委员。同时，在瑞金新组建中央教导师，担任突围转移期间中央机关的保卫和重要物资的运输任务。

1934 年 9 月 10 日，中革军委发布《关于军团后方勤务组织的命令》，征调 5000 名分子组成运输队、担架队，准备随军行动。

4. 物资上的准备

广昌保卫战结束后，苏区的各类物资几乎消耗殆尽，红军供给越来越困难。红军突围转移，必须补充大量的军需物资，尤其是粮食和武器弹药。

开展借谷运动。1934 年 6 月 2 日、27 日和 7 月 22 日，中共中央和中央政府先后三次发出紧急指示，下达借谷计划，举行借谷运动。此间，中央苏区人民响应中央政府借谷筹粮的号召，在 6、7 两个月共筹得军粮 84 万担，并筹备棉花 8.6 万斤、被毯 2 万多床、草鞋 20 万双、米袋 10 万条。

补充红军武器弹药。为补充红军武器弹药和装备，中革军委军事工业局、中央国民经济等部门，组织红军兵工厂和军服厂加班突击军工生产。1934 年 5 月 16 日，中央政府发出布告，动员苏区人民将拾到或留存的子弹、弹壳、铜、锡、土硝、旧铁等物资，作价卖给国家。从 6 月到 8 月，全中央苏区共收集铜 8.2 万余斤、子弹壳1.82万斤、子弹14.09万支、白硝1.53万斤，运往中央兵工厂。

采购医疗用品。中央外贸总局在 6 月至 8 月从各地突击采购价值 10 万元中西药品，其中从江口采购回价值 8 万余元中西药品，确保了红军突围转移的医药需要。

筹措军用经费。中央财政部突击筹款 150 余万元，充当军费；国家银行还取出了在石城烂泥坑秘密金库保存的一批战争缴获和打土豪筹集的金银器具，根据毛泽东指示分发给各野战军保管，提供军用。

5. 舆论上的准备

红军突围时间是秘密的，但突围前夕在媒体上也有所透露、暗示，这在红军内部起到了一定的舆论动员作用。

1934 年 9 月 29 日，中央人民委员会主席张闻天在《红色中华》报第 239 期，发表题为《一切为了保卫苏维埃！》的署名社论，指出红军将采取一切必要手段，比如大踏步突击到敌人后方作战形式，暗示中央红军主力即将转移。

1934 年 10 月 3 日，《红色中华》报第 240 期发表了中共中央、苏维埃中央政府联合署名的《为发展群众的游击战争告全苏区民众》，号召苏区群众拿起武器，广泛开展群众游击战争，保卫自己的土地和家园。

同时，红军总政治部下发训令和指示，要求各军团和各师政治机关，做好部队准备长途行军的政治动员工作。10 月 9 日，红军总政治部代主任李富春和副主任贺昌联合署名下达指令，要求“在迅速整理补充配合友军与全国革命力量准备反攻的口号之下，进行部队的整理补充与战斗准备”。9月19日，苏维埃中央人民委员会向中央苏区各省、县苏维埃发出《战区工作指示信》，对敌占区及即将为敌所占区域的游击战争问题发出指示，提出工作要求。9月30日，中革军委还发布《巩固和扩大地方部队及自给问题的训令》，要求地方红军部队能为即将到来的游击战争作好自给准备。

（二）战略转移后中央苏区的坚守准备

为了掩护中央机关和主力红军突围转移，领导中央苏区军民坚持革命斗争，中共中央和中央政府在行政区划、组织人事和军事斗争等方面作了一些安排部署。

1. 组建赣南省和赣南军区，为掩护主力红军突围转移和捍卫红色土地作准备

自筠门岭失守以后，粤赣军区和粤赣省所辖地域日益缩小。为适应这一形势变化的需要，1934年7月在于都县城设立了赣南省，由项英负责筹备。8月上旬，中共中央和中央政府陆续向赣南省委、省苏维埃政府调派干部，中共赣南省委书记由钟循仁担任，省委组织部部长罗孟文，宣传部潘汉年（后杨尚奎），白区工作部长张瑾瑜（女），妇女部长刘莲仔。赣南省苏维埃政府主席钟世斌（原粤赣省苏维埃政府主席），副主席王孚善。省苏政府下设各工作部门和少共赣南省委、赣南省职工联合会等群团组织也相继建立。同时，还成立了赣南省军区，由中央政府副主席、中央书记处成员项英兼任赣南军区司令员、政治委员。赣南军委下设两个作战分区，其任务是牵制赣州的国民党粤军，并保持与河西湘赣苏区的联系。赣南省的总任务，是负责掩护红军主力突围转移，筹备所需军用物资。

2. 成立中共中央分局等领导机构，领导中央苏区军民继续开展游击战争

最高“三人团”在筹划中央红军主力撤离苏区战略转移的过程中，对红军主力撤离后如何领导中央苏区军民继续开展游击战争，保卫苏区，作了安排和布置：

10月上旬，博古主持召开中共中央书记处会议，会议讨论决定：红军主力和中央领导机关突围转移后，在中央苏区成立中国共产党中央分局（以下简称中共中央分局），由项英、陈毅、贺昌、陈潭秋、瞿秋白5人组成，项英为书记，陈潭秋为组织部部长，瞿秋白为宣传部部长；同时成立中华苏维埃共和国中央政府办事处（以下简称中央政府办事处），以陈毅为主任，梁柏台为副主任；成立中央军区，由项英兼任司令员和政治委员，贺昌任政治部主任，龚楚任参谋长；还成立了少共中央分局，李才莲任书记。留在中央苏区坚持斗争的中央机关领导人员，还有周以栗、何叔衡、阮啸仙、张鼎丞、邓子恢、谭震林、陈正人、胡海、周月林等。

留在中央苏区坚持游击战争的红军部队，有红军独立第二十四师约2000人和枪：还有7个红军独立团归中央军区直接指挥。独立师和独立团（含各省军区所辖独立团）总兵力约1.6万余人。加上各县独立营、游击队等，武装人员总人数约3万人。

红军野战军撤离苏区后，原中央苏区所辖江西、福建、闽赣、粤赣、赣南等5个省及瑞金、西江等直属县党、政、军领导机关和留守红军部队，均转为受中共中央分局、中央政府办事处和中央军区领导。与中央苏区毗邻的湘赣、湘鄂赣、闽浙赣等3个苏区的中共省委、省苏维埃政府和中共闽北分区委，亦受中共中央分局和中央政府办事处、中央军区直接领导。

根据中共中央的决定，中共中央分局、中央政府办事处于1934年10月13日在瑞金云石山乡马道口村正式宣布成立，中央军区于10月22日根据中革军委电令宣布成立。这些机构成立后都设在瑞金云石山乡马道口村中共中央机关驻地内，1934年11月上旬迁驻于都县宽田乡石含村、龙泉村，同年12月底又迁驻于都县黄龙乡（今黄麟乡）井塘村。

中共中央书记处赋予中央分局的主要任务是：掩护红军野战军安全突围转移，领导中央苏区及邻近的湘赣、湘鄂赣、闽浙赣等苏区开展游击战争，保卫苏区，保卫土地革命成果。中共中央还要求留守红军必须掩护中央机关和红军主力安全突围转移，将瑞金、会昌、于都、宁都4个县城之间的三角地区，划为中央分局最基本的地区和必须最后坚守的阵地。

中共中央分局、中央政府办事处和中央军区成立后，首先坚决执行了中央所赋予的掩护红军野战军安全突围转移的任务，率领留守红军分别在东线、北线、西线和南线接替主力红军的全部防务，阻滞各路敌军推进，确保红军野战军在于都河流域集结休整和突围转移。

到1934年10月底，国民党军才得知中央红军主力已突围西进。蒋介石除将其北路军薛岳、周浑元两个纵队调去追击红军野战军外，其余20余万兵力仍留在中央苏区周围，从北、东、西三面加紧向中央苏区腹地进攻。10月14日，北路敌第六路军第八纵队占领兴国县城；10月26日，北路敌第三路军罗卓英部占领宁都县城；11月1日，东路敌第九师、第十师占领长汀县城；11月10日红都瑞金陷落，为敌东路军第十师所占；11月17日，北路敌第七十九师进占于都县城；11 月 23 日，东路敌第三师李玉堂部占领会昌县城；11 月 26 日、30 日，福建清流、宁化两座县城也相继陷落。至此中央苏区所有县城全部被国民党军占领。国民党军进占中央苏区各县城和交通要道后，加紧构筑碉堡封锁线，将中央苏区分割成几大块。敌人在每大块之间又构筑纵横的封锁线，企图将留在苏区的红军和游击队围困在狭小地区内，进而分区“清剿”。

从此以后，中央苏区军民在中共中央分局、中央政府办事处和中央军区的领导下，开始了长达三年艰苦卓绝的游击战争。

（三）中央机关和主力红军突围转移

红军战略转移是中央研究确定并报共产国际批准的正确决策。第五次反“围剿”的军事指挥无疑是错误的，但红军实行战略转移的决策却是正确的。这是两个不能混为一谈的概念。如若第五次反“围剿”失败后，还要死守在苏区不突围西进，中央红军和中国革命的命运不堪设想。

1934 年 9 月间，最高“三人团”最后制订了红军主力从中央苏区向湖南西部突围转移的行动计划。按照这一计划、所有参加突围转移的中央红军第一、三、五、八、九军团及中央机关统编为红军野战军。其中：军委各机关编为军委纵队（又称第一野战纵队）；纵队由叶剑英任司令员兼政治委员，钱伟建任参谋长，王首道任政治部主任。中共中央、中央政府、全总、团中央等机关，以及卫生、后勤部队和担架队等编为中央纵队（又称第二野战纵队）；中央纵队由李维汉任司令员兼政治委员，邓发任副司令员兼副政治委员，张宗逊任参谋长，邵式平任政治部主任。

最高“三人团”制定的突围西征的路线和目标是：在中央苏区

西南方向突破国民党粤军设置的封锁线，然后沿赣粤边界西进湘南，沿着红六军团西进路线渡过湘江，再掉头北上湘西地区，与红二、六军团会合。

主力红军突围转移的时间，“三人团”最初是定在10月底11月初，后因我党获得蒋介石在庐山召开的高级军事会议上，根据德国军事顾问赛克特意见策划的包围苏区、荡平瑞金的“铁桶计划”，决定主力红军突围时间提前到10月上旬。10月9日，中革军委下发了《野战军10月10至20日行动日程表》，具体规定了军委纵队、中央纵队和第一、三、五、八、九军团逐日任务及行军驻地路线、地域。10日，中革军委又发布第五号令，指挥中央红军实行突围转移。

从10月10日开始，军委纵队、中央纵队和各主力军团分别从瑞金九堡、梅坑、所在驻地出发，开始突围转移。

红一军团：10月6日19时30分接军委电令后，将防务交给红五军团，10月7日秘密移驻兴国县东南的竹坝、洪门地域，后经于都县的仙下，于10月11日到达于都县东北部的段屋、宽田地域，军团部设段屋围上圩。红十五师9日从石城出发于16日到达，从红五军团归建红一军团。10月12日至16日，全军团在此休整补充，进行思想动员。

红三军团：10月7日，将防务交给红军独立第七团和红十五师1个团，当天撤离战场，退守石城县南部，进行人员训练和物资补充。10月12日晚，全军团离开驻地，经宁都县长胜和于都县曲洋、汾坑，10月16日到达于都县西部。

红八军团：10月8日晚撤离兴国古龙冈西北战场，9日到达古龙冈。接着全军团从于都县桥头、银坑等地开至兴国县社富地域集结补充。

红九军团：9月28日，接军委电令将防务交给红二十四师，撤至长汀南部钟屋村休整，补充新战士1600多人。9月30日下午3时，全军团继续西移，经古城、瑞金，8日拂晓到达瑞金武阳。10月10日，全军团进抵会昌县珠兰地域休整，此时，红二十二师调入该军团，并再次补充新兵。

10月10日至12日晚，军委纵队和中央纵队分别从瑞金县梅坑等地出发，开往于都集结。10月13日两个野战纵队抵达于都县后，分别驻在于都县城东北的古田村至岭北、禾溪埠一带。军委总部机关和博古、周恩来、朱德等总部领导住在古田窑塘村。毛泽东已先于9月下旬从瑞金云石山来于都县调查指导工作，住在于都县城北门外何屋。10月初，毛泽东奉命返回瑞金处理中央政府各部门善后工作，10月10日离开云石山回到于都县城何屋，被中央组织局编入中央纵队第三梯队。这个梯队由军委工兵营、炮兵营和运输大队以及附属医院组成。

最后撤离战场的是红五军团。10月7日红一军团撤离兴国县高兴战场后，红五军团奉令接替防务，留在高兴地区阻击敌人。10月14日，兴国县城失守。10月16日，军委电令红军独立三团从于都赶赴兴国。17日红五军团将防务交给独立三团，随即撤出战斗，边行军边补充新兵和物资，经兴国社富于19日晚到达于都县城北部集结待命。

至此，红一方面军全部撤出了苏区驻地，开始了突围转移。当时参加转移的红军将士和机关人员共有87059人。据统计各部人员为——

红一军团：原有17280人，在于都补充2600人，合计19880人；红三军团：原有15205人，在于都补充2600人，合计17805人；

红五军团：原有 10868 人，在于都补充 1300 人，合计 12168 人；红八军团：原有 9022 人，在于都补充 1900 人，合计 10922 人；红九军团：原有 10238 人，在于都补充 1300 人，合计 11538 人；军委红安纵队 4893 人，军委红章纵队 9853 人。

参加突围转移的红军野战军，共有步枪 29153 支、轻重机枪 651 挺、迫击炮 38 门、各种枪弹 137 万发。此外，还有中央兵工厂、造币厂等拆卸下来的大量机器、辎重以及石印机等。军委第二纵队（红章纵队）9853 人中，大约有 2/3 都是人拉肩扛笨重机器和设备的挑夫运输人员，光挑子就有 3000 多副。

为保守军事秘密，中革军委于 10 月 13 日重新规定了各军团、各师代号：军委为“红星”，军委第一纵队为“红安”，第二纵队为“红章”；第一军团为“南昌”，第一师为“广昌”，第二师为“建昌”，第十五师为“都昌”；第三军团为“福州”，第四师为“赣州”，第五师为“苏州”，第六师为“汀州”；第五军团为“长安”，第十三师为“永安”，第三十四师为“吉安”；第八军团为“济南”，第二十一师为“定南”，第二十三师为“龙南”；第九军团为“汉口”，第三师为“洛口”，第二十二师为“巴口”。师的下属单位也由各军团自行确定代号。各军团及所属部队统以此代号与红军总部及相互间联络。

突围转移的行军队形分左、中、右三路，红一、三军团为左、右两路前锋，红八、九军团为左、右两翼拱卫，中路为军委第一、二野战纵队；红五军团担负整个野战军的后卫掩护任务。

依据中革军委突围西征路线，野战军各部于 10 月下旬先后到桃江。21 日至 22 日，红军野战军向国民党粤军设置的第一道封锁线发起总攻。24 日整个野战军全部渡过桃江，向赣粤边界突进。

从此，红军野战军全部突围撤离中央苏区，踏上了漫漫长征路。

1935 年 1 月 7 日，红军进占黔北重镇遵义城。1935 年 1 月 15 日至 17 日，中共中央在遵义城的柏公馆召开了具有重要历史意义的政治局扩大会议。会议批判了“左”倾领导者在第五次反“围剿”战争中军事方面的错误，肯定了毛泽东正确的战略战术原则，改变了中央的领导特别是军事领导，解决了党内所面临的最迫切的组织和军事问题，结束了“左”倾教条主义错误在中央的统治。会议解除了博古的总书记职务和李德的军事顾问职务，选举张闻天为总书记，选举毛泽东为政治局常委。会后不久，又成立了由毛泽东、周恩来、王稼祥组成的三人小组，负责全军的军事行动，从而确立了毛泽东在中共中央和红军中的领导地位。这是中国革命史和红军史上的伟大转折。

这次会议，在极端危险的历史关头，挽救了党，挽救了红军，挽救了中国革命。从此以后，中央红军重整旗鼓，振奋精神，在新的党中央领导下，展开了灵活机动的运动战。面对蒋介石几十万重兵的围追堵截，毛泽东指挥红军四渡赤水，摆脱了国民党军的围追堵截，后又率领红军强渡大渡河，飞夺泸定桥，翻越终年积雪的夹金山，穿过渺无人烟的大草地，突破天险腊子口，于 10 月 19 日到达陕北保安县吴起镇，由此宣告了中央红军历时一年、行程二万五千里的长征胜利结束。

综上所述，在长征出发前夕，党中央和最高“三人团”进行了各方面的有序谋划，做了大量准备工作。正是在此期间，高虎脑战役对国民党军的胜利阻击，有效地拖住了国民党军进占中央苏区腹地的进程，为中央机关和主力红军突围转移的谋划和准备工作赢得了宝贵的时间。

第四章　同仇敌忾

——广昌人民倾力支援反“围剿”斗争

第五次反“围剿”斗争期间，广昌苏区人民在党的领导下，积极筹粮筹款，踊跃参军参战，大力支援前线，慰问红军将士，开展拥军优属。在广昌保卫战和高虎脑战役中，广昌苏维埃政府动员成千上万的群众组成担架队、运输队、向导队、扰乱队、洗衣队、做饭队、烧水队、救护队、慰问队等，配合红军作战。红军战斗到哪里，人民群众的支援就到哪里。在那个战火纷飞的年代，广昌苏区人民为捍卫红色政权，前赴后继、艰苦奋斗，从人力、物力、财力等方面倾力支援反“围剿”斗争，其事迹可歌可泣，其精神感天动地！

一、广昌县委、县苏动员部署反“围剿”斗争

在第五次反“围剿”斗争前夕，为了保卫和巩固苏维埃政权，打破敌人的“围剿”和封锁，广昌县委、县苏政府广泛动员全县的军事、经济力量，在思想上、政治上、组织上做了大量准备工作，

全力配合红军进行反“围剿”斗争。

（一）召开中共广昌县第二次代表大会

在第五次反“围剿”前夕，为巩固和保卫苏维埃政权，发展苏区事业，广泛动员工农群众积极投入革命战争，打破国民党的经济封锁和军事“围剿”，中共广昌县委于1933年7月中旬，在县城召开了中国共产党广昌中心县代表大会（注：1950年2月召开的县党代会决定将其列为广昌县党的第二次代表大会）。参加会议的代表有各乡党支部书记、区委书记、少共区委书记、区妇女部长、区苏主席、工会委员长等170多人，列席代表100多人。会议由中共广昌中心县委书记施更生主持，省军区司令员陈毅等莅会作报告。这次党代表大会的会议内容包括三个方面：开展军事动员、经济动员；选举产生新的县委成员，原中心县委书记施更生调离广昌，上级党组织派罗金乐任县委书记，同时对县委各部门的人事进行调整；选举产生出席中共江西省党代会代表。

为配合打破敌人新的“围剿”，会议从军事和经济两方面进行了具体的研究、部署，使全县各级党组织和党员统一了思想认识，明确了工作方向。军事上，动员扩大模范营、赤卫军，实行全民皆兵，为扩大一百万铁的红军、保卫苏维埃政权而斗争。会议要求各机关和部门，“都要立即进行广泛深入的粉碎敌人五次‘围剿’、赤化‘两南’（南丰、南城）的政治宣传，立即动员南广群众以挺进的和边区的游击战争，严密赤色戒严，加紧消灭刀匪，组织成千上万的运输队、担架队，猛烈扩大红军等等，以配合红军的英勇行动”。经济上，提出打土豪、向富农筹款、向边区筹款、发行公债等。会议着重研究了“发展苏区农业生产、广泛组织合作社、发展苏区和国民党统治区的商业交换贸易、向富农筹款和向边区筹款、发行公债、筹借稻谷20万斤和准备好2万双草鞋及几百上千担的慰问品慰问红军”等。

（二）举行广昌县第二次工农兵大会

当国民党军向中央苏区发动第五次“围剿”时，广昌县于1933年11月25—29日历时5天，在县城郊区滴水岩（现北门村焦坑村小组后山）召开了第二次工农兵代表大会，参加大会的正式代表100余人，列席代表30余人。省苏维埃政府主席曾山到会作指示。会议着重研究了支援红军第五次反“围剿”斗争、水利、交通、扩大红军、加强游击战争以及优待红军家属、蓄粮备荒、经济工作等问题，并作出了决议。会议最后还选举了新的县苏执行委员，刘作彬当选为县苏政府主席。大会还选举了出席省苏大会的代表。

广昌县第二次工农兵大会就如何支援红军粉碎国民党的第五次“围剿”作出了9项决议：

（1）各级政府及模范营、游击队必须立刻召集各种会议，详细说明目前革命战争的紧张情形，用尽全部力量进行战争动员，各种团体应该同样召集会议，报告战争形势与自己的任务，促使苏区每一个工农都要了解粉碎五次“围剿”战斗的意义，来热烈踊跃地进行参战工作。

（2）在粉碎五次“围剿”的决战面前，必须完成中革军委扩大红军的计划，热烈地动员赤少队整连整排地加入红军，同时动员积极分子大批加入红军，继续发扬红五月扩大红军的经验，用最快的速度来猛烈地扩大红军。

（3）必须动员18岁至40岁的公民，自愿的大批地加入赤卫军、游击队，动员广大工农群众加入少年先锋队，扩大游击队、模范营与模范少队的组织，加强军事政治训练。还未建立模范营与模范少队的，应该在最短时间内完全建立起来。应该在统一的作战计划之下（由军事机关决定）动员赤少队配合红军作战，加强游击战争。

（4）应该根据中央政府的义务劳动法规，发动广大群众来担任运输工作。每一个赤少队的队员，应该各有一根扁担、一条被单，五个人共一副担架，一听到政府号令，立即可以集中，担任运输和帮助进攻敌人的工作。交通道路损坏时，必须立即修复起来，以便利红军行动。

（5）必须特别加紧肃反工作与赤色戒严，对于反革命案件应在数星期内迅速解决，绝对消灭犯人逃跑的现象。一切步哨必须完全建立起来，加紧查路条。在边区更应时刻防备敌人便衣队的袭击，并设立必要的警号。

（6）各级工农监察部必须加紧检举对于战争动员工作的消极怠工和官僚主义的现象。各级劳动和教育部门在执行劳动法及进行文化教育工作中，应该最密切地联系到战争动员的工作。

（7）必须保证战争的物资供给，每一件的经济建设工作，应与战争密切联系起来，必须动员广大群众，在12月底完成推销经济建设工作。各级政府必须加紧筹集粮食和筹款工作。各级政府的调剂局、贸易局必须用大力量，来保证红军的给养，使之不至于影响红军的行动。必须动员工农群众准备随时从经济上帮助红军。

（8）各级政府的优待红军家属委员会，必须抓紧对红军家属的优待工作。优先分给打土豪时没收的衣物、用具等；对分给红军家属的土地，由代耕队耕种；少先队帮助缺劳力户砍柴、挑水，儿童团帮助施肥；各级干部在“礼拜六活动”中帮助劳动；消费合作社优先供给消费品；免交土地税、医疗费、学费；遇特殊困难，政府应当及时帮助解决。

（9）在目前这样伟大激烈的决战中，应该最严厉地打击一切惊慌失措、退却逃跑的思想。同时应该坚决反对轻视敌人进攻、放松动员工作的观点，必须以最大的努力紧张全部的工作，以深入宣传鼓动来动员广大工农群众，集中一切力量，准备一切牺牲。总之，苏维埃的一切工作，都应该服从于战争，都应该为粉碎五次“围剿”的全部胜利而战！为保卫苏维埃新中国而战！

省苏政府主席曾山在会上指出，国民党向我中央苏区进行的更残酷和更大规模的第五次“围剿”已经开始，广昌作为中央苏区北部的前哨，是处在最前沿的重要地位，我们要依靠广大工农群众的革命积极性，加强领导、迫切做好 6 个方面的工作：

（1）本次工农兵代表大会的各项议程是正确的，大会所作出的各项决议是正确的。我们必须将这些内容迅速地传达到全县的区、乡苏维埃政府，并迅速宣传到苏区人民群众之中，使全民认识到当前的主要工作除了做好苏区建设工作之外，更重要的是做好五次反“围剿”的思想准备和各项人力、物力的准备。

（2）要做深入的宣传鼓动工作，将五次“围剿”的严重性与粉碎敌人五次“围剿”的有利条件向广大苏区人民讲清楚、讲透彻，在各种会议上向广大群众做最通俗的深入的解释，提高工农群众参加革命战争的积极性，增强广大工农群众对争取这场革命战争胜利的信心。

（3）为了保障红军数量的继续增加，质量的强固雄厚，应该继续发扬红五月扩大红军的工作作风，更加猛烈地扩大红军。要加强模范少队、赤少队、模范营的建立，加紧对模范少队的军事和政治训练，引导他们整排整连地加入红军，组织他们深入白区开展游击战争，逐步成为在白区生根的挺进游击队，广泛地开展游击运动，使之拖住并消灭国民党军的有生力量，从而有效地配合红军作战。这些都是粉碎敌人五次“围剿”中第一等的重要任务。

（4）为了保证红军的给养与工农群众生活必需品的供给，应该积极进行必需的经济建设，要在最短时间内完成推销经济建设公债的计划。在推销公债中，我们要坚决反对一切强迫命令的摊派和脱离群众的做法。过去许多经验告诉我们，只有充分动员群众，鼓励群众的热情，才能迅速推销公债。除此，还应扩大和加强对外贸易局与粮食局的工作，筹备粮食与物资，打破敌人的经济封锁。

（5）国民党军及伪政府，在第五次“围剿”中，将采用“三分军事七分政治”的手段来愚弄广大苏区百姓，企图动摇苏区人民对共产党和红军的信任。因此，我们必须揭露他们的阴谋与欺骗，坚定苏区人民对党和红军信仰的信心，各级苏维埃政府必须重视这项工作，各级裁判部和保卫局应当切实做好这项工作。

（6）在当前开展的革命斗争中，我们需要成千成万的干部来担负各方面的工作。我们反对专靠上级派遣干部而忽视下层提拔和培养干部错误观点。我们要耐心地坚决从斗争中提拔和培养大批的干部，供给上级机关的调动。要按各方面的需要开办许多短期干部培训班，来创造与培养成千上万的干部。广昌要把从查田运动、经济建设、文化教育以及苏维埃的各项工作中，表现突出的优秀人员提拔到各个岗位担任领导工作，使他们在斗争中得到更多的锻炼机会，从而为粉碎敌人的第五次“围剿”，保卫赤色广昌，保卫苏维埃的领土作出更大的贡献。

另外，为了适应战时需要，广昌县按照中央政府的决议和省苏政府的指示，在1933年7月将乡的范围划小，部分区的范围也进行了调整，同时将广昌县划分为广昌、赤水两县。1933年8月28日（一说9月3日），赤水县正式成立，并于10月间召开了第一次党代会，11月召开了第一次工农兵代表大会。这两次会议重点研究的工作还是围绕配合红军第五次反“围剿”，如何扩大红军、收集粮食和加强地方武装建设等，对反“围剿”进行动员部署。

总之，在第五次反“围剿”前夕，为捍卫红色政权，广昌苏区党组织，从党的建设、政权建设、军队建设以及经济建设等各方面工作都作了动员部署，从而极大地调动了广昌苏区军民反“围剿”的积极性和主动性，坚定了广昌苏区人民进行反“围剿”的信心和决心。

二、广昌人民支援和配合红军反“围剿”作战

在第五次反“围剿”期间，为了更好地领导全县人民进行反“围剿”斗争，广昌县委、县苏遵照上级指示，进行了有计划的转移，其间几经迁移，仍然自始至终坚持领导全县人民，为保卫苏维埃政权，保卫人民的胜利果实，保卫红色家园，从人力、物力、财力各方面支援配合红军进行反“围剿”作战。

（一）积极筹粮筹款

面对国民党的经济封锁，为了保障红军的战时供应，县委、县苏动员人民群众筹粮筹款，大力支援前线。

对外贸易。在苏区时期，由于国民党的封锁，苏区生产的稻

谷、烟叶、莲子、泽泻等产品难以输出，另一方面盐、布、煤油等商品难以进来，供应比较紧张，从而出现了走私贩私活动，走私者从白区运进货物，以高价出售，严重影响了苏区物价的稳定。1933年底，苏区一个大洋只能买到食盐一斤多。1934年初，食盐价格继续上涨，私人商店每个大洋只能买到食盐半斤多。因此，很多百姓家庭买不起盐，只能淡食。为了加强对外贸易的管理，控制投机商的中间盘剥，广昌县苏于1933年12月成立了对外贸易分局。对外贸易分局的主要任务是，想方设法逾越国民党的经济封锁和交通封锁关卡，将多余的粮食、土特产等物资，有计划地运到国民党统治区适价卖出，再从国统区设法购买食盐和布匹等物资，从而解决苏区军民生活上的需要。除此之外，县苏对外贸易分局还有计划地组织一些商人进行苏区和国统区之间的往来贸易，换取了大量的食

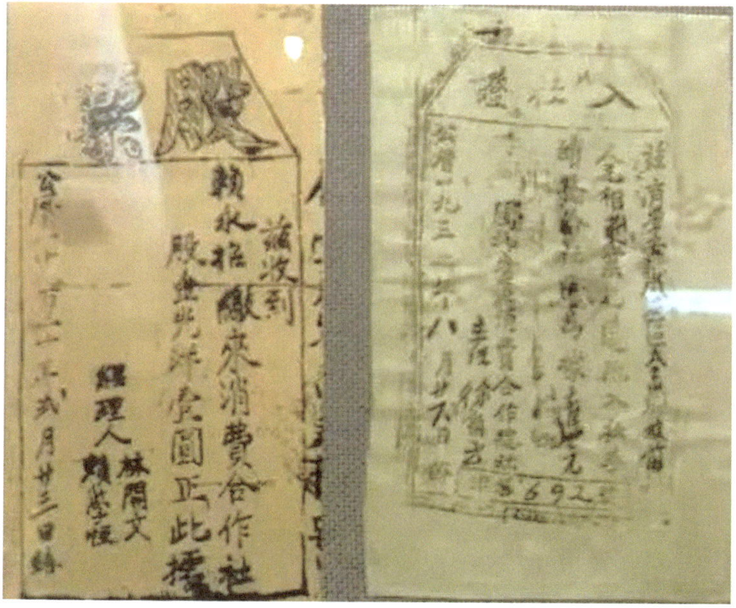

苏维埃中华贸易公司介绍信

盐、布匹、煤油、棉花等物资。广昌县对外贸易分局成立后，每年都收购粮食数十万斤、烟叶10多万斤、莲子1万多斤，还有药材如茵陈数千斤、泽泻10多万斤、固芷4000多斤。这些农产品收来后，大多运往白区（主要是赣州等地）出售，然后从白区换回盐、布匹、煤油、棉花等物品，从而保障苏区军民生活上的需要。

储备物资。合作社是发展苏区经济的主要形式，是苏区国民经济的重要组成部分。中央苏区时期各县区先后设立了耕牛、农具、药业、消费和粮食等合作社，其中以消费合作社和粮食合作社为主的商业合作社较为普遍。在广昌县苏维埃政府的领导下，每个乡都建立了各种合作社。通过建立各级合作社，既保障了群众的生活，促进了粮食流通，又储备了物资，以供给红军反“围剿”之需。

广昌苏区从1933年夏季开始，首先在区苏所在地及圩场市镇内普遍建立了消费合作社，到年底部分乡也先后建立了消费合作社。为了加强各级消费合作社的领导，1933年冬，广昌县还成立了“消费合作总社”。

消费合作社是工农劳苦大众自愿出资出物入股经营，带有较多互助成分的集体性质的经济组织。在县城设总社，区设社，乡设分社，形成网络。入社社员均须交纳股金，每股股金一般是1元，最高不超过5元，每个社员入股数目不可超过10股。消费合作社主要经营谷米、烟叶、豆类、药材等富余农副产品出口，由本地商贩运往白区，再换回日常工业用品。广昌苏区消费合作社经营的物资以油（包括煤油）、盐、布为主，货物价格一般比市价便宜20%，社员及红军家属买货可以享受九五折的优待，对非社员照市价售给。

与此同时，广昌县大部分地区还成立了粮食合作社。县苏政府成立了粮食调剂分局，重要的区和圩场如头陂、甘竹等地还设立了粮食调剂支局，这两个机构的任务是：一方面把多余的粮食有计划运输出口，从白区购回生活必需品；另一方面将粮食由富足的地方流通到不足的地方，统一进行调剂。为了方便消费者，各地的消费合作社还组织货郎担货下乡，送货上门。

通过合作社调剂谷物价格尽可能不使谷物价格大涨大跌，同时又通过合作社筹集股金统一采购以油（包括煤油）、食盐、布匹为主的各类生产生活物资，既保障了群众的生活，促进了粮食流通，又储备物资，以供给红军反“围剿”之需，保障了革命战争的需要。

征收税款。税收是广昌苏区财政的主要来源，苏区政府成立后设立税务委员会，后改设税务课，负责税务征解工作。同时各区也设立税务课，办理税收问题。当时广昌苏区税收的主要来源是土地税（即农业税）和商业税。为保证红军给养，改善群众生活，争取彻底粉碎五次“围剿”的胜利，苏区中央机关报《红色中华》发表社论：为迅速开展收集粮食的突击运动而斗争，要求江西省特别着重在广昌等县开展突击运动，征收土地税。土地税按田的好差，以亩为单位征收，分上中下三等，红军以及家属免征土地税，鳏寡孤独家庭也免税。从 1932 年起，在广昌县苏维埃政府的领导下，广昌农民踊跃交纳土地税，11 月，头陂、新安、青桐、甘竹 4 个区征得土地税 3357 元；当年征收土地税谷 65 万公斤。1934 年广昌虽遭大旱，但广昌、赤水两县在上半年就全面完成当年税谷的征收，共计 62.76 万公斤，5 月，筹集军费（含实物折款）共 6 万余元。7 月份建立广赤县后，全县两三个月共节省、没收、征收、借给红军粮食 26.5 万公斤，全部用于支前。

商业税则根据商业资本大小、盈余多少，统一征收累计税。

资本小（百元以下）盈余少的税轻，资本大盈余多的税重。群众合作社以及农民直接卖出的剩余产品实行免税。商业税按营业额征收15%左右。例如，1932年7—9月，广昌县城征收商业税和店租2600元。

发行公债。发行公债是广昌苏区政府财政收入的一项重要来源。公债包括两种类型：革命战争公债和经济建设公债。随着革命战争形势的发展，为保证红军给养和发展生产的迫切需要，中央执行委员会要求各县苏政府有计划地发行公债。广昌苏区和中央苏区其他地方一样曾多次发行公债。在历次公债发行中，县、区、乡都设立了公债发行委员会，负责公债的发行、登记和收款等工作。经过广泛深入的宣传发动后，广大人民群众明确了发行公债的意义，尤其是在党员、团员和干部带头认购的影响下，每次公债的发行都很顺利，而且次次都超额完成任务。根据苏维埃中央政府规定：公债既可以用米谷来交付也可以交钱。1932年6月，广昌县推销第一期“革命战争公债”1.6万元；1932年10月，广昌县推销第二期“革命战争公债”5.04万元；从1933年7月起到

苏区时期的革命战争公债

1934 年，广昌人民群众积极认购苏区经济建设公债共计 6.4 万余元。在购买公债的过程中，曾出现了很多感人事迹，驿前区驿前乡妇女主任赖苏秀，为了购买公债，将平日点滴分厘积存下来的三块钱，全部买了公债。在她的带动下，许多妇女不惜将结婚时的金银首饰拿去兑换现金购买公债。

开展节约运动。面对国民党的经济封锁，为保障红军战时供应，从 1934 年 1 月开始，直到第五次反“围剿”结束，在县委、县苏的领导和动员下，广昌人民广泛开展了轰轰烈烈的节约运动。节约运动首先在各级苏维埃工作人员中开展，而后迅速扩大到全县人民群众中。

——节省经费。广昌、赤水县苏政府发动全县各级机关厉行节约，减少开支，要求节省经费 30%。每个苏区干部都要千方百计从各方面节省办公费用，并将每日一角钱的伙食费节约五分，有的连个人的穿戴等费用也自动自觉做到尽量缩减。1934 年 1—3 月，广昌县各级组织共节约各项经费 1.6 万元，全部上缴中央财政部。1933 年 12 月，广昌、赤水两县妇女开展了“每人每天节省一个铜板”活动，广昌县的妇女节省 300 元，赤水县的妇女节省 200 元，上缴作为作战经费。

——节约粮食。广昌苏区干部提出“每人每年节约一个月粮食”的口号，口粮由每天 16 两（16 两为 1 斤）节约为只吃 12 两。有的干部干脆在自己家里吃饭，把供应的口粮全部节约出来。1934 年春，为支援反“围剿”斗争，广昌干部群众响应县委号召，开展了轰轰烈烈的“每人节约三升米”运动，在“一切为了战争的胜利”的口号鼓动下，全县人民宁愿多吃杂粮也要节约粮食支援红军，共节约出粮食 12 万斤。1934 年 4 月 29 日，中共广昌中心县

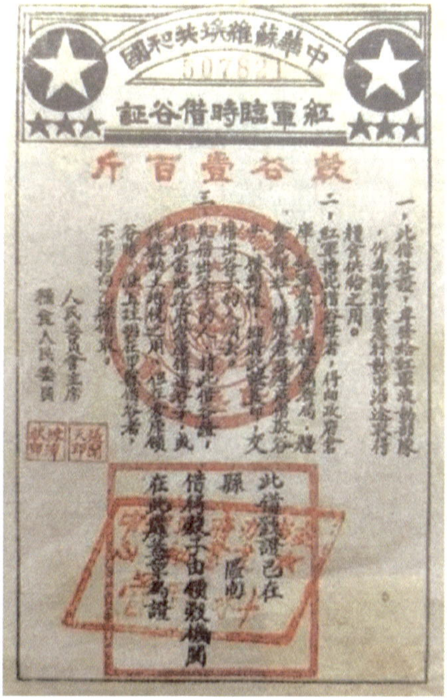

红军的临时借谷证

委又发出《为粮食而奋斗》的指示，号召“广、赤、南十七万劳动群众每人节省三升米，特别是广昌七万群众必须进一步坚持”。6月28日，中共广赤县委致信各区及突击队，要求定期完成支前粮饷。驿前区群众普遍按年龄节约粮食，其节约的标准是：6—15岁每人每月节约2斤，16岁以上每人每月节约7斤。由于群众的积极响应，到1934年5月止，全县共计节约大米6万公斤，全部送到设在县城横街关帝庙的红军兵站。

在苏区时期，广昌全县共筹集革命战争经费160余万元，粮食400余万公斤。

（二）踊跃参军参战

为保卫苏维埃政权，保卫革命的果实，响应苏区中央局“创造一百万铁的红军”的号召，广昌县委、县苏各级组织纷纷召开会议，研究部署扩红工作，积极动员群众参加红军，开展了轰轰烈烈的扩红运动。

广泛宣传动员。为了推进扩红运动深入开展，广昌地方各级党组织和苏区政府除召集各种会议和利用标语、路牌宣传外，还组织宣传队进行街头宣传。至今，广昌各地仍然保留了大量的扩红宣传标语。比如“红军中官兵夫薪饷穿吃一样，白军里将校尉饮食起居不同”“欢迎白军兄弟来当红军”等。同时，广昌苏区还采取个别动员及亲串亲、邻串邻等方式进行扎根串联，动员群众参加红军。特别是当新战士入伍时，从村到乡、乡到区、区到县的道路两旁，都组织了男女老少夹道欢送，迎送的人们敲锣打鼓、放鞭炮，给新战士送毛巾、草鞋、布鞋、鸡蛋等慰问品，唱《十送郎》《十送妹》等革命歌曲，夫妻之间、父子之间、兄弟姐妹之间互相鼓励，场面十分热烈感人。这种场景不仅激励新参军的红军战士勇敢走向前线，英勇杀敌，而且对苏区的人民群众也是极大的鼓舞。为了营造“好儿郎当红军”的氛围，妇委会还组织宣传队，活跃在城市乡村，宣传“红军是劳苦大众的队伍”“参加红军最光荣”，鼓励青年踊跃参军。妇委会还组织慰劳队，把事先做好的布鞋、草鞋和募捐来的鸡蛋、鲜鱼、鲜肉等慰问品送到红军驻地或战地去慰劳红军。通过各种形式宣传动员，提高了人民群众的思想认识，激发了广大青壮年参军光荣的自豪感和积极性。

党团员带头参军。苏区的党员、团员和干部不仅在各项工作中以身作则，而且在扩红运动中积极带头参军。1933 年 7 月，广昌苏区参加少共国际师的 115 人中，党团员就有 56 人，占参军总人数的 48.7%。尖峰区观前乡党支部书记张善祥说服自己的母亲和妻子，主动要求参军。在他的影响下，当地有 27 名青年跟着报名参军。少共广昌县委巡视员王克绳主动要求参加红军，经县委批准后，他回到家乡头陂一次就带动了 75 名青年参加了红军。1933 年 11 月，在广昌、赤水两县扩红再动员会上，县苏干部艾立寿等 20 多人带头报名参军；赤水县有 13 名干部报名参军。在扩红运动中，此种事例举不胜举。在苏区干部参军参战的影响下，广昌各地群众踊跃报名参军。

开展扩红竞赛。扩红运动不仅是苏区的党政组织唱主角，各群团组织如工会、妇委会、互济会、贫农团、反帝拥苏大同盟等也紧密配合。当时各级组织、各群众团体都分配了扩红任务，各党政组织之间、各群团组织之间还开展了扩红竞赛活动。在这场扩红运动中，妇委会发挥了独特的积极作用，她们发动妇女宣传、鼓励自己的亲人——丈夫或儿子去参军，成效尤其显著。如：尖峰区上

广昌县长生区妇女代表魏桂英送丈夫参加红军（广昌高虎脑红色展馆供稿）

湖乡农民李付新夫妇把两个儿子都动员参军；新安区新安乡妇委会干部袁玉金动员结婚不到一个月的丈夫李金标参加了红军；驿前区田西乡妇女巫桂莲，上有婆婆下有两个小儿女，生活负担重，她毅然动员丈夫赖喜旺参加红军；长生区妇委会干部曾四伩动员自己的儿子和侄子去当红军；还有长生区和甘竹区几个青年妇女结伴到区政府报名参加了红军。1933 年 12 月，中共城市区委接到省委“进行扩大红军十天冲锋运动”的通知，立即召开党委和党员活动分子会，在党团员带动下，广、赤两县有 1000 余人参加了红军。1934 年 1 月，广昌、赤水两县扩大红军 98 名，特别是水南区一次扩红 32 名，受到上级的表扬，赤水县则输送了 24 名青年团干部到红军中工作；1934 年 2—3 月，有 159 名群众参加红军。1934 年 3—6 月，赤水县扩大红军 441 名。大寨脑战斗期间，县内大批青年加入少共国际师。

第五次反“围剿”期间的扩红工作，从 1933 年初持续到 1934 年 8 月底，直到中央红军撤出广昌县境，广昌苏区的扩红工作才结束。广昌人民在党的领导下，为反抗国民党反动派的军事“围剿”，为保卫红色政权，一批又一批的优秀儿女奔赴前线。据现存史料不完全统计，广昌在苏区时超百人一次的扩红达几十次，甚至广昌地方武装通过军事训练后，整排、整连、整营加入红军。1934 年 5 月，新安模范营 400 多人全部加入红三军团第四师，赤水区游击队 118 名队员整体加入红军。在中央苏区第五次反“围剿”前，广昌、赤水两县曾一次就动员了 1000 多人参军。如大株区北坑村总人口仅有 430 多人，参加红军的竟达到 120 余人，占总人数的四分之一强。在第五次反“围剿”期间，广昌、赤水两县，凡年龄在 18—40 岁的青年，60% 以上都上了前线，其中直接参加红军就有 10000 多人。

据民国档案《江西农村合作委员会工作报告》(之二)：广昌参加红军的人数有15400人，参加地方武装（含赤卫队、游击队、独立营）的人数为20652人，参加少先队（军事组织）13761人。

縣名	參加紅軍人數	參加赤衛隊人數	參加少年先鋒隊人數
甯都	約一萬九千餘人	三萬一千七百七十三人	約三萬三千七百六十一人
興國	三萬五千六百人	四萬四千七百一十九人	三萬二千七百一十五人
雩都	二萬四千餘人	三萬一千三百人	二萬九千一百四十四人
會昌	一萬九千五百人	三萬四千一百九十人	二萬二千〇九人
瑞金	二萬五千五百人	四萬〇一百七十三人	二萬一千三百八十人
石城	一萬七千四百人	二萬九千二百九十人	一萬八千五百〇五人
廣昌	一萬五千四百人	二萬〇六百五十二人	一萬三千七百六十一人
合計	一十五萬六千四百人	二十三萬二千〇九十七人	一十六萬八千二百七十五人

广昌参加红色武装的人数（据民国档案《江西省农村合作委员会工作报告》之二，1936年7月编印，江西省档案馆藏）

（三）大力支援前线

在第五次反“围剿”期间，为支援革命战争，广昌县委、县苏政府动员数以万计的群众大力支援前线，组织地方武装积极配合红军作战。

组织各种支前队伍。在第五次反“围剿”期间，广昌县委、县苏政府动员数以万计的群众组成担架队、向导队、扰乱队、洗衣队、做饭队、烧水队、救护队、慰问队大力支援前线。这些支前队伍都有各自明确的职责。慰劳队负责慰问前线战士和后方医院的伤病员；洗衣队负责给红军战士洗衣补衣；救护队负责到红军医院去护理伤病员；运输队负责给红军运送弹药、饭菜、茶水；担架队和运输队日夜为红军扛弹药，抬伤员、运粮食；做饭队半夜就开始忙碌，力争尽快把饭菜送到红军战士手中；慰劳队带着布鞋、草鞋以及各种食物往返阵地；向导队无论白天黑夜，为红军带路。

第五次反“围剿”期间，红三军团于1933年7月在头陂组成东方军入闽作战，新安区、赤水区组织青少年700余人，由少共区委负责人带领，随军执行运输和担架任务，历时1个多月。1934年4月，少共县委组织县城一大批青年工人上前线修筑堡垒。

广昌保卫战前夕，全县动员了5800多人参加修筑甘竹至广昌县城一线的红军工事，其中长生、尧山、巴口、长桥等区组织了150多名群众带着毯子、木竹、片柴等到前线构筑防御工事，当修

高虎脑战役期间当地群众支援红军作战（陈一文/作）

好的阵地遭到敌人炮火摧毁时，他们又冒着生命危险，抢挖被填平的战壕，抢修震塌了的地堡。每当红军要转移战地时，广大群众就迅速地做好“坚壁清野”工作，把敌人要通过的道路桥梁破坏，把粮食和能搬的物资全部运往后方，搬不动的物资就埋藏或毁坏。

广昌保卫战期间，广昌、赤水两县成立了由 2500 多名赤卫队员、赤少队员组成的前线担架队；组织了缝纫业工人集中在县城为红军缝制军衣；组织妇女成立了做饭队、烧水队和救护队，为红军战地服务。4 月下旬，广昌、赤水两县每天组织 3000 多人为红军削竹尖、修筑防御工事；动员 3000 多名民夫为红军运输粮食和物品。

高虎脑战役期间，广昌地方武装和苏区群众积极协助红军构筑防御工事，挖交通壕、战壕，在阵地前沿埋设竹尖、地雷，构筑

广昌保卫战期间当地游击队配合红军作战（广昌县革命烈士纪念馆/供图）

鹿砦，在山顶上堆积滚石等。战斗前夕，当地赤卫队、游击队、模范营组织90多人为红军当向导和搞通信联络，组织300多人为红军修筑工事、削竹尖。战斗期间，当地群众除了小孩和年老体弱者不分男女上千人全部组织起来上了前线，为红军抬担架、运弹药，送饭菜、茶水和药品等，在枪林弹雨中往返奔跑。高虎脑战役曾家排红三军团指挥部所在地的民居主人邱顺生，当年是乡里的赤卫队长，在高虎脑战斗中曾经为红军将士当过交通员，传送情报；在战斗中冒着炮火，为红军将士送水送饭，抬送伤员。这一切工作，不仅有力地支援了红军作战，也鼓舞了红军将士的革命士气。

地方武装配合红军作战。在广昌苏区成立时，县、区都设有军事部，协调和指挥地方武装，广昌的地方武装主要有赤卫队、游击队和模范营（团）。在第五次反“围剿”期间，广昌县委、县苏组织赤卫队、游击队、模范营、赤少队等地方游击队和苏区群众，积极配合红军作战。1934年4月，在广昌保卫战中，城关、甘竹、长桥等地的游击队和红军一道投入战斗，一次次打垮敌人的冲锋。广昌县城的工人，全体武装加入赤卫队，并领导城郊的农民积极配合红军作战。同时，长桥、头陂等区的游击队深入敌占区侦察敌情，或者到山上放冷枪骚扰敌人。

广昌保卫战结束后，广昌县委、县苏在头陂大坑将甘竹、长生、城市等区的干部及部分地方武装编成广昌游击组，在头陂一带动员群众抬担架，配合红军“坚壁清野”，以及搞侦察、防破坏。此外，游击组还深入敌人占领的巴口、坝口、小港等地，捉土豪、探敌情，或者到山上放冷枪迷惑敌人。

为了壮大游击队力量，1934年7月，广赤县委、县苏政府在赤水太阳坳，将随行的广昌游击组和部分区、乡游击队，以及长桥、新安等区的干部，全部合编，成立广赤游击大队，下设2个中队，共有220多名队员和140多支枪，由王青山（原赤水县军事部部长）担任大队长，并在赤水、大寨脑、高虎脑一带动员群众抬担架，帮助红军构筑工事。

在高虎脑战役期间，广赤游击大队在驿前的河东，将大株区苏干部及游击队编入队伍，改称为前进游击队，由王青山任队长，下设3个中队，共有300来人，200多支枪。前进游击队在王青山队长率领下，前往下陌、江背、杨家排、旗家坳等地，配合红军加强警戒和防御，同时又对企图袭击红军的大刀会进行清剿，使红军能集中精力在高虎脑一带阻击国民党军，阻滞国民党军南进。

当时《红色中华》刊发多篇文章，报道广昌苏区扩红工作开展情况。例如：

武装保卫广昌苏区！

又有一批赤少队武装上前线

广昌乐安洛口赤水石城等县最近的成绩

乐安通讯：乐安招携区最近又动员了模范营模范【赤】少队共约两连到前线配合红军作战，同时万崇、善和、招携、永南等区各乡最近也组织了游击队，并已出发游击了，其余各区现亦在积极动员中。

博生通讯：广昌，洛口，赤水，石城等县最近来对于动员赤少队参战的工作都开始转变了，在最近半个月中该四县都动员了一批赤少队到前方去，其中尤以广昌为最好，广昌除动员了三连赤少队到前方去参战外，并动员了三千多名夫子去帮助运输物品。

同志们！加紧边区新区工作！动员更多的赤少队到前线去！粉碎蒋介石的北路进攻，为保卫广昌苏区而斗争呀！

（《红色中华》第 178 期，1934 年 4 月 21 日）

（四）开展拥军优属

苏区时期，广昌苏区各级政府都成立了拥护红军委员会，经常组织群众慰问、慰劳红军。

组织慰劳红军。在苏区时期，广昌县、区、乡都成立了拥军委员会，拥军委员会的主要任务是组织群众募捐和购置慰问品，开展拥军优属活动。广昌县委、县苏经常组织慰劳队，把做好的布鞋、草鞋和募捐购买的慰问品（鸡蛋、鲜鱼、鲜肉等）送到红军驻地或战地慰劳红军。1933 年 4 月，广昌人民群众送给红军肥猪 3 头，

广昌苏区政府组织妇女慰问队慰问红军（陈一文 / 作）

儿童团送给红军草鞋、套鞋 700 多双。1933 年 12 月，广昌县和赤水县的妇女开展做军鞋竞赛，以作慰问红军之用。广昌县妇女为红军做军鞋 1300 双，赤水县妇女为红军做军鞋 3000 双。1934 年春，红三军团从福建回师赣南，新安、赤水等地群众前往红军驻地慰问红军，赠送慰问品猪肉 600 多斤、鱼 500 多斤、花生 100 多斤、草鞋 150 多双。1934 年 4 月中旬广昌保卫战期间，广昌人民又慰劳红军大批蔬菜、2 只肥猪、6 担豆腐、5000 双草鞋。

护理红军伤员。在第五次反“围剿”期间，广昌县苏组织妇女慰问队、洗衣队、救护队，慰问护理前线受伤将士和后方医院的伤病员。救护队的妇女在医院耐心照顾伤员，帮助红军洗血衣尿裤，背伤员上厕所；洗衣队的妇女，负责帮助红军战士洗衣服补衣服。头陂区苏维埃政府组织妇女救护队慰问护理 1900 余名红军伤病员。1934 年春，县苏组织了一支由 20 多名妇女组成的洗衣队

广昌苏区政府组织妇女救护队护理前线战士（陈一文 / 作）

为红三军团红军洗衣服及被褥，组织救护队护理红军伤病员。1934年4—8月，全县妇女组织救护队、洗衣队支援前线，仅贯桥乡在高虎脑战斗中就组织了70多名妇女上前线为红军救护伤病员、募捐、送军鞋、送茶饭等，慰劳红军战士。

开展慰问活动。第五次反“围剿”期间，广昌县委、县苏经常组织宣传队到红军中去表演节目，进行慰问演出。在“八一”工农红军成立纪念日前后，广昌县委组织开展轰轰烈烈的拥红工作，由群众组织慰劳团到前方慰劳前线的红军将士和地方武装。1933年秋，全县百余名赤少队员自动报名参加少共国际师，入伍前夕，城市区的儿童团邀请他们开茶话会，举行文艺晚会。在茶话会上，儿童团员们争着替新战士扇扇子、倒茶水。在文艺晚会上为新战士演出了很多精彩的节目。通过儿童团的文艺表演，大大地鼓舞了红军的士气。1934年4月4日，即广昌保卫战前夕，广昌组织群众举行了一次大规模劳军活动，向红军赠送大批慰劳品，还组织宣传队到红军中演出。

开展优抚活动。为使红军家属不至于因亲人参军而造成生活困难，让红军战士在前方安心作战，广昌县委、县苏政府把优待红军家属，作为一项经常性的工作来抓。县、区两级普遍成立了优属科（局），乡普遍成立了以妇女为主的优待红军家属委员会，专门负责解决红军家属衣、食、住等方面的困难问题；负责召集红军家属开座谈会，了解其生产和生活情况，检查落实优待工作等。在政策上给予优待。在土改分配土地时，一般把上等土地分给红军家属，并规定红军家属免交土地税、医疗费、学费。此外，各种合作社也规定了优待红军家属的办法，凡红军家属购买商品一律九五折，油、盐等日常用品紧缺时优先供应红军家属。在生产上给予帮

红军家属优待证

助。各地普遍成立耕田队和肥料所，帮助红军家属耕种，发动老人和儿童团，捡集肥料，供给红军家属种田用。党政机关、群团组织及后方军事机关的工作人员，每逢周六都要去帮助红军家属劳动。在生活上给予关怀。苏区政府不仅在精神上而且在物质生活上给红军家属予以关怀，除送给红军家属慰问品以外，还给他们家门上挂上“红军家属”光荣牌表示尊敬。平时看见红军家属都亲切地称呼为“红军妈妈”“红军嫂嫂”“红军公公”“红军婆婆”等。苏区的儿童团还经常帮助红军家属扫地、砍柴、挑水、烧火等。

广昌县委、县苏政府对红军家属关怀备至，红军军烈属普遍感到党和政府的温暖，他们经常写信或捎口信鼓励前方的亲人，要他们安心工作，勇敢杀敌，这一切工作，感动和鼓舞了红军将士，有力支援了红军作战。

《优抚红军家属的漫画》(《红色中华》第 143 期，1934 年 1 月 13 日)

总之，第五次反“围剿”斗争期间，广昌苏区人民在党的领导下，为捍卫红色政权，前赴后继、艰苦奋斗，有力支援和配合了红军的反“围剿”斗争。

三、广昌苏区军民继续坚持革命斗争

中央红军撤离广昌后，国民党军随即占领广昌，他们采取碉堡围困、经济封锁、移民并村、保甲连坐、大肆烧杀等最残酷最毒辣的手段，实行反复“清剿”。面对国民党军队的血腥镇压，广昌苏区人民和红军游击队一起，进行英勇顽强的斗争，表现出无比坚毅的英雄气概。

（一）国民党反动派对广昌苏区进行灭绝人性的摧残

红军主力撤离广昌县境后，国民党军队随即占领广昌，先后建立“联保办事处”“铲共义勇队”“清乡委员会”“善后委员会”等反动机构，对苏区干部群众实行烧光、抢光、杀光等血腥政策和保甲连坐措施，对广昌苏区军民，特别是苏区干部，进行疯狂镇压和迫害。

大肆捕杀革命干部和红军家属。国民党进驻广昌后，叫嚣“三岁小孩要过刀”“斩草要除根”，采用挖心、破肚、活埋、悬梁、烟熏、香火烧、老虎凳、踩杠子、打地雷公、灌辣椒水、鸭子浮水等许多灭绝人性的残酷手段，疯狂地逮捕、杀害苏区干部和革命群众。在赤水区石梁乡，被国民党军和大刀会杀害的革命干部和群众就有 110 多人。在苦竹区，国民党军对红军家属、苏区干部和红军游击队失散人员以及接济过游击队的群众，实行抓捕、吊打、杀头，许多群众全家被杀害，许多地方全村被赶尽杀绝，如上陈、下陈、龙塘等村庄，原有店铺、圩市被洗劫一空，人口由原来的 200 多户骤降至几十户。在大株区，国民党军在北坑乡一次就杀害了十多名干部，其中包括乡苏主席刘德文、游击队长王瑞福、杨家田的贫农团主任罗时显、乡党支部宣传委员吴先福等。在尖峰区，观前乡苏主席李玉宝被杀害，还有尖峰区苏主席罗更明等 5 名革命同志被吊死。在赤水区，留田乡的姚桂英（区妇女代表、共产党员）被捕后，反动派把她先吊起来作鸭儿浮水打地雷公，再将她的衣服全部扒光，淋上煤油用火烧。在长桥区，中堡乡的陈富邦（红军游击队员）被捕后，地主在他腰部系上100多斤重的石磨，然后悬梁吊起，再用木棍打得遍体鳞伤，造成终身残疾。此类事例，举不胜举。仅1934年9月至年底，被国民党军杀害的广昌苏区干部和革命群众就达到数千人。

据《红色中华》第187期1934年5月11日第二版刊文报道，在广昌保卫战之后，国民党反动派大肆屠杀残害广昌苏区人民群众。

工农群众武装上前线去，消灭国民党的白色恐怖！

惊人！广昌的白色恐怖

在国民党法西斯蒂的血手下

一天中被捕群众达三百余名

抢劫掳掠十室十空

大批妇女被解往南丰县

广昌快讯：白匪自上月二十七日下午进占广昌后，即在此地大肆白色恐怖，在短短的一天中，被捕的群众即有三百余人，其中之精壮的便在枪支的压迫下被逼着去当担夫，修马路挖工事等，比较老弱的，则被整批整批的杀死或打死。至于女人，那便成群的被押解到南丰县去了，有许多被白鬼子轮奸奸〔致〕死。现在，敌人每一占领一个地方即大肆拆房子，修筑堡垒。东西被抢得十室十空。牛猪，鸡子等家畜不用说都被杀死吃了。田中禾秧和菜蔬等，白匪也毫不顾息〔惜〕的都把他踏坏了。不但广昌城是这样，凡被敌人所占领或经过的地方都同样的遭受了这种摧残，特别是红军家属和苏维埃工作人员的家属，更是遭受了极大的摧残！

广大的工农群众们！起来！武装起来！加入红军去！反对

国民党法西斯蒂的这种白色恐怖！夺回我们的赤色广昌呀！

大肆洗劫和掠夺群众财产。国民党反动派一踏进广昌这块红色区域，就与地方反动势力一道，到处抢劫财物，焚烧房屋、奸淫妇女，搞得全县鸡犬不宁，不少村庄变成瓦砾。1934年7月，国民党军在赤水一带烧杀抢掠，将留田一个村坊洗劫一空，所有猪、牛、鸡、鸭抢得一毛不剩，鱼塘里的鱼全部炸光。同年8月，国民党军进占贯桥，大肆掳掠3天，强奸妇女100多人，宰杀耕牛、猪、鸭、鸡无数，烧拆毁民房450多间。在国民党军“清剿”的重点区域内，到处抢掠一空，致使广昌城市乡村“无不焚之居，无不伐之树，无不杀之鸡犬，无遗留之壮丁，闾阎不见炊烟，田野但闻鬼哭”。

对苏区群众进行反攻倒算。随着反动统治的复辟，豪绅地主向苏区人民进行了猖狂的反攻倒算。他们夺走了农民分得的土地、茶山、竹山，对几年的租谷进行重算，变本加厉勒索偿还。许多群众被倒算一空，逼得家破人亡。赤水区回辛乡谢兴仔，在土地革命时期参加了打土豪分田地，土豪陈代贵回来后，向其进行倒算，要270多块银圆，谢兴仔拿不出这么多钱，便在遭毒打后押到县城坐牢受刑，结果被活活折磨致死。反动派为榨取更多的民众膏汁，还强迫革命干部和群众缴纳“自新费”“赎身费”。“自新书”非保长为其代写不可，代写费至少4块银圆。“赎身费”少则40～50块银圆，多则80～100块银圆。同时，曾是苏区干部、革命群众和红军家属的，不但要加重派捐派款，还经常遭土匪和大刀会的绑票勒索。

限制苏区群众的人身自由。国民党军占领苏区后，对原苏区群众采取了一系列限制人身自由的非人道措施：一是善后登记。强迫所有当过红军或做过苏区工作的群众，一律到善后委员会登记，并花几十块银圆，买一块牌子，否则不准出门甚至性命难保。二是实行“良民证”制度。必须持有“良民证”才能外出，如果没有“良民证”或“良民证”不符合规定，就是非法行为，不准外出，否则随时都有可能被抓住杀头。三是禁止交谈。苏区干部和革命群众，被称为“土匪”“土匪婆”“土匪仔”，并随时都可能遭受凌辱打骂，也没有相互交谈的自由，即便是自己的亲友，见了面也只能形同陌路，否则就会被加上“集结为匪”的罪名，遭到抓捕或杀害。四是实行联保制度。每个原苏区干部或革命群众，都必须有五个人联合作保，一旦其中有“不良”情况，其他五人都要遭受迫害。

（二）广昌苏区人民与敌人展开不屈不挠的革命斗争

面对敌人的屠刀，广昌苏区人民在党中央的号召下，继续坚持对敌斗争，以实际行动策应主力红军进行战略转移。

1. 干部群众面对白色恐怖视死如归

红军撤离广昌以后，广昌的共产党人和苏区干部们在艰苦卓绝的斗争环境中，始终不屈不挠，视死如归。曾任过县苏主席的饶福林，为了掩护红军撤退，被敌人抓去，受尽严刑拷打，始终坚贞不屈，严守党的秘密，最后被国民党关进铁笼，用竹筏解往南昌后秘密杀害。驿前区游击队长赖福柏被捕后，敌人严刑逼供，要他说出党的秘密，他就用“不知道，要杀就杀”这一句话作为回答，牺牲前还高呼“共产党万岁”“打倒国民党”等口号。曾任尖峰区苏主席的何海源被捕后，面对敌人严刑逼供，什么也不说，临刑前高

第五次反“围剿”失败后，广昌苏区干部群众面对敌人的屠刀英勇不屈（广昌县革命烈士纪念馆/供图）

呼“人死党不死”。长桥株市乡苏主席杜亮，在刑场上慷慨激昂地向群众宣传革命道理，告诉群众说：“我们的事业是正义的，胜利终究属于我们，红军一定会回来。共产党万岁！”最后被敌人破肚挖心，壮烈牺牲。甘竹的一位游击队长被捕后，敌人在法庭上问他：“你当过红军吗？”他回答道：“当过又怎样？”又问他：“你参加过游击队，打过土豪没有？”他回答说：“打过。革命就是不怕死，要杀就杀……”最后被敌人残忍杀害。

2. 地方武装坚持游击斗争

1934 年 9 月，代理江西省委书记的曾山，在宁都主持召开了留守江西苏区的党政军主要负责同志参加的省委会议。会议传达了中央分局关于开展游击战争的指示，研究了开展游击战的各项准备工作，决定各县按照实际情况，建立人数不等的独立营或游击队，各县留守的县委、县苏政府工作人员全部编入到游击队，并按中革

第五次反“围剿”失败后，尖峰游击队在闽赣边界地区坚持游击斗争

军委9月13日发出的命令，县级游击队司令由各县军事部部长担任，县委书记兼任游击队政委。主力红军撤离广昌县境后，广昌苏区游击队根据省委关于开展游击战争的指示，继续坚持游击斗争。其中，最有名的有三支游击队。

尖峰游击队。为了便于开展敌后游击斗争，尖峰区委、区苏政府于1934年5月合并，成立尖峰工作委员会，地址设在苦竹坑。

在中共尖峰工委的领导下，尖峰游击队组织16人，携带12支枪，在重峦叠嶂中开展顽强的游击斗争。1934年6月，尖峰游击队在下坊袭击敌人碉堡。8月，游击队又攻击饶家陂的炮垒。9月，尖峰游击队在前往长桥株市的途中，遭遇国民党军，当即用手榴弹炸死了七八个敌人，然后在激战两个小时后安全转移。

游击队还经常出击营前、横山、鱼潭、大株、塘坊等地的大刀会。1934年10月的一夜，尖峰游击队前往营前，准备袭击温宝吉（曾任县苏军事部部长，后叛变投敌）的大刀会，敌人闻讯逃跑，游击队活捉敌哨兵 1 名，缴获海螺枪 1 把、手榴弹 1 颗、硬筒枪 1 支、子弹 2 排。

敌人对这支游击队的活动惶惶不安，时刻都在寻找捕杀机会。1934 年 9、10 月间，国民党纠集驻军、反共义勇队及福建建宁的保安团，分三路合围游击队，尖峰游击队在寨脑上、李家山等地与敌人激战一上午，最后跳出包围圈，安全退到上湖一带。11 月，游击队向福建的中畲转移，后与闽赣边区游击队会合在闽赣边界坚持游击斗争。

前进游击队。广赤游击队在高虎脑战役中改称为前进游击队，红军撤离广昌境内后，广赤县委、县苏按照省委指示，解散了中共广赤县委和广赤县苏政府，所有干部及随行家属编入了前进游击队，共有 700 多人、300 多支枪，在高田、木兰一带坚持游击斗争。1934 年 10 月，前进游击队与石城保安团在木兰一带激战一天，后在闽赣边区游击队的援助下，将敌击溃。此战后，前进游击队编入闽赣军区的军事序列，在闽赣交界的木兰、凤山、何家湾、塘坊、尖峰等地活动。11 月 16 日，前进游击队 100 多人，袭击大株刘凤生大刀会，毙伤敌人 20 多名，缴获梭镖 30 多支。12 月间，前进游击队奉闽赣军区的指示，在福建的中畲又进行了改编，并改称广赤基干游击队，由王青山担任队长。改编时共有队员 400 多人，下辖 3 个中队，继续在闽赣边活动。

1935 年 3 月，广赤基干游击队在木兰击溃了黄道谋大刀会，烧毁了大刀会的土楼，并抓获大刀会的师傅 3 人，三天后又击溃了从石城前来增援大刀会的国民党军 1 个营。

1936 年，闽赣军区根据形势变化，在营上（今属福建宁化）

第五次反“围剿”失败后，广赤基干游击队在高田、木兰一带坚持游击斗争

召开闽赣边区游击队全体队员大会。闽赣边区游击队司令员黄宇清在会上分析了当时形势，提出了新的斗争方法。他指出，为了更好地开展游击斗争，应该缩小目标，疏散活动。于是，广赤基干游击队便化整为零，以几十人的小队为单位，经常在广昌县塘坊境内的牙梳山一带，神出鬼没地打击敌人，一直坚持了好几年。在敌人的残酷“清剿”下，这支游击队队员大部分壮烈牺牲，一部分坚持到全国抗日战争爆发，编入新四军奔赴抗日前线，还有部分队员在战争或转移中失散。

广赤基干游击队一支。1934 年 7 月，广赤县委抽调 20 多名干部组成赤西工作团，由县委副书记任团长，组成一支 100 多人、90 多支枪的游击队在广昌、宁都交界的西港、中寺、会同一带活动，不久与头陂游击队会合，转移至宁都。后由原广昌县苏主席饶福林率领，队伍扩大到500多人、200多支枪，一直坚持在广昌、宁都、南丰三县交界的苦竹、洛口一带山区活动。饶福林牺牲以后，广赤基干游击队在宁都南团一带大山里休整，后转移到湖口，与宁都、兴国部分游击队会合，11月中旬又在洛口的金竹与洛口县游击队会合，合编成立了“宁广兴游击司令部”，归由江西省委代理书记、江西省军政委员会主席曾山统一领导和指挥，继续在宁广南三县边界地域开展游击战争。12月，这支游击队在苦竹、尧山一带继续与国民党周旋。1935年1月，编入以头陂为活动基地的宜洛指挥部。游击队后来被国民党“清剿”部队包围，当突围到苦竹翠雷山时，又陷入敌人重兵包围中，一番激战后，伤亡很大。突围出来的战士，仍随曾山率领的江西省军区红二、四团在宁广南边界活动，

第五次反“围剿”失败后，广赤游击队一支在宁广南三县边界地域坚持游击斗争

直到 1935 年 4 月，撤离苦竹地域，辗转宜黄、乐安、永丰、新干一带，被国民党军三个师的兵力包围，大部分战士在突围中牺牲。

总之，第五次反“围剿”失败后，面对国民党军的反复“清剿”和血腥镇压，广昌苏区干部群众和地方游击队进行了英勇顽强的斗争，表现出无比坚毅的英雄气概，他们在极其险恶的环境下，采取机动灵活的游击战术和巧妙的斗争策略，同敌人周旋，牵制了国民党的军事力量，在战略上策应了红军主力实行战略转移，同时也为革命保留了火种。

第五章　铁血忠魂

在土地革命时期，毛泽东、周恩来、朱德、彭德怀、陈毅等老一辈无产阶级革命家先后来到广昌进行伟大革命实践；有 9 位开国元帅和 6 位开国大将曾经在广昌开展革命活动；有 27 位开国上将和数百名开国中将、少将曾经率部浴血广昌。在第五次反“围剿”斗争中，中央红军 12 个主力师有 9 个主力师云集在广昌，红军将士的革命足迹遍布旴江两岸，烈士的鲜血染红了广昌的山山水水。

在中央苏区时期，人口不到 15 万的广昌县，参加主力红军有 15400 人，参加地方武装（含游击队、赤卫队、模范营、模范少队）的有 34413 人。在历次反“围剿”斗争中及中央红军长征以后被国民党“清剿”牺牲的红军和革命群众有 24300 余人。其中，在广昌保卫战和高虎脑战役中，广昌就有 2200 余名优秀儿女献出了宝贵的生命。他们与在这两次战役中牺牲的近 8000 名红军将士共同捍卫了中央苏区红色政权。

忠骨撑蓝天，热血映大地。革命先辈们以不屈不挠的斗争精神，用大无畏的英雄壮举，吹响了中华民族解放事业的进军号角！

一、长征前夕在广昌牺牲的部分红军英烈

顾作霖（1908.1—1934.4）

上海市嘉定人。1926年转为中国共产党党员。第五次反“围剿”期间，任中共中央政治局委员、红军总政治部代主任兼中革军委野战政治部主任，参与指挥广昌保卫战。1934年4月29日早晨7时，因积劳成疾，病情恶化，经抢救无效，在头陂逝世，年仅26岁。鉴于顾作霖的身份特殊及战争形势，中共中央当时未对外公布顾作霖去世的消息，朱德命野战直属机关政治委员兼政治部主任萧锋带一个警卫班将顾作霖的遗体运往瑞金。5月28日，中共中央、苏维埃中央政府、共青团中央和红军总政治部才发布顾作霖逝世的讣告，《红色中华》（第195期第四版）刊文《追悼顾作霖同志！》。5月30日下午，中共中央在中华苏维埃共和国政府大礼堂举行顾作霖同志追悼大会，朱德、周恩来、博古、林伯渠等致辞悼念，称他为“鞠躬尽瘁、死而后已的中国青年运动的卓越领导人，中国共产党的优秀活动家”。

陈阿金（1898—1934.8）

原名陈建金，江苏省阜宁人。1925年加入中国共产党。参与领导两次纱厂罢工和上海工人第一、三次武装起义。第五次反“围剿”期间，先后任红三军团第六师、第五师政治委员，率部参加广昌保卫战。1934年8月，率部参加高虎脑战役。同年8月28日，在万年亭战斗中不幸被敌机炸弹击中，壮烈牺牲，年仅36岁。《红

星报》编委刊发《悼陈阿金同志》一文。1986 年 12 月 22 日，全国政协副主席伍修权深情题词，赞颂陈阿金是“战斗中的英雄，工人中的楷模”。

曹其灿（1906—1934.4）

湖南省益阳人。1925 年加入中国共产党。1927 年 8 月，参加南昌起义，后随起义军南下途经广昌，动员工农群众起来革命。参加了中央苏区历次反“围剿”斗争。第五次反“围剿”期间，任红三军团第六师政治部主任，率部参加了广昌保卫战，先后在白叶堡、大罗山和县城附近与敌血战。1934 年 4 月 27 日，在守卫盱江东岸的赵陂洲、藕塘下一线的战斗中，不幸中弹，壮烈牺牲，年仅 28 岁。

何复生（1902—1934.8）

江苏省镇江人。1926 年加入中国共产党。1930 年 6 月，带领 4 名医务人员参加红三军团，受命组建红三军团总医院，后红三军团总医院改为红三军团卫生部，何复生先后担任总医院院长、卫生部部长。参加了中央苏区历次反“围剿”斗争。第五次反“围剿”期间，参加了广昌保卫战和高虎脑战役，率领医护人员多次深入前线抢救伤病员。1934 年 8 月 14 日，在万年亭战斗中，带病亲临前线指挥所，遭敌机轰炸，不幸中弹，抢救无效壮烈牺牲，年仅 32 岁。

杨梅生（1911—1934.4）

湖南省平江人。1929 年加入中国共产党。1928 年 7 月，参加平江起义。1933 年任广昌警备区供给处处长。第五次反“围剿”期间，率部参加了广昌保卫战，在战斗中壮烈牺牲，年仅 23 岁。

余光复（？—1934.8）

又名余克复、徐克复，湖南省炎陵人。1930 年前参加红军。参加了中央苏区历次反“围剿”斗争。第五次反“围剿”期间，任红五军团第十三师三十八团团长，率部参加了广昌保卫战和广昌南部的头陂、赤水战斗。1934 年 8 月 29 日，率部参加高虎脑战役中的驿前之姚坊战斗，不幸中弹，壮烈牺牲。

吴连生（？—1934.8）

籍贯不详。第五次反“围剿”期间，任红三军团第四师十二团参谋长，率部参加了广昌保卫战；后又率部在高虎脑、万年亭、蜡烛形、宝峰山与敌激战。1934 年 8 月 28 日，在宝峰山战斗中，不幸中弹，壮烈牺牲。

参考资料

中共广昌县委党史工作办公室编著:《中国共产党广昌历史》，中共党史出版社 2014 年版。

二、在广昌浴血奋战过的部分革命英烈

博　古（1907.5—1946.4.8）

原名秦邦宪，江苏省无锡人。1925 年加入中国共产党。第五

次反“围剿”期间，任中共临时中央局成员、临时中央政治局书记和负责人，兼任中革军委野战司令部政委，指挥广昌保卫战。1934年10月，参加长征。1946年4月8日，以中共代表身份参加政治协商会议和先发草案审议委员会会议后，乘飞机由重庆回延安，因飞机失事，在山西兴县遇难，年仅39岁。

叶　挺（1896.9—1946.4）

原名叶为询，广东省惠阳人。1924年加入中国共产党。1927年8月，领导南昌起义，并出任前敌总指挥和十一军军长，后率起义军南下途经广昌时，组织召开群众大会，宣传革命道理，号召工农群众起来革命。抗日战争时期，任新四军首任军长，皖南事变中被国民党扣押，拒绝蒋介石的威逼利诱，写下《囚歌》以明志。抗战胜利后，获救出狱。1946年4月8日，乘飞机由重庆回延安，因飞机失事，不幸罹难，时年50岁。

左　权（1905.3—1942.5）

湖南省醴陵人。1925年加入中国共产党。1925年12月，被党组织派往苏联学习。第五次反“围剿”期间，任红一军团参谋长，率部参加了广昌保卫战，先后在源头、大罗山、长生桥指挥作战。1934年10月，参加长征。抗日战争期间，任八路军副总参谋长、前方指挥部参谋长，参与指挥百团大战。1942年5月25日，指挥部队掩护中共中央北方局和八路军总部等机关突围转移，不幸中弹，壮烈牺牲，年仅37岁。

罗炳辉（1897.12—1946.6）

云南省彝良人。1929 年加入中国共产党。参加了中央苏区历次反“围剿”斗争。1931 年 5 月下旬，任红十二军军长，率部参加了第二次反“围剿”中的广昌战斗；同年 5 月 26 日和 28 日，先后参加了广昌苦竹、沙子岭召开的红一方面军临时总前委第二、第三次会议。第五次反“围剿”期间，任红九军团军团长，率部参加广昌保卫战，先后在百子岭、县城西部指挥作战。1934 年 10 月，参加长征。解放战争时期，任新四军第二副军长兼山东军区第二副司令员，参与指挥枣庄战役。1946 年 6 月 21 日，在山东临沂病逝，年仅 49 岁。

董振堂（1895—1937.1）

河北省新河人。1932 年加入中国共产党。1931 年 12 月，领导宁都起义。第五次反“围剿”期间，任红五军团军团长，率部参加了广昌保卫战，指挥红十三师在大罗山、延福嶂等地与敌激战。1934 年 10 月，参加长征，率部担任全军的后卫。1935 年 6 月，任红五军军长。1937 年 1 月，率部在甘肃高台县城与六七倍于己的敌人浴血苦战，在战斗中壮烈牺牲，年仅 42 岁。

黄公略（1898.1—1931.9）

湖南省湘乡人。1927 年加入中国共产党。1927 年 12 月，参加广州起义。1930 年 8 月红三军成立，任军长。参加了中央苏区第一至第三次反“围剿”斗争。1931 年 5 月下旬，任红三军军长，率部参加了第二次反“围剿”中的广昌战斗。同年 5 月 26 日和 28

日，先后参加了广昌苦竹、沙子岭召开的红一方面军临时总前委第二、第三次会议。1931 年 9 月 15 日，率部在兴国参加方石岭战斗。战后，指挥部队向东转移，途中遭敌机袭击，身中数弹，壮烈牺牲，年仅 33 岁。

蔡会文（1908.11—1936）

湖南省攸县人。1926 年加入中国共产党。1927 年 9 月，参加秋收起义。1930 年 8 月红三军成立，任政治委员。参加了中央苏区第一、第二、第三次反“围剿”斗争。1931 年 5 月下旬，任红三军军长，率部参加了第二次反“围剿”中的广昌战斗。同年 5 月 26 日和 28 日，先后参加了广昌苦竹、沙子岭召开的红一方面军临时总前委第二、第三次会议。中央红军主力长征后，受命留在中央苏区领导游击战争。1936 年初，率部转战途中与国民党军遭遇，身负重伤，不幸被捕遇难，年仅 28 岁。

王 良（1905.8—1932.6）

四川省綦江人。1927 年加入中国共产党。1927 年 9 月，参加秋收起义。1929 年 10 月，任红四军第十师师长，1930 年 12 月 30 日，率部参加了中央苏区第一次反“围剿”斗争，与兄弟部队一起活捉敌前线总指挥张辉瓒。1931 年 1 月，率部进驻广昌头陂和县城开展革命活动。1932 年 3 月，任红四军军长。同年 6 月 13 日，率红四军回师赣南，途经福建武平县大禾圩时遭敌匪袭击，在战斗中壮烈牺牲，年仅 27 岁。毛泽东高度评价王良的一生，称赞“王良是一个好干部”。

邓　萍（1908.1—1935.2）

四川省富顺人。1926 年加入中国共产党。1928 年 7 月，参与组织领导平江起义。参加了中央苏区历次反“围剿”斗争。第五次反“围剿”期间，任红三军团参谋长，率部参加了广昌保卫战，协助彭德怀、杨尚昆指挥高虎脑战役。1934 年 10 月，参加长征。1935 年 2 月，在遵义战役前线指挥作战时英勇牺牲，年仅 27 岁。

刘伯坚（1895.1—1935.3）

四川省平昌人。1922 年加入中国共产党。第五次反“围剿”期间，任红五军团政治部主任，随部参加了广昌保卫战。中央红军主力长征后，受命留在中央苏区领导游击战争。1935 年 3 月，率部队突围时，不幸负伤被捕，壮烈牺牲，年仅 40 岁。

袁国平（1906.5—1941.1）

湖南省邵东人。1925 年加入中国共产党。1927 年 8 月，参加南昌起义，后随起义军南下途经广昌，动员工农群众起来革命。参加了中央苏区历次反“围剿”斗争。第五次反“围剿”期间，任红一方面军政治部副主任兼红三军团政治部主任，率部参加了广昌保卫战和高虎脑战役。其间，撰写了《高虎脑战斗的政治工作》一文，发表于《红星报》。1934 年 10 月，参加长征。1938 年 3 月，任新四军政治部主任。1941 年 1 月，在皖南事变中壮烈牺牲，年仅 35 岁。

朱 瑞（1905—1948.10）

江苏省宿迁人。1928年加入中国共产党。第五次反“围剿”期间，任红一军团政治部主任，随部参加了广昌保卫战，先后在源头、大罗山、长生桥等地与敌血战。1934年10月，参加长征。1946年10月，任东北民主联军和东北军区炮兵司令员，兼炮兵学校校长。1948年10月1日，在辽沈战役攻克义县战斗中壮烈牺牲，时年43岁，是解放战争中我军牺牲的最高将领。

洪 超（1909—1934.10）

湖北省黄梅人。1927年12月，参加广州起义。1928年加入中国共产党。参加了中央苏区历次反“围剿”斗争。第五次反“围剿”期间，任红三军团第四师师长，率部参加了广昌保卫战；在高虎脑战役中，率部在高虎脑、万年亭、蜡烛形、驿前等地与敌血战26天。1934年10月，参加长征，率领红四师作为先头部队，在赣南信丰县新田百石村打响了红军长征的第一仗，不幸被敌人流弹击中，壮烈牺牲，年仅25岁，是中央红军长征路上牺牲的第一位师长。

陈树湘（1905.1—1934.12）

湖南省长沙人。1925年加入中国共产党。1927年9月，参加秋收起义。参加了中央苏区历次反“围剿”斗争。第五次反“围剿”期间，任红五军团第三十四师师长，率部参加了广昌南部的郎君桥、头陂、赤水战斗；在高虎脑战役中，指挥所部在大寨脑、高虎脑、万年亭与敌血战。1934年10月，参加长征，所率红三十四师担任全军总后卫，被后人称为“绝命后卫师”。同年 12 月初，率部参加湘江战役，掩护中央红军主力抢渡湘江，因腹部中弹不幸被俘，毅然绞断肠子壮烈牺牲，年仅 29 岁。2020 年 9 月，习近平总书记在湖南考察工作时，高度评价陈树湘烈士“断肠明志”的事迹“十分感人”，感叹湘江战役“寸土千滴红军血，一步一尊英雄躯”。

程翠林（1907—1934.12）

湖北省阳新人。1927 年加入中国共产党。1927 年 9 月，参加秋收起义。参加了中央苏区历次反“围剿”斗争。第五次反“围剿”期间，任红五军团第三十四师政委，率部参加了广昌南部的郎君桥、头陂、赤水战斗；在高虎脑战役中，指挥所部在大寨脑、高虎脑、万年亭与敌血战。1934 年 10 月，参加长征，率领红三十四师担任全军总后卫，被后人称为“绝命后卫师”。同年 12 月初，率部参加湘江战役，掩护中央红军主力抢渡湘江，不幸被弹片击中，壮烈牺牲，年仅 27 岁。

曾士峨（1904.3—1931.9）

湖南省益阳人。1925 年加入中国共产党。1927 年 9 月，参加秋收起义。参加了中央苏区第一至第三次反“围剿”斗争。1931 年，任红四军第十一师师长，率部进驻广昌县白水（今赤水）、大株、塘坊、驿前，开展革命活动。1931 年 9 月 8 日，在兴国县高兴圩战斗中，不幸中弹，壮烈牺牲，年仅 27 岁。

黄冕昌（1902—1934.11）

广西凤山人。1929 年加入中国共产党。1929 年 12 月，参加百色起义。第五次反“围剿”期间，任红三军团第五师十四团团长，率部参加了广昌保卫战和高虎脑战役。1934 年 10 月，参加长征。同年 11 月下旬，率部参加湘江战役，在掩护中央机关纵队抢渡湘江的战斗中壮烈牺牲，年仅 32 岁。

易荡平（1908—1934.11）

原名汤世积，湖南省浏阳人。1927 年加入中国共产党。参加了中央苏区历次反“围剿”斗争。第五次反“围剿”期间，任红五军团第十三师三十九团政治委员，率部参加了广昌保卫战和广昌南部的头陂、赤水战斗；在高虎脑战役中，率部在宝峰山、驿前与敌激战。1934 年 10 月，任红一军团第二师五团政治委员，率部参加长征。同年 11 月 30 日，在湘江战役中壮烈牺牲，年仅 26 岁。

刘振亚（1911—1935.3）

山东省临清人。1928 年加入中国共产党。1931 年 12 月，领导宁都起义。参加了中央苏区第三至第五次反“围剿”斗争。第五次反“围剿”期间，任红五军团第十三师三十九团团长、广昌前线警备区司令，率部参加了广昌保卫战，广昌南部的头陂、赤水战斗和高虎脑战役中的宝峰山、驿前战斗。1934 年 10 月，参加长征。1935 年 3 月，因积劳成疾，病逝于贵州都匀，年仅 24 岁。

李棠萼（1907—1935.8）

重庆市九龙坡人。1927 年加入中国共产党。1927 年 12 月，参加广州起义。参加了中央苏区历次反“围剿”斗争。第五次反“围剿”期间，任红一军团第二师参谋长，率部参加了广昌保卫战，先后在源头、大罗山、长生桥与敌血战。1934 年 10 月，参加长征。1935 年 8 月，率部经过四川松潘毛儿盖草地时，遭遇敌人袭击，不幸中弹牺牲，年仅 28 岁。

黄开湘（1901—1935.11）

江西省弋阳人。1926 年加入中国共产党。苏区时期，因常用一把斧头和敌人肉搏，勇猛无比，被周恩来、朱德称为“斧头将军”。第五次反“围剿”期间，任红一军团第一师政治委员，率部参加了广昌保卫战，指挥所部在源头、大罗山、长生桥等地与敌血战。1934 年 10 月，参加长征。在长征途中，任红一军团第二师四团团长，所指挥的飞夺泸定桥、奇袭腊子口等战斗，成为长征中的经典战例。1935 年 11 月，因长期劳累，身染重病而逝世，年仅 34 岁。

余泽鸿（1903.2—1935.12）

四川省长宁人。1925 年加入中国共产党。1932 年 8 月，进入中央苏区，先在瑞金协助邓小平工作，后调任中共宁都中心县委书记、中共南（丰）广（昌）中心县委书记。1934 年 10 月，参加长征。1935 年 2 月，奉命创建川滇黔边区革命根据地。1935 年 12 月 15 日，率领川南游击纵队一部突围转移未果，最后壮烈牺牲，年仅 32 岁。

袁良惠（1907—1935.12）

又名袁良慧，河南省济源人。1932 年加入中国共产党。参加了中央苏区第四、第五次反“围剿”斗争。第五次反“围剿”期间，任红九军团第十四师参谋长，率部参加了广昌保卫战。1934年10月，参加长征。同年12月初，率部参加湘江战役，在掩护中央红军主力抢渡湘江的战斗中壮烈牺牲，年仅28岁。

黎　林（1907—1937）

湖南省平江人。1930年加入中国共产党。1931年12月，参加宁都起义。第五次反“围剿”期间，任红一军团第一师一团政治委员，率部参加了广昌保卫战，先后在源头、大罗山、长生桥等地与敌激战。1934年10月，参加长征。1937年，积劳成疾，病故于延安，年仅30岁。

符竹庭（1912—1943.11）

江西省广昌县头陂人。1928年加入中国共产党。参加了中央苏区历次反“围剿”战斗。第五次反“围剿”期间，任红一军团第一师一团政治委员，率部参加了广昌保卫战，先后在源头、大罗山、长生桥等地与敌激战。1934年10月，参加长征。抗日战争时期，任八路军一一五师六八六团政治处主任，率部参加了平型关战役。1940年冬，任一一五师教导二旅政治委员兼中共鲁南区委书记。1943年1月，指挥郯城战斗是运用“翻边”战术的范例。3月，兼中共滨海区委书记、滨海军区政委。11月26日，率部在赣榆县黑林乡马旦头村反击日军偷袭军区机关时，不幸身负重伤，经抢救无效，壮烈牺牲，年仅31岁。罗荣桓评价他是“军事上政治上都比较强，很有能力的优秀干部”。

曹德清（1909—1935.2）

湖南省益阳人。1928 年加入中国共产党。1928 年 7 月，参加平江起义。参加了中央苏区历次反“围剿”斗争。第五次反“围剿”期间，任红三军团第六师师长，率部参加了广昌保卫战。1934 年 10 月，参加长征。1935 年 2 月 7 日，在云南扎西病逝，年仅 26 岁。

徐　策（1902.4—1935.7）

湖北省大冶人。1926 年加入中国共产党。参加了中央苏区历次反“围剿”斗争。第五次反“围剿”期间，任红三军团第六师政治委员，率部参加了广昌保卫战。1934 年 10 月，参加长征。1935 年 7 月 13 日凌晨，率川南游击纵队在云南扎西北面的长官司与国民党军展开激战，被敌军乱刀砍杀，壮烈牺牲，年仅 33 岁。

罗华明（1915—1943.5）

江西省吉水人。1930 年加入中国共产党。参加了中央苏区历次反“围剿”斗争。第五次反“围剿”期间，任红五军团第十三师政治委员，率部参加了广昌保卫战，广昌南部的头陂、赤水战斗和高虎脑战役中的宝峰山、驿前战斗。1934 年 10 月，参加长征。抗日战争时期，先后任晋察冀军区教导团政委，第四军分区教导团团长。1943 年 5 月 1 日，在行唐县反“扫荡”战斗中壮烈牺牲，年仅 28 岁。

李苗保（？—1934.9）

江西省吉水人。1930 年加入中国共产党。参加了中央苏区历次反“围剿”斗争。第五次反“围剿”期间，任红一军团第一师二团团长，率部参加了广昌保卫战，先后在源头、大罗山、长生桥等地与敌激战。1934年9月上旬，在第二次温坊战斗中，壮烈牺牲。

胡　震（1901—1934.11）

湖南省宁乡人。1927年12月，参加广州起义。1931年加入中国共产党。参加了中央苏区历次反“围剿”斗争。第五次反“围剿”期间，任红三军团第四师参谋长，率部参加了广昌保卫战和高虎脑战役。1934年10月，参加长征，任红三军团第五师参谋长。同年11月下旬，率部参加湘江战役，在掩护中央机关抢渡湘江的战斗中壮烈牺牲，年仅33岁。

杜中美（1899—1934.11）

原名杜宗美，陕西省兴平人。1928年加入中国共产党。1929年12月，参加大冶起义。参加了中央苏区历次反“围剿”斗争。第五次反“围剿”期间，任红三军团第四师参谋长，率部参加了广昌保卫战和高虎脑战役。1934年10月，参加长征。同年11月下旬，率部参加湘江战役，在掩护中央纵队、红九军团抢渡湘江的战斗中壮烈牺牲，年仅35岁。

沈述清（1908—1934.11）

湖南省益阳人。1928年7月，参加平江起义。第五次反“围剿”期间，任红三军团第四师十团团长，率部参加了广昌保卫战；在高虎脑战役中，指挥所部在高虎脑、万年亭、蜡烛形、驿前阻敌26天。1934年10月，参加长征。同年11月下旬，率部参加湘江战役，在掩护中央红军主力抢渡湘江中不幸被流弹击中，壮烈牺牲，年仅26岁。

梅　林（？—1934.11）

四川人。1932年加入中国共产党。第五次反“围剿”期间，任红五军团第十三师三十七团团长，率部参加了广昌保卫战，广昌南部的头陂、赤水战斗和高虎脑战役中的宝峰山、驿前战斗。1934年10月，参加长征，率部担任后卫任务。同年11月下旬，率部参加湘江战役，在掩护中央红军主力抢渡湘江的战斗中壮烈牺牲。

吕官印（？—1934.11）

又名吕观音、吕冠英，籍贯不详。第五次反“围剿”期间，任红五军团第三十四师一〇二团团长，率部参加了广昌南部的郎君桥、头陂、赤水战斗和高虎脑战役中的大寨脑、高虎脑、万年亭战斗。1934年10月，参加长征，随红三十四师担任全军总后卫。同年11月下旬，率部参加湘江战役，在掩护中央红军主力抢渡湘江的战斗中壮烈牺牲。

彭文光（？—1934.11）

籍贯不详。第五次反“围剿”期间，任红一军团第二师管理科长，随部参加了广昌保卫战。1934年10月，参加长征。同年11月下旬，参加湘江战役，在战斗中壮烈牺牲。

蔡　中（1906.3—1934.12）

又名蔡忠、蔡钟，湖南省攸县人。1926年加入中国共产党。

参加了中央苏区历次反“围剿”斗争。第五次反“围剿”期间，任红五军团第三十四师政治部主任兼一〇二团政治委员，率部参加了广昌南部的郎君桥、头陂、赤水战斗。在高虎脑战役中，率部在大寨脑、高虎脑、万年亭与敌激战。1934 年 10 月，参加长征。同年 12 月初，率部参加湘江战役，在掩护中央红军主力抢渡湘江的战斗中壮烈牺牲，年仅 28 岁。

王光道（？—1934.12）

籍贯不详。第五次反“围剿”期间，任红五军团第三十四师司令部科长，率部参加了广昌南部的郎君桥、头陂、赤水战斗。在高虎脑战役中，率部在大寨脑、高虎脑、万年亭与敌激战。1934 年 10 月，参加长征。同年 12 月初，任红三十四师参谋长，率部参加湘江战役，在掩护中央红军主力抢渡湘江的战斗中英勇牺牲。

苏达清（1911—1934.12）

福建省永定人。1930 年加入中国共产党。1928 年 6 月，参加永定农民暴动。参加了中央苏区历次反“围剿”斗争。第五次反“围剿”期间，任红五军团第三十四师一〇一团团长，率部参加了广昌南部的郎君桥、头陂、赤水战斗。在高虎脑战役中，率部在大寨脑、高虎脑、万年亭与敌激战。1934 年 10 月，参加长征，随红三十四师担任全军总后卫。同年 11 月下旬，率部参加湘江战役，在掩护中央红军主力抢渡湘江的战斗中壮烈牺牲，年仅 23 岁。

彭竹峰（？—1934.12）

湖北省枣阳人。1927 年加入中国共产党。参加了中央苏区历次反“围剿”斗争。第五次反“围剿”期间，任红五军团第三十四师一〇一团政治委员，率部参加了广昌南部的郎君桥、头陂、赤水战斗。在高虎脑战役中，率部在大寨脑、高虎脑、万年亭与敌激战。1934 年 10 月，率部参加长征，随红三十四师担任全军总后卫。同年 12 月初，率部参加湘江战役，在掩护中央红军主力抢渡湘江的战斗中壮烈牺牲。

黄　珍（？—1935.10）

曾用名王珍，湖北阳新人。1928 年加入中国共产党。第五次反“围剿”期间，任红三军团第五师十三团团长，参加了广昌保卫战；在高虎脑战役中，率部在高虎脑、万年亭、宝峰山、驿前等地与敌血战。1934 年 10 月，参加长征。1935 年 7 月，任红三军第十团团长。同年 9 月，任红军陕甘支队第二纵队十大队大队长。10 月 21 日，率部参加吴起镇战斗，在激战中英勇牺牲。

云宗连（1903—1935.5）

河南省鹿邑人。1931 加入中国共产党。1931 年 12 月，参加宁都起义。参加了中央苏区第四、五次反“围剿”斗争。因作战勇敢，战功卓著，被授予“三等红星勋章”。第五次反“围剿”期间，任红五军团第十三师三十七团参谋长，率部参加了广昌保卫战，广昌南部的头陂、赤水战斗。在高虎脑战役中，率部在宝峰山、驿前阻击敌人。1934 年 10 月，参加长征，率部担任后卫任务。1935 年 5 月，在飞夺泸定桥的战斗中壮烈牺牲，年仅 32 岁。

林龙发（1914—1936.5）

福建省上杭人。1929 年加入中国共产党。参加了中央苏区历次反“围剿”斗争。第五次反“围剿”期间，任红一军团第一师三团政治委员，率部参加了广昌保卫战，在源头、大罗山、长生桥等地与敌激战。1934 年 10 月，参加长征。到达陕北后，任红一军团第二师五团政治委员，率部参加了直罗镇、东征战役。1936 年 5 月 2 日，由山西渡黄河时壮烈牺牲，年仅 22 岁。

曾春鉴（1902—1937.1）

湖南省湘乡人。1929 年加入中国共产党。1928 年 7 月，参加平江起义。参加了中央苏区历次反“围剿”斗争。第五次反“围剿”期间，任红三军团第六师十八团团长，率部参加了广昌保卫战。1934 年 10 月，参加长征。1935 年初，与红六师政治委员徐策奉命创建川滇黔边区革命根据地，曾任川滇黔边红军游击纵队参谋长。1937 年 1 月，在云南威信扎西与敌作战中壮烈牺牲，年仅 35 岁。

参考资料

中共广昌县委党史工作办公室编著:《中国共产党广昌历史》，中共党史出版社 2014 年版。

三、长征前夕在广昌牺牲的部分广昌籍英烈

在血与火的残酷斗争岁月里，参加红军的广昌儿女，大部分在中央苏区历次反“围剿”斗争和长征途中牺牲，仅在第五次反

“围剿”的广昌保卫战和高虎脑战役中牺牲的广昌籍红军、地方武装人员和干部群众就有2200余人。

（一）在广昌保卫战中牺牲的部分广昌籍英烈

陈继光　27岁，盱江镇白田村人，1933年任乡苏政府主席。

陈三伩　20岁，盱江镇洽港村人，1931年参加红军。

陈毛伩　30岁，盱江镇洽港村人，1933年参加红军。

张万安　20岁，盱江镇洽港村人，1930年参加革命，南广游击队战士。

张元芳　22岁，盱江镇磜头村人，中共党员。1931年参加革命，任县苏政府干部。

周青钟　19岁，盱江镇苦竹村人，1932年参加游击队。

饶绍庭　31岁，盱江镇大陵村人，1931年参加革命，任乡苏政府主席。

聂酱油　28岁，盱江镇大陵村人，任赤卫队排长。

曾三春　21岁，盱江镇尧山村人，1933年参加红军。

李福背　30岁，盱江镇新安村人，1932年参加红军。

易光裕　28岁，盱江镇彭田村人，1932年参加红军。

黄老七　25岁，盱江镇新安村人，1933年参加红军。

黄结明　23岁，盱江镇下坪村人，任乡苏政府干部。

揭宝文　24岁，盱江镇立新村人，1932年参加革命，任担架队长。

王仕春　18岁，盱江镇文会村人，模范营战士。

王炳源　42岁，盱江镇青寿村人，任区苏政府财政部部长。

邓菊生　又名邓竹生，19岁，盱江北门村人。红军战士。

刘能享　20岁，盱江镇文会村人，任乡苏政府主席。

李三科　24岁，盱江镇小港村人，红军战士。

李万仗　27岁，盱江镇青桐村人，任区苏政府干部。

李训享　又名李能享，25岁，盱江镇小港村人，区乡苏政府干部。

李春仔　24岁，盱江镇下兰村人，红军战士。

李梓金　25岁，盱江镇北门村人，红军战士。

李绍刚　31岁，广昌县城人，中共党员，1927年参加革命，任秘密突击队长。

吴木生　20岁，盱江镇文会村人，1932年参加红军。

吴众生　20岁，盱江镇文会村人，红军战士。

吴出细　22岁，盱江镇文会村人，模范营战士。

何贤良　21岁，盱江镇北门村人，1932年参加红军。

余龙仗　24岁，盱江镇小港村人，1931年参加革命，任乡苏政府干部。

陈普生　又名陈普佬，20岁，盱江镇大塘村人，红军战士。

陈续先　27岁，盱江镇白田村人，1933年任乡苏政府主席。

陈志德　又名陈老德。26岁，盱江镇白田村人，1932年参加红军。

张用生　25岁，盱江镇北门村人，1933年任乡苏政府干部。

张细桃芳　26岁，盱江镇青桐村人，1933年参加红军。

武矮仔　26岁，盱江镇青桐村人，中共党员，任区苏政府干部。

周华生　32岁，广昌县城人，1932年参加红军任连长。

易新春　18岁，盱江镇北门人，红军战士。

易光裕　25岁，盱江镇青寿村人，1932年参加红军。

胡天财　22岁，盱江镇白田村人，任乡苏政府干部。

饶水伩　20岁，盱江镇赤岸村人，1933年参加游击队。

饶贤仪　21岁，盱江镇赤岸村人，1932年参加红军。

饶孟东　33岁，广昌县城人，1933年任农会代表。

高龙生　19岁，盱江镇文会村人，1933年参加红军。

高昌凡　又名高长凡。27岁，盱江镇小港村人，1934年参加红军。

高陈老　27岁，盱江镇北门村人，1934年参加红军。

夏呈生　18岁，盱江镇文会村人，任乡苏政府干部。

黄木生　21岁，盱江镇北门人，任红军连长。

黄美烦　19岁，盱江镇青寿村人，红军战士。

崔达儒　18岁，盱江镇人，任乡苏政府干部。

谢细伩仔　25岁，盱江镇下兰村人，1931参加红军。

谢毛依　21岁，盱江镇清水村人，红军战士。

谢毛伩仔　21岁，盱江镇清水村人，红军战士。

谢魁伩　21岁，盱江镇青桐村人，任区苏政府财政部部长。

谢祖程　35岁，盱江镇下兰村人，1933年参加红军。

曾福生　19岁，盱江镇顺化村人，任游击队长。

游希贤　23岁，盱江镇青寿村人，1932年参加红军。

揭宗榜　24岁，盱江镇文会村人，1932年参游击队，任游击队长。

董来生　21岁，盱江镇赤岸村人，1932年参加革命，任乡苏政府主席。

蔡和尚　23岁，盱江镇赤岸村人，1932年参加红军。

魏其南　25岁，盱江镇青桐村人，中共党员，1934年任区委书记。

黎春仔　29 岁，甘竹镇洙溪村人，1931 年参加红军。

魏用年　26 岁，甘竹镇洙溪村人，1930 年参加革命，任乡苏政府代表。

谢洪年　30 岁，千善乡盖竹村人，1930 年参加革命，任区苏政府裁判部长。

余润保　19 岁，尖峰乡东山村人，红军战士。

余求宝　20 岁，尖峰乡东山村人，红军独立师战士。

邱南丰　29 岁，尖峰乡沙背村人，红军战士。

邱观音伖　27 岁，尖峰乡沙背村人，红军战士。

廖炳生　40 岁，尖峰乡黄坊村人，游击队战士。

廖香宝　34 岁，尖峰乡黄坊村人，红军战士。

廖米米新　31 岁，尖峰乡双湖村人，任红军班长。

廖炳荣　25 岁，尖峰乡黄坊村人，1930 年参加红军。

王友余　32 岁，赤水镇大禾村人，中共党员，任乡苏政府主席。

甘水生　35 岁，赤水镇章甫村人，任乡苏政府代表。

曹伟高　40 岁，赤水镇古源村人，任乡苏政府干部。

谢兴来　40 岁，赤水镇回辛村人，任乡苏政府干部。

谢传炉　19 岁，赤水镇街上人，1934 年参加红军。

曾兆周　25 岁，赤水镇沈坊村人，1932 年参加红军。

廖巴仔　32 岁，赤水镇章甫村人，1931 年参加红军。

叶星财　24 岁，头陂龙虎村人，1932 年参加红军。

李林瑞　25 岁，头陂镇头陂村人，1933 年参加红军。

李贤伖　19 岁，头陂镇头陂村人，任头陂区苏政府土地部长。

吴祖伟　21 岁，头陂镇龙虎村人，1931 参加红军。

吴文享　23 岁，头陂镇龙虎村人，1931 年参加红军。

吴润其　24 岁，头陂镇龙港村人，1932 年参加红军。

胡德木　23 岁，头陂镇锡坊村人，1932 年参加红军。

唐门斗　21 岁，头陂镇龙港村人，1932 年参加红军。

符国保　30 岁，头陂镇头陂村人，1933 年任大维乡（今头陂村）苏政府干部。

符景徐　又名符景余，26 岁，头陂龙港村人，1933 年参加红军。

符维庆　18 岁，头陂镇锡坊村人，1932 年参加红军。

曾启祥　24 岁，头陂镇锡坊村人，红军战士。

曾小符仔　20 岁，头陂镇头陂村人，1933 年参加红军。

揭金禄　39 岁，头陂镇锡坊村人，1934 年参加红军。

廖训玉　29 岁，头陂镇头陂村人，1932 年任乡苏政府文书。

詹接宗　32 岁，头陂镇塘背村人，1933 年参加红军，任担架员。

（二）在高虎脑战役中牺牲的部分广昌籍英烈

张水秀　1914 年生，女，杨溪乡人，红军战士，在中舍排战斗中牺牲。

黄沙佬仔　1914 年生，盱江镇人，少共国际师战士，在大寨脑战斗中牺牲。

曾木兴　1911 年生，头陂镇人，红军战士，在大寨脑战斗中牺牲。

谢红标　1911 年生，头陂镇人，红军战士，在大寨脑战斗中牺牲。

黄晃昌　1910 年生，盱江镇人，红军战士，在高虎脑战斗中牺牲。

魏秋生　1909年生，盱江镇人，红军战士，在高虎脑战斗中牺牲。

徐之光　1912年生，盱江镇人，红军战士，在高虎脑战斗中牺牲。

吴玉佩　1904年生，盱江镇人，红军战士，在高虎脑战斗中牺牲。

张传圣　1911年生，盱江镇人，模范营战士，在高虎脑战斗中牺牲。

王喜生　1912年生，盱江镇人，模范营战士，在高虎脑战斗中牺牲。

王恒昇　1911年生，盱江镇人，模范营战士，在高虎脑战斗中牺牲。

杨临生　1913年生，盱江镇人，模范营战士，在高虎脑战斗中牺牲。

杨传文　1911年生，盱江镇人，模范营战士，在高虎脑战斗中牺牲。

李金标　1909年生，盱江镇人，模范营战士，在高虎脑战斗中牺牲。

李抚州　1902年生，盱江镇人，模范营战士，在高虎脑战斗中牺牲。

陈必荣　1900年生，盱江镇人，模范营战士，在高虎脑战斗中牺牲。

杨朝柱　1912年生，盱江镇人，游击队战士，在高虎脑战斗中牺牲。

揭众家　1907年生，盱江镇人，红军战士，在高虎脑战斗中牺牲。

游昌发　1898 年生，盱江镇人，任区委宣传部部长，在高虎脑战斗中牺牲。

何贵生　1915 年生，盱江镇人，模范营战士，在高虎脑战斗中牺牲。

揭广林　1912 年生，盱江镇人，红军战士，在高虎脑战斗中牺牲。

徐轩富　1900 年生，盱江镇人，模范营战士，在高虎脑战斗中牺牲。

徐德凤　1915 年生，盱江镇人，红军战士，在高虎脑战斗中牺牲。

李作林　1906 年生，盱江镇人，模范营战士，在高虎脑战斗中牺牲。

李云宗　1911 年生，盱江镇人，模范营战士，在高虎脑战斗中牺牲。

谢长生　1914 年生，头陂镇人，红军战士，在高虎脑战斗中牺牲。

曾著贵　1909 年生，头陂镇人，红军战士，在高虎脑战斗中牺牲。

刘芳云　1911 年生，塘坊镇人，模范营战士，在高虎脑战斗中牺牲。

刘道通　1909 年生，塘坊镇人，模范营战士，在高虎脑战斗中牺牲。

刘道旺　1909 年生，塘坊镇人，模范营战士，在高虎脑战斗中牺牲。

刘正宽　1909年生，塘坊镇人，模范营战士，在高虎脑战斗中牺牲。

黄贤宾　1910年生，塘坊镇人，模范营战士，在高虎脑战斗中牺牲。

易小老仔　1909年生，塘坊镇人，模范营战士，在高虎脑战斗中牺牲。

易喜珠　1909年生，塘坊镇人，模范营战士，在高虎脑战斗中牺牲。

鄢家模　1902年生，塘坊镇人，模范营战士，在高虎脑战斗中牺牲。

刘俊文　1903年生，塘坊镇人，运输队战士，在高虎脑战斗中牺牲。

骆三禾尚　1912年生，塘坊镇人，赤卫队战士，在高虎脑战斗中牺牲。

张仁洪　1909年生，塘坊镇人，模范营战士，在高虎脑战斗中牺牲。

陈庆发　1908年生，塘坊镇人，游击队战士，在高虎脑战斗中牺牲。

黄大王　1910年生，塘坊镇人，模范营战士，在高虎脑战斗中牺牲。

张连标　1913年生，塘坊镇人，模范营战士，在高虎脑战斗中牺牲。

唐长金保　1916年生，塘坊镇人，模范营战士，在高虎脑战斗中牺牲。

唐流郎仔　1912年生，塘坊镇人，赤卫队战士，在高虎脑战斗中牺牲。

唐达吉　1906年生，杨溪乡人，游击队战士，在高虎脑战斗中牺牲。

王友凤　1914年生，杨溪乡人，红军战士，在高虎脑战斗中牺牲。

黄下陌仔　1914年生，杨溪乡人，游击队战士，在高虎脑战斗中牺牲。

吴和熙　1904年生，驿前镇人，红军战士，在高虎脑战斗中牺牲。

邱德厚　1909年生，驿前镇人，红军战士，在高虎脑战斗中牺牲。

曾竹生　1907年生，甘竹镇人，红军战士，在高虎脑战斗中牺牲。

吴仁喜　1898年生，赤水镇人，任上坪乡苏政府干部，在中寺战斗中牺牲。

吴仁兴　1899年生，赤水镇人，任赤水区苏政府工农检察部部长，在中寺战斗中牺牲。

陈金保　1918年生，盱江镇人，少先队，在驿前为红军送信途中牺牲。

程立升　1910年生，盱江镇人，任模范营排长，在驿前战斗中牺牲。

张良标　1909年生，盱江镇人，模范营战士，在驿前战斗中牺牲。

游纯义　1911年生，头陂镇人，红军战士，在驿前战斗中牺牲。

谢允森　1912年生，盱江镇人，任城市区苏政府财政部部长，在驿前战斗中牺牲。

黄财喜　1909年生，盱江镇人，少共国际师战士，在驿前战斗中牺牲。

黄中秋　1911年生，盱江镇人，少共国际师战士，在大寨脑战斗中失踪。

谢宝发　1909年生，头陂镇人，任红军连长，在驿前战斗中牺牲。

符流浪仔　1907年生，头陂镇人，红军战士，在驿前战斗中牺牲。

曾苏仔　1906年生，头陂镇人，红军战士，在驿前战斗中牺牲。

曾仁汤　1911年生，头陂镇人，红军战士，在驿前战斗中牺牲。

彭圣才　1912年生，头陂镇人，任罗田乡苏政府主席，在驿前战斗中牺牲。

廖美顶　1902年生，头陂镇人，红军战士，在驿前战斗中牺牲。

胡扁仔　1909年生，头陂镇人，红军战士，在驿前战斗中牺牲。

李连福　1911年生，头陂镇人，红军战士，在驿前战斗中牺牲。

陈玖珍　1906年生，头陂镇人，红军战士，在驿前战斗中牺牲。

谢宝生　1911年生，头陂镇人，红军战士，在驿前战斗中牺牲。

温福喜　1904年生，尖峰乡人，红军战士，在高虎脑战斗中牺牲。

曾细叔仔　1910年生，头陂镇人，红军战士，在驿前战斗中牺牲。

彭圣仟　1912年生，头陂镇人，红军干部，在驿前战斗中牺牲。

陈祖光　1912年生，头陂镇人，红军战士，在驿前战斗中牺牲。

符利害仔　1914 年生，头陂镇人，红军战士，在驿前战斗中牺牲。

姚今生　1907 年生，杨溪乡人，任游击队排长，在驿前战斗中牺牲。

黄祖生　1903 年生，杨溪乡人，任杨溪区苏政府秘书，在驿前战斗中牺牲。

赖头陂仔　1909 年生，驿前镇人，游击队战士，在驿前战斗中牺牲。

吴福建　1903 年生，长桥乡人，任长桥乡苏政府干部，在驿前战斗中牺牲。

廖世金　1902 年生，赤水镇人，任乡苏政府代表，在驿前战斗中牺牲。

吴仁保　1902 年生，赤水镇人，任乡苏政府干部，在驿前战斗中牺牲。

姚带金伇　1910 年生，赤水镇人，任赤水街道妇女主任，在驿前战斗中牺牲。

吴回春　1903 年生，赤水镇人，红军战士，在驿前战斗中牺牲。

杨兴发　1910 年生，头陂镇人，红军战士，在高虎脑战斗中牺牲。

吴偷吕　1911 年生，头陂镇人，任游击队班长，在高虎脑战斗中牺牲。

王恒升　1911 年生，盱江镇人，模范营战士，在高虎脑战斗中牺牲。

揭传文　1911 年生，盱江镇人，模范营战士，在高虎脑战斗中牺牲。

曾米兴　1912 年生，头陂镇人，红军战士，在大寨脑战斗中牺牲。

张仕洪　1910 年生，塘坊镇人，模范营战士，在高虎脑战斗中牺牲。

参考资料

1. 江西省民政厅编著:《江西省革命烈士英名录》，1982 年。

2. 中共广昌县委党史工作办公室、广昌县民政局编:《广昌英烈》，1987 年。

四、在广昌浴血奋战过的部分革命先辈

（一）开国元勋 18 名

毛泽东（1893.12—1976.9）

湖南省湘潭人。中国共产党、中国人民解放军和中华人民共和国主要缔造者。1927 年 9 月，领导秋收起义。领导创建中央革命根据地，指挥中央苏区进行第一、第二、第三次反“围剿”斗争，取得伟大胜利。1929 年至 1932 年，先后五次到广昌进行伟大革命实践。1931 年 1 月下旬，率红四军直下吉安，途经广昌境内，正值大雪纷飞，触景生情吟成了气壮山河的光辉词章《减字木兰花·广昌路上》。第二次反“围剿”期间，在广昌乌石岗亲自指挥广昌战斗，取得广昌大捷。1931 年 5 月 26 日和 28 日，先后在广昌苦竹、沙子岭主持召开红一方面军临时总前委第二、第三次会议。

中华人民共和国成立后，历任中共中央主席、中华人民共和国主席、中央军委主席等职。

周恩来（1898.3—1976.1）

江苏省淮安人。中国人民解放军主要创建人之一，1927年7月，任中共前敌委员会书记，领导南昌起义，后率起义军南下途经广昌，组织召开群众大会，宣传革命道理，号召工农群众起来革命。1931年12月，离开上海前往中央苏区，领导中央苏区革命斗争。

中华人民共和国成立后，历任中共中央副主席、中华人民共和国总理、中央军委副主席等职。

杨尚昆（1907.7—1998.9）

重庆市潼南人。1926年加入中国共产党。1933年1月，到达中央苏区，参加苏区革命斗争。第五次反“围剿”期间，任红三军团政治委员，率部参加了广昌保卫战，战后参加了在头陂下关冯家祠召开的中革军委会议。1934年7月下旬至8月底，协同彭德怀指挥高虎脑战役，率部阻击国民党军南进，取得战役胜利。1934年10月，参加长征。

中华人民共和国成立后，历任中共中央办公厅主任、中央军委副主席兼秘书长、全国人大常委会副委员长兼秘书长、中央政治局委员、中华人民共和国主席等职。1986年，为广昌高虎脑红军烈士纪念碑题写碑名。

谭震林（1902.4—1983.9）

湖南省攸县人。1926年加入中国共产党。参加了中央苏区历次反“围剿”斗争。第二次反“围剿”期间，任红一方面军总前委成员，参加了广昌战斗。1931 年 5 月 26 日和 28 日，先后参加了在广昌苦竹、沙子岭召开的红一方面军临时总前委第二、第三次会议。第五次反“围剿”期间，任国家保卫局红军工作部部长，随部参加了广昌保卫战。中央主力红军长征后，在苏区中央分局的统一领导下，在闽西地区坚持游击战争。

中华人民共和国成立后，历任中央书记处书记、中央政治局委员、国务院副总理、全国人大常委会副委员长等职。

李井泉（1909.11—1989.4）

江西省临川人。1930 年转为中国共产党党员。1927 年 8 月，随南昌起义军南下途经广昌，宣传革命道理，动员工农群众参加革命。参加了中央苏区历次反“围剿”斗争。第五次反“围剿”期间，任红三军团第四师政治部主任，随部参加了广昌保卫战和高虎脑战役。1934 年 10 月，参加长征。

中华人民共和国成立后，历任中共四川省委第一书记、中央政治局委员、全国人大常委会副委员长等职。

曾　山（1899.11—1972.4）

原名曾如柏，江西省吉安人。1926 年加入中国共产党。1927 年 8 月，参加南昌起义，后随起义军南下途经广昌，宣传革命道理，号召工农群众参加革命。参加了中央苏区第一至第三次反“围剿”斗争。1933 年，任江西省苏维埃政府主席。同年 11 月 25—29 日，参加广昌县第二次工农兵代表大会并作指示，指导广昌军民开展革命斗争。中央红军主力长征后，率领江西省党政军机关坚持游击战争。

中华人民共和国成立后，历任政务院政务委员兼纺织工业部部长、国务院商业部部长、中共中央交通工作部部长、国务院内务部部长等职。

伍修权（1908.3—1997.11）

湖北省武汉人。1931年转为中国共产党党员。参加了中央苏区第三至第五次反“围剿”斗争。第五次反“围剿”期间，任共产国际派驻中共中央军事顾问李德的翻译，随部参加了广昌保卫战。1934年10月，参加长征。

中华人民共和国成立后，历任外交部副部长、中国人民解放军副总参谋长、全国政协副主席等职。

耿　飚（1909.8—2000.6）

湖南省醴陵人。1928年转入中国共产党。参加了中央苏区历次反“围剿”斗争。第二次反“围剿”期间，率部参加了广昌战斗。第五次反“围剿”期间，任红一军团第二师四团团长，率部参加了广昌保卫战。1934年10月，参加长征。

中华人民共和国成立后，历任国务院副总理，中央军委常委、秘书长，国务委员兼国防部长，全国人大常委会副委员长等职。

李立三（1899.11—1967.6）

原名李隆郅，湖南省醴陵人。中国共产党早期领导人，1927年7月，任中共前敌委员会委员，是南昌起义领导人之一，后率起义军南下途经广昌，组织参加群众大会，宣传革命道理，号召工农群众起来革命。

中华人民共和国成立后，历任中共中央工委书记、中华全国总工会副主席、中央书记处第三办公室副主任、中央工业交通工作部副部长和工业工作部副部长、华北局书记处书记等职。

黄火青（1901.5—1999.11）

湖北省枣阳人。1926 年转为中国共产党党员。第五次反“围剿”期间，任红九军团政治部主任，率部参加了广昌保卫战。1934 年 10 月，率部参加长征。

中华人民共和国成立后，历任中共天津市委第一书记、最高人民检察院检察长党组书记等职。

李卓然（1899.10—1989.11）

湖南省湘乡人。1922 年加入中国共产党。参加了第二至五次反“围剿”斗争。第五次反“围剿”期间，任红一军团政治部主任，随部参加了广昌保卫战。1934 年 10 月，参加长征。

中华人民共和国成立后，历任马列学院院长、中共中央宣传部部长等职。

冯文彬（1910—1997.10）

浙江省诸暨人。1928 年加入中国共产党。参加了中央苏区第一、第五次反“围剿”斗争。第五次反“围剿”期间，任红十五师政治部主任，随部参加了高虎脑战役中的大寨脑、驿前战斗。1934 年 10 月，参加长征。

中华人民共和国成立后，历任中共中央办公厅第一副主任、中央直属机关党委第一书记等职。

叶季壮（1893.11—1967.6）

原名叶毓年，广东省新兴人。1925 年加入中国共产党。1927 年 12 月，参加广州起义。参加了中央苏区历次反“围剿”斗争。1933 年起，先后任广昌警备区政治委员、广昌后勤基地政治委员、头陂基地司令员、红九军团第十四师政治委员兼广昌警备区政治委员和广昌头陂后勤基地司令员。第五次反“围剿”期间，率部参加了广昌保卫战。1934 年 10 月，参加长征。1945 年 9 月，被中共中央军事委员会授予中将军衔，成为红军最早获得军衔的将领之一。

中华人民共和国成立后，历任中央人民政府贸易部部长、对外贸易部部长，国务院财贸办公室副主任等职。

蔡树藩（1899.10—1958.10）

湖北省汉阳人。1925 年转为中国共产党党员。参加了中央苏区第四、第五次反“围剿”斗争。第五次反“围剿”期间，任红九军团政治委员兼第三师师长，率部参加了广昌保卫战。1934 年 10 月，率部参加长征。

中华人民共和国成立后，历任国家体育运动委员会副主任、中央国防体育俱乐部主任等职。

陈　光（1905.2—1954.6）

湖南省宜章人。1927 年加入中国共产党。1928 年 1 月，参加了湘南起义。第五次反“围剿”期间，任红一军团第二师师长，率部参加了广昌保卫战。1934 年 10 月，率部参加长征。

中华人民共和国成立后，曾任广东军区副司令员兼广州警备区司令员。

李干辉（1905—1974.3）

原名李清，广东省惠州人。1925年加入中国共产党。1927年12月，参加了广州起义。参加了中央苏区第三至第五次反“围剿”斗争。第五次反“围剿”期间，任红二十三师政治委员，率部参加了广昌保卫战。1934年10月，参加长征。

中华人民共和国成立后，历任中共中央华东局监察委员会副主任、中共上海市委组织部副部长等职。

谢滋群（1916.8—2007.1）

江西省兴国人。1930年加入中国共产党。参加了中央苏区历次反“围剿”斗争。第五次反“围剿”期间，任广昌警备区保卫局局长，率部参加了广昌保卫战。1934年10月，率部参加长征。

中华人民共和国成立后，历任武汉市委书记、市人大常委会主任等职。

蔡书彬（1894.8—1964.3）

湖北省汉阳人。1925年加入中国共产党。参加了中央苏区第四、第五次反“围剿”斗争。第五次反“围剿”期间，任红九军团第三师政治委员，率部参加了广昌保卫战。1934年10月，参加长征。

中华人民共和国成立后，历任电业工会全国委员会主席、湖北省政协副主席等职。

（二）开国元帅9名

朱　德（1886.12—1976.7）

四川省仪陇人。中国人民解放军主要缔造者之一。1922年加入中国共产党。1927年8月，领导南昌起义，任起义军第九军副军长，后率起义军途经广昌，宣传革命道理，号召工农群众起来革命。领导创建中央革命根据地，指挥中央苏区历次反“围剿”斗争。其间，多次到广昌开展革命活动。第二次反“围剿”期间，在广昌乌石岗，协同毛泽东指挥广昌战斗。1931年5月26日和28日，先后参加了在广昌苦竹、沙子岭召开的红一方面军临时总前委第二、第三次会议。第五次反“围剿”期间，任中革军委主席、中革军委野战司令部司令员，指挥广昌保卫战。1934年10月，参加长征。

中华人民共和国成立后，历任中国人民解放军总司令，中华人民共和国副主席，中央军委副主席，中央政治局委员、常委和中央副主席，全国人大常委会委员长等职。1955年被授予元帅军衔。

彭德怀（1898.10—1974.11）

湖南省湘潭人。中国人民解放军创建人之一。1928年加入中国共产党。1928年7月，领导平江起义。领导创建中央革命根据地，参与指挥中央苏区历次反“围剿”斗争。第二次反“围剿”期间，任红三军团军团长，率部参加了广昌战斗。1931年5月26日和28日，先后参加了在广昌苦竹、沙子岭召开的红一方面军临时总前委第二、第三次会议。第五次反“围剿”期间，率部参加广昌保卫战，战后参加了在广昌头陂下关冯家祠召开的中革军委会议。会后，怒斥李德“崽卖爷田心不痛”。1934 年 7 月下旬至 8 月 30 日，指挥高虎脑战役，阻敌 41 天，歼敌 6000 余人。1934 年 10 月，参加长征。

中华人民共和国成立后，历任中央军委副主席、中国人民解放军副总司令、中国人民志愿军司令员兼政治委员、国务院副总理兼国防部长、中央政治局委员等职。1955 年被授予元帅军衔。

林 彪（1907.12—1971.9）

湖北省黄冈人。1925 年转入中国共产党。1927 年 8 月，参加南昌起义，后随起义军南下途经广昌，宣传革命道理，动员工农群众起来革命。参加了中央苏区历次反“围剿”斗争。第二次反“围剿”期间，任红一军团第四军军长，率部参加了广昌战斗。1931 年 5 月 26 日和 28 日，先后参加了广昌苦竹、沙子岭召开的红一方面军临时总前委第二、第三次会议。第五次反“围剿”期间，任红一军团军团长，率部参加了广昌保卫战。1934 年 10 月，参加长征。

中华人民共和国成立后，历任中央军委副主席、国务院副总理、中央政治局委员、中央政治局常委和中共中央副主席后兼国防部长等职。1955 年被授予元帅军衔。

“文化大革命”期间，与陈伯达等结成反革命集团，同江青反革命集团互相勾结，阴谋败露后，于 1971 年 9 月 13 日乘飞机外逃，在蒙古人民共和国温都尔汗地区机毁身亡。1973 年 8 月 20 日，中共中央决定开除其党籍。1981 年 1 月 25 日被中华人民共和国最高人民法院特别法庭确认为林彪反革命集团案主犯。

刘伯承（1892.12—1986.10）

重庆市开州人。中国人民解放军缔造者之一。1926 年加入中国共产党。1927 年 8 月，领导南昌起义，任中共前敌委员会参谋团参谋长，后率起义军途经广昌，宣传革命道理，号召工农群众起来革命。1932 年 10 月，参加了红一方面军总部在广昌召开的部署第四次反“围剿”的军事会议，任红军总参谋长。第五次反“围剿”期间，任红五军团参谋长，率部参加广昌保卫战。1934 年 10 月，参加长征。

中华人民共和国成立后，历任中国人民解放军军事学院院长兼政委、中央军委副主席等职。1955 年被授予元帅军衔。

贺　龙（1896.3—1969.6）

湖南省桑植人。中国人民解放军的卓越领导人。1927 年加入中国共产党。1927 年 7 月，领导南昌起义，任起义军总指挥兼第二十军军长，后率起义军南下途经广昌，召开二十军军人大会，要求战士严格执行革命纪律，保护工农群众利益。1935 年 11 月，参加长征。

中华人民共和国成立后，历任国务院副总理、中央军委副主席、中央政治局委员、国防工业委员会主任等职。1955 年被授予元帅军衔。

陈　毅（1901.1—1972.1）

四川省乐至人。中国人民解放军创建人之一。1923 年加入中国共产党。1927年8月，参加南昌起义，后率起义军南下途经广昌，宣传革命道理，动员工农群众参加革命。1933 年 7 月，任江西省军区司令员，莅临中共广昌县第一、第二次代表大会并作报告，指导广昌军民开展革命斗争。中央红军长征后，任中共中央苏区分局委员、中华苏维埃共和国中央政府办事处主任，受命留在中央苏区，领导了南方三年游击战。

中华人民共和国成立后，历任华东军区司令员兼上海市市长、中央军委副主席、国务院副总理兼外交部部长、中央政治局委员等职。1955 年被授予元帅军衔。

罗荣桓（1902.11—1963.12）

湖南省衡山人。中国人民解放军缔造者之一，中国人民解放军政治工作奠基人。1928 年转入中国共产党。1927 年 9 月，参加秋收起义。参加了中央苏区历次反“围剿”斗争。第二次反“围剿”期间，率部参加了广昌战斗。1931 年 5 月 26 日和 28 日，先后参加了广昌苦竹、沙子岭召开的红一方面军临时总前委第二、第三次会议。第五次反“围剿”期间，率部参加了广昌保卫战。1934 年 10 月，参加长征。

中华人民共和国成立后，历任最高人民检察署检察长、人民解放军总政治部主任、中央军委副主席、全国人大常委会副委员长、中央政治局委员等职。1955 年被授予元帅军衔。

聂荣臻（1899.12—1992.5）

重庆市江津人。中国人民解放军的创建人之一。1923 年加入中国共产党。1927 年 8 月，参加南昌起义，任中共前敌军委书记、第十一军党代表，后率起义军南下途经广昌，宣传革命道理，号召工农群众参加革命。第五次反“围剿”期间，任红一军团政治委员，率部参加了广昌保卫战，先后在源头、大罗山、长生桥等地与敌血战。1934 年 10 月，参加长征。

中华人民共和国成立后，历任中国人民解放军代总参谋长、中央军委副主席、国务院副总理、中央政治局委员、全国人大常委会副委员长等职。1955 年被授予元帅军衔。

叶剑英（1897.4—1986.10）

广东省梅县人。中国人民解放军的缔造者之一。1927 年加入中国共产党。1927 年 8 月，参加南昌起义，后率起义军南下途经广昌，宣传革命道理，号召工农群众起来革命。参与指挥中央苏区第二、第三、第四次反“围剿”斗争。第二次反“围剿”期间，任中革军委委员兼总参谋部部长，参与指挥广昌战斗。1934 年 10 月，参加长征。

中华人民共和国成立后，历任广东军区司令员、中南军区代司令员、中央军委副主席、中央政治局委员、中共中央副主席、全国人大常委会委员长等职。1955 年被授予元帅军衔。

（三）开国大将 6 名

粟　裕（1907.8—1984.2）

湖南省会同人。1927 年 6 月转入中国共产党。1927 年 8 月，参加南昌起义，任起义军总指挥部警卫队班长，后随起义军南下途经广昌，宣传革命道理，动员工农群众参加革命。参加了中央苏区历次反“围剿”斗争。中央红军长征后，受命留在南方组织领导游击战争。

中华人民共和国成立后，历任中国人民解放军副总参谋长、总参谋长，国防部副部长，中央军事委员会常委，第五届全国人大常委会副委员长等职。1955 年被授予大将军衔。

黄克诚（1902.10—1986.12）

湖南省永兴人。1925 年加入中国共产党。1928 年 1 月，参加湘南起义。参加了中央苏区历次反“围剿”斗争。第五次反“围剿”期间，任红三军团第四师政治委员，率部参加了广昌保卫战。在高虎脑战役中，率部血战高虎脑，鏖战万年亭、宝峰山、驿前，先后阻敌 26 天。1934 年 10 月，参加长征。

中华人民共和国成立后，历任中国人民解放军副总参谋长兼总后勤部部长、中共中央军委秘书长兼总参谋长、国防部副部长等职。1955 年被授予大将军衔。

陈 赓（1903.2—1961.3）

湖南省湘乡人。1922 年 12 月加入中国共产党。1927 年 8 月，参加南昌起义，任营长，后随起义军南下途经广昌，宣传革命道理，动员工农群众参加革命。1934 年 10 月，率部参加长征。

中华人民共和国成立后，历任解放军军事工程学院院长兼政治委员、解放军副总参谋长、国防科委副主任、国防部副部长等职。1955 年被授予大将军衔。

谭 政（1906.6—1988.11）

湖南省湘乡人。1927 年加入中国共产党。1927 年 9 月，参加秋收起义。参与指挥了第四、第五次反“围剿”斗争。第五次反“围剿”期间，任红一军团第一师政治委员，率部参加了广昌保卫战，先后在源头、大罗山、长生桥等地与敌血战。1934 年 10 月，参加长征。

中华人民共和国成立后，历任中国人民解放军政治部主任、国防部副部长等职。1955 年被授予大将军衔。

张云逸（1892.8—1974.1）

海南省文昌人。1926 年加入中国共产党。1929 年 12 月，参与领导百色起义。中央苏区时期，任红七军参谋长、军长。1932 年起，任中革军委副总参谋长、粤赣军区司令员、红一方面军司令部副总参谋长兼作战部部长等职。1932 年 10 月，参加了红一方面军总部在广昌召开的部署第四次反“围剿”的军事会议。1934 年 10 月，参加长征。

中华人民共和国成立后，历任中共广西壮族自治区区委书记、广西壮族自治区人民政府主席、广西军区司令员兼政治委员、中共中央监察委员会副书记等职。1955 年被授予大将军衔。

罗瑞卿（1906.5—1978.8）

四川省南充人。1928 年转入中国共产党。1930 年初，任红四军第二纵队政治委员，率部从闽西途经广昌后转战赣南开展革命活动。率部参加了中央苏区第一至第四次反“围剿”斗争。1932 年起任红四军政治委员、红一军团保卫局局长等职。1934 年 10 月，参加长征。

中华人民共和国成立后，历任公安部部长、公安军司令员兼政治委员、国务院副总理、中共中央军委常委和秘书长、人民解放军总参谋长、国防部副部长等职。1955 年被授予大将军衔。

（四）开国上将 27 名

萧　克（1907.7—2008.10）

湖南省嘉禾人。1927 年加入中国共产党。1927 年 8 月，参加南昌起义，后随起义军途经广昌，宣传革命道理，发动工农群众参加革命。参加了中央苏区历次反“围剿”斗争。1931 年 1 月，任红四军第十二师师长，率部进驻广昌县长桥、尖峰、水南乡，开展革命活动。1934 年 7 月，担任红六军团军团长，奉命率部西征，为中央红军的战略转移“探路”。

中华人民共和国成立后，历任中央军委军训部部长、训练总监部部长，中央军委委员，国防部副部长兼军事学院院长和第一政治委员，全国政协副主席等职。1955 年被授予上将军衔。

张宗逊（1908.2—1998.9）

陕西省渭南人。1926 年加入中国共产党。1927 年 9 月，参加秋收起义。参加了中央苏区历次反“围剿”斗争。第二次反“围剿”期间，率部参加了广昌战斗。1933 年 11 月至 1934 年 4 月，任红五军团第十四师师长兼广昌警备区司令。第五次反“围剿”期间，率部参加了广昌保卫战，在第三阶段战斗中，率领红十四师守卫县城，战斗极为惨烈，战后全师只剩下几百人，大部分壮烈牺牲。1934 年 10 月，参加长征。

中华人民共和国成立后，历任中国人民解放军副总参谋长兼训练总监部副部长、济南军区副司令员、总后勤部部长。1955 年被授予上将军衔。

邓　华（1910.4—1980.7）

湖南省郴县人。1927 年加入中国共产党。1928 年 1 月，参加湘南起义。参加了中央苏区历次反“围剿”斗争。第五次反“围剿”期间，任红一军团第一师二团政治委员，率部参加了广昌保卫战，先后在源头、大罗山、长生桥与敌血战。1934 年 10 月，参加长征。

中华人民共和国成立后，历任广东军区第一副司令员，中国人民志愿军代司令员兼代政治委员，中国人民解放军副总参谋长兼沈阳军区司令员等职。1955 年被授予上将军衔。

彭绍辉（1906.9—1978.4）

湖南省湘潭人。1928 年加入中国共产党。1928 年 7 月，参加平江起义。参加了中央苏区历次反“围剿”斗争。第五次反“围剿”期间，任红五军团第十五师（少共国际师）师长，率部参加了高虎脑战役，在大寨脑、驿前战斗中与敌浴血奋战。1934 年 10 月，参加长征。

中华人民共和国成立后，历任第一野战军参谋长、西北军区副司令员、中国人民解放军副总参谋长等职。1955 年被授予上将军衔。

张爱萍（1910.1—2003.7）

四川省达县人。1928 年转入中国共产党。参加了中央苏区第三至第五次反“围剿”斗争。第五次反“围剿”期间，先后任红三军团第四师政治部主任，十一、十三团政治委员，率部参加了广昌保卫战；在高虎脑战役中，指挥所部在高虎脑、万年亭、蜡烛形、驿前等地与敌血战，阻敌 26 天。战后撤离广昌县境时，创作了《壮征行 · 驿前誓师》诗一首。1934 年 10 月，参加长征。

中华人民共和国成立后，历任中国人民解放军副总参谋长、中央军委副秘书长、国务院副总理、国务委员兼国防部部长等职。1955 年被授予上将军衔。

杨成武（1914.10—2004.2）

福建省长汀人。1930 年加入中国共产党。参加了中央苏区历次反“围剿”斗争。1931 年 1 月，任红四军第十一师三十二团政治委员率部进驻广昌，后兼中共广昌县委书记，发展地方党组织，加强地方政权和赤卫队建设，领导苏区干部开展打土豪、分田地、筹款子、扩红等工作。第二次反“围剿”期间，率部参加了广昌战斗。第五次反“围剿”期间，任红一军团第二师四团政治委员，率部参加了广昌保卫战，先后血战于源头、大罗山、长生桥等地。1934 年 10 月，参加长征。

中华人民共和国成立后，历任中国人民解放军第一副总参谋长、代总参谋长、副总参谋长兼福州军区司令员，全国政协副主席等职。1955 年被授予上将军衔。

李　涛（1905.9—1970.12）

原名李湘舲，湖南省汝城人。1926 年加入中国共产党。1927 年 9 月，参加秋收起义。参加了中央苏区历次反“围剿”斗争。第五次反“围剿”期间，任红九军团政治部主任、军团政治保卫局局长，军委二局政治委员，率部参加了广昌保卫战，先后在源头、大罗山、长生桥等地与敌激战。1934 年 10 月，参加长征。

中华人民共和国成立后，历任中央军委作战部代部长兼作工程学校校长、军委技术部长，总参谋部三部长等职。1955 年被授予上将军衔。

王　平（1907.10—1998.2）

原名王惟允，湖北省阳新人。1930 年加入中国共产党。参加了中央苏区历次反“围剿”斗争。第五次反“围剿”期间，任红三军团第四师十一团政治委员，率部参加了广昌保卫战。在高虎脑战役中，率部在高虎脑、万年亭、蜡烛形、驿前等地与敌激战，阻敌 26 天。1934 年 10 月，参加长征。

中华人民共和国成立后，历任中国人民解放军参谋部动员部部长、总后勤部政治委员，中共中央军委常委、军委副秘书长等职。1955 年被授予上将军衔。

萧　华（1916.1—1985.8）

江西省兴国人。1930 年加入中国共产党。参加了中央苏区历次反“围剿”斗争。第五次反“围剿”期间，任红五军团第十五师政治委员，率部参加了高虎脑战役中的大寨脑和驿前战斗。1934 年 10 月，参加长征。

中华人民共和国成立后，历任中国人民解放军空军政治委员，中国人民解放军总政治部副主任、总干部部长、中央军委副秘书长，总政治部主任，中央军委常务委员，兰州军区政治委员，全国政协副主席等职。1955 年被授予上将军衔。

宋任穷（1909.7—2005.1）

原名宋韵琴，湖南省浏阳人。1926 年加入中国共产党。1927 年 9 月，参加秋收起义。参加了中央苏区历次反“围剿”斗争。第五次反“围剿”期间，任红五军团第十三师政治委员，率部参加了广昌保卫战和广昌南部的头陂、赤水战斗。在高虎脑战役中，率部在宝峰山、驿前与敌激战。1934 年 10 月，参加长征。

中华人民共和国成立后，历任中共云南省委书记兼云南军区政治委员、中央组织部部长、中央政治局委员、中央书记处书记、全国政协副主席等职。1955 年被授予上将军衔。

赖传珠（1910.4—1965.12）

别名赖鹏英，江西省赣县人。1927 年加入中国共产党。参加了中央苏区第一、第二、第三、第五次反“围剿”斗争。第二次反“围剿”期间，任红四军第十一师三十一团政治委员，率部参加了广昌战斗。第五次反“围剿”期间，任红五军团第十三师政治部主任，率部参加了广昌保卫战；在高虎脑战役中，率部激战于宝峰山、驿前。1934 年 10 月，参加长征。

中华人民共和国成立后，历任第十三兵团政治委员、总干部部第一副部长、北京军区政治委员、沈阳军区政治委员等职。1955 年被授予上将军衔。

周士第（1900.9—1979.6）

曾用名周士梯，海南省琼海人。1924 年加入中国共产党。

1927年8月，参加南昌起义，任第十一军二十五师师长，后随起义军南下途经广昌，宣传革命道理，动员工农群众参加革命。1934年10月，参加长征。

中华人民共和国成立后，历任西南军区副司令员、中国人民解放军防空部队司令员、中国人民解放军训练总监部副部长兼军外训练部部长、总参谋部顾问等职。1955年被授予上将军衔。

郭天民（1905.8—1970.5）

湖北省黄安人。1927年加入中国共产党。1927年12月，参加广州起义。参加了中央苏区第一、第二、第三、第五次反“围剿”斗争。第五次反“围剿”期间，任红九军团参谋长兼第三师参谋长，率部参加了广昌保卫战，先后在刘家堡、罗家堡和县城等地与敌血战。1934年10月，参加长征。

中华人民共和国成立后，历任云南军区第一副司令员、中国人民解放军训练总监部副部长兼军事出版部部长等职。1955年被授予上将军衔。

陈奇涵（1897.9—1981.6）

江西省兴国人。1925年加入中国共产党。1927年8月，参加南昌起义。参加了中央苏区历次反“围剿”斗争。1933年春，任广昌警备区司令员，率部在广昌开展革命活动。1934年10月，参加长征。

中华人民共和国成立后，历任江西军区司令员、中国人民解放军军事法院院长、中华人民共和国最高人民法院副院长等职。1955年被授予上将军衔。

苏振华（1912.6—1979.2）

湖南省平江人。1930年加入中国共产党。参加了中央苏区历次反“围剿”斗争。第五次反“围剿”期间，任红三军团第五师十三团政治委员，率部参加了广昌保卫战。在高虎脑战役中，指挥所部在高虎脑、万年亭、驿前与敌血战26天。1934年10月，参加长征。

中华人民共和国成立后，历任中国人民解放军海军副政治委员兼政治部主任、海军政治委员、中央军委常委、中共上海市委第一书记、中央政治局候补委员、中央政治局委员等职。1955年被授予上将军衔。

刘亚楼（1910.4—1965.5）

原名刘振东，福建省武平人。1929年加入中国共产党。参加了中央苏区历次反“围剿”斗争。第五次反“围剿”期间，任红一军团第二师政治委员，率部参加了广昌保卫战，先后血战于源头、大罗山、长生桥等地。1934年10月，参加长征。

中华人民共和国成立后，历任中国人民解放军空军司令员、国防部副部长兼国防部第五研究院院长、国防科委副主任等职。1955年被授予上将军衔。

陈士榘（1909.4—1995.7）

湖北省荆门人。1927年加入中国共产党。1927年9月，参加秋收起义。参加了中央苏区历次反“围剿”斗争。第五次反“围剿”期间，先后任红一军团教导营营长、红四师师长，率部参加了广昌保卫战，先后在源头、大罗山、长生桥与敌激战。1934 年 10 月，参加长征。

中华人民共和国成立后，历任中国人民解放军军事学院训练部部长、教育长，工程兵司令员兼军事建筑部部长，工程兵特种工程指挥部司令员兼政治委员等职。1955 年被授予上将军衔。

陈伯钧（1910.11—1974.2）

原名陈国懋，四川省达县人。1927 年加入中国共产党。1927 年 9 月，参加秋收起义。参加了中央苏区历次反“围剿”斗争。第五次反“围剿”期间，任红五军团第十三师师长，率部参加了广昌保卫战和广昌南部的郎君桥、头陂、赤水战斗。在高虎脑战役中，率红十三师在宝峰山、驿前与敌鏖战。1934 年 10 月，参加长征。

中华人民共和国成立后，历任湖南军区第一副司令员，中国人民解放军军事学院代院长，高等军事学院院长等职。1955 年被授予上将军衔。

朱良才（1900.9—1989.2）

湖南省汝城人。1927 年加入中国共产党。1928 年 1 月，参加湘南起义。参加了中央苏区第一、第四、第五次反“围剿”斗争。第一次反“围剿”期间，率领红九师与兄弟部队生俘敌十八师师长张辉瓒。第五次反“围剿”期间，任红五军团第十四师政治委员，在广昌保卫战中，率部担任守卫县城重任，战斗十分激烈，战后全师只剩下几百人，大部壮烈牺牲。1934 年 10 月，参加长征。

中华人民共和国成立后，历任华北军区副政治委员兼政治部主任、北京军区政治委员等职。1955 年被授予上将军衔。

唐　亮（1910.6—1986.11）

原名唐昌贤，湖南省浏阳人。1930 年加入中国共产党。参加了中央苏区历次反“围剿”斗争。第五次反“围剿”期间，任红三军团第四师十团政治委员，率部参加了广昌保卫战。在高虎脑战役中，率部在高虎脑、万年亭、宝峰山、驿前等地与敌激战，阻敌 26 天。1934 年 10 月，参加长征。

中华人民共和国成立后，历任中共南京市委书记、南京军区政治委员、军政大学政治委员等职。1955 年被授予上将军衔。

杨得志（1911.1—1994.10）

湖南省醴陵人。1928 年加入中国共产党。1928 年 1 月，参加湘南起义。参加了中央苏区历次反“围剿”斗争。第二次反“围剿”期间，任红四军第十一师连长，率部参加了广昌战斗。第五次反“围剿”期间，任红一军团第一师一团团长，率部参加了广昌保卫战，先后血战于源头、大罗山、长生桥等地。1934 年 10 月，参加长征。

中华人民共和国成立后，历任陕西军区司令员、济南军区司令员、武汉军区司令员、昆明军区司令员、国防部副部长、中国人民解放军总参谋长、中共中央军委副秘书长等职。1955 年被授予上将军衔。

黄永胜（1910.11—1983.4）

曾用名黄叙全，湖北省咸宁人。1927 年加入中国共产党。1927 年 9 月，参加秋收起义。参加了中央苏区历次反“围剿”斗争。第五次反“围剿”期间，任红一军团一师三团团长，率部参加了广昌保卫战，先后在源头、大罗山、长生桥等地阻击敌人。1934年10月，参加长征。

中华人民共和国成立后，历任广州军区司令员，中国人民解放军总参谋长等职。1955年被授予上将军衔。

“文化大革命”期间，参与了林彪篡夺党和国家最高领导权的阴谋活动。1971年9月被撤职。1973年8月被开除党籍。1981年1月25日被中华人民共和国最高人民法院特别法庭确认为林彪反革命集团案主犯，判处有期徒刑18年，剥夺政治权利5年。

李天佑（1914.1—1970.9）

广西临桂人。1929年加入中国共产党。1929年12月，参加百色起义。参加了中央苏区第三至第五次反“围剿”斗争。第五次反“围剿”期间，任红三军团第五师师长，率部参加了广昌保卫战。在高虎脑战役中，率部先后在高虎脑、万年亭、宝峰山、驿前与敌激战，阻敌26天。1934年10月，参加长征。

中华人民共和国成立后，历任华南军区、中南军区副司令员，广州军区司令员，中国人民解放军副总参谋长等职。1955年被授予上将军衔。

杨　勇（1912.10—1983.1）

湖南省浏阳人。1930年转入中国共产党。参加了中央苏区历次反“围剿”斗争。第五次反“围剿”期间，任红三军团第四师十团政治委员，率部参加了广昌保卫战。在高虎脑战役中，率部在高虎脑、万年亭、蜡烛形、驿前等与敌激战，阻敌26天。1934年

10 月，参加长征。

中华人民共和国成立后，历任贵州省人民政府主席、贵州省军区司令员、中国人民解放军副总参谋长兼北京军区司令员、沈阳军区副司令员、新疆军区司令员、中共中央军委副秘书长、中央书记处书记等职。1955 年被授予上将军衔。

李志民（1906.7—1987.11）

湖南省浏阳人。1927 年加入中国共产党。参加了中央苏区历次反“围剿”斗争。第五次反“围剿”期间，任红三军团教导营政治委员，率部参加了广昌保卫战。在高虎脑战役中，率部在高虎脑、万年亭、宝峰山、驿前等地阻击敌人。1934 年 10 月，参加长征。

中华人民共和国成立后，历任高等军事学院政治委员，福州军区政治委员等职。1955 年被授予上将军衔。

赵尔陆（1905.6—1967.2）

山西省原平人。1927 年加入中国共产党。1927 年 8 月，参加南昌起义，后随起义军南下途经广昌，动员工农群众参加革命。参加了中央苏区历次反“围剿”斗争。第五次反“围剿”期间，任红一军团供给部部长，率部参加了广昌保卫战，先后血战于源头、大罗山、长生桥等地。1934 年 10 月，参加长征。

中华人民共和国成立后，历任第一机械工业部部长、第二机械工业部部长、国家经委副主任、中央军委国防工业委员会副主任、国务院国防工业办公室常务副主任兼国防工业政治部主任等职。1955 年被授予上将军衔。

李聚奎（1904.12—1995.6）

湖南省涟源人。1928年加入中国共产党。1928年7月，参加平江起义。参加了中央苏区历次反“围剿”斗争。第五次反“围剿”期间，任红一军团第一师师长，率部参加了广昌保卫战，先后在源头、大罗山、长生桥等地与敌血战。1934年10月，参加长征。

中华人民共和国成立后，历任东北军区后勤部部长兼政治委员、石油工业部部长、中国人民解放军总后勤部政治委员、高等军事学院院长等职。1958年被授予上将军衔。

（五）部分开国中将、少将

在广昌战斗过的中将、少将有数百名，因篇幅所限，在此仅列举中将、少将38名。

张　震（1914.10—2015.9）

湖南省平江人。1930年加入中国共产党。参加了中央苏区历次反“围剿”斗争。第五次反“围剿”期间，任红三军团第四师十团三营营长，率部参加了广昌保卫战。在高虎脑战役中，率部在高虎脑、万年亭、蜡烛形、驿前等地与敌激战，特别是在蜡烛形战斗中，指挥所部坚守蜡烛形主阵地，打退了敌人多次疯狂进攻。1934年10月，参加长征。

中华人民共和国成立后，历任中国人民解放军总后勤部部长、国防大学校长、中央军委副主席等职。1955年被授予中将军衔。1986年，为广昌高虎脑红军烈士纪念碑题词。1988年被授予上将军衔。

张经武（1906.7—1971.10）

湖南省酃县（今炎陵县）人。1930 年加入中国共产党。参加了中央苏区历次反“围剿”斗争。第五次反“围剿”期间，历任军委军事教导团团长、广昌基地司令员、中央军委五局副局长、军委直辖教导师师长、红五军团参谋长、红九军团参谋长等职，率部参加了广昌保卫战，先后在源头、大罗山、长生桥与敌激战。1934 年 10 月，参加长征。

中华人民共和国成立后，历任西南军区副参谋长、中央军委人民武装部部长兼军委办公厅主任、中华人民共和国主席办公厅主任兼西藏军区政治委员等职。1955 年被授予中将军衔。

刘志坚（1912.1—2006.3）

湖南省平江人。1931 年转入中国共产党。第五次反“围剿”期间，任红三军团政治部宣传部部长，随部参加了广昌保卫战和高虎脑战役。高虎脑战斗结束后，写下《祝捷歌》。1934 年 10 月，参加长征。

中华人民共和国成立后，历任中国人民解放军总政治部宣传部部长、总政治部副主任，中国人民解放军政治学院院长兼政治委员等职。1955 年被授予中将军衔。1986 年，为高虎脑红军烈士纪念碑题词。

钟赤兵（1914.12—1975.12）

原名钟志禄，湖南省平江人，1930 年转入中国共产党。参加了中央苏区历次反“围剿”斗争。第五次反“围剿”期间，任红三军团第四师十二团政治委员，率部参加了广昌保卫战。在高虎脑战役中，指挥所部在高虎脑、万年亭、蜡烛形、驿前与敌激战，阻敌26天。1934年10月，参加长征。

中华人民共和国成立后，任中央军委民航局局长、防空部队政治委员、贵州省军区司令员、广州军区副司令员、国防科委副主任等职。1955年被授予中将军衔。

唐天际（1904.11—1989.2）

曾用名唐天济，湖南省安仁人。1926年转入中国共产党。1927年8月，参加南昌起义，后随起义军南下途经广昌，动员工农群众参加革命。参加了中央苏区历次反“围剿”斗争。1933年秋，任红九军团第十四师政治部主任兼广昌警备区政治部主任。第五次反“围剿”期间，历任红九军团第十四师代师长、师党务委员会委员，红三军团第五师政治部主任，率部参加了广昌保卫战和高虎脑战役。1934年10月，参加长征。

中华人民共和国成立后，历任湖南军区司令员、防空部队政治委员、总后勤部副部长等职。1955年被授予中将军衔。

莫文骅（1910.1—2000.5）

原名莫万，广西南宁人。1930年转入中国共产党。1929年12月，参加百色起义。参加了中央苏区第四、第五次反“围剿”斗争。第五次反“围剿”期间，任红五军团第十三师政治部主任，率部参加了广昌保卫战和广昌南部的头陂、赤水战斗。在高虎脑战役中，率部在蜡烛形、驿前等地与敌激战。1934年10月，参加长征。

中华人民共和国成立后，历任广西军区副政治委员兼南宁市市长、东北军区政治部主任、福州军区副政治委员、中国人民解放军装甲兵政治委员等职。1955被授予中将军衔。

郭化若（1904.8—1995.11）

原名郭俊英，又名郭化玉，福建省福州人。1925年加入中国共产党。参加了中央苏区历次反“围剿”斗争。第二次反“围剿”期间，任红一方面军代理参谋长，率部参加了广昌战斗。1931年5月26日和28日，先后参加了广昌苦竹、沙子岭召开的红一方面军临时总前委第二、第三次会议。第五次反“围剿”期间，随部参加了广昌保卫战。1934年10月，参加长征。

中华人民共和国成立后，历任淞沪警备司令部兼上海防空司令部司令员兼政治委员兼华东军区公安部队司令员、南京军区副司令员、军事科学院副院长等职。1955年被授予中将军衔。

唐延杰（1909.11—1988.7）

曾用名唐菊生，湖南省长沙人。1936年加入中国共产党。参加了中央苏区历次反“围剿”斗争。第五次反“围剿”期间，任红三军团后方办事处主任，率部转战于广昌保卫战和高虎脑战役中的各个战场。1934年10月，参加长征。

中华人民共和国成立后，历任华北军区参谋长兼防空司令员、南京军事学院教育长、国防科委副主任等职。1955年被授予中将军衔。

张南生（1905.8—1989.8）

福建省连城人。1930年加入中国共产党。参加了中央苏区历次反“围剿”斗争。第五次反“围剿”期间，任红五军团第十三师三十七团政治委员，随部参加了广昌保卫战和广昌南部的头陂、赤水战斗。在高虎脑战役中，率部在蜡烛形、驿前等地与敌激战。1934年10月，参加长征。

中华人民共和国成立后，历任华北军区政治部副主任、北京军区副政治委员等职。1955年被授予中将军衔。

饶正锡（1911.5—1998.6）

曾用名饶重远，湖北省钟祥人。1932年加入中国共产党。参加了中央苏区历次反“围剿”斗争。第五次反“围剿”期间，先后任红三军团卫生部医务主任、卫生部部长等职，率部参加了广昌保卫战和高虎脑战役。被彭德怀称赞为“不拿枪的战士”“阎王爷的对头”。1934年10月，率部参加长征。

中华人民共和国成立后，历任中国人民解放军总后勤部卫生部部长、总后勤部副部长兼卫生部部长，中央军委纪律检查委员会副书记等职。1955年被授予中将军衔。

罗元发（1910.11—2010.5）

福建省龙岩人。1929年加入中国共产党。参加了中央苏区历次反“围剿”斗争。第五次反“围剿”期间，任红三军团第五师十五团政治委员，率部参加了广昌保卫战。在高虎脑战役中，指挥所部与敌在高虎脑、万年亭、宝峰山、驿前等地血战，阻敌26天。

1934 年 10 月，参加长征。

中华人民共和国成立后，历任西北军区空军司令员、北京军区副司令员兼军区空军司令员、中国人民解放军空军副司令员兼国防科委副主任等职。1955 年被授予中将军衔。

邱创成（1912.8—1982.2）

湖南省平江人。1927 年加入中国共产党。参加了中央苏区历次反“围剿”斗争。第五次反“围剿”期间，任红三军团供给部政治委员，率部转战于广昌保卫战和高虎脑战役中的各个战场。1934 年 10 月，参加长征。

中华人民共和国成立后，历任中国人民解放军炮兵司令员，国务院第五机械工业部部长、党组书记，中国人民解放军总后勤部副部长等职。1955 年被授予中将军衔。

匡裕民（1907.2—1977.4）

江西省万安人。1932 年转入中国共产党。参加了中央苏区第二至第五次反“围剿”斗争。第五次反“围剿”期间，任红三军团炮兵营营长，率部转战于广昌保卫战和高虎脑战役中的各个战场。1934 年 10 月，率部参加长征。

中华人民共和国成立后，历任中南军区炮兵司令员、东北军区炮兵司令员、中国人民志愿军炮兵指挥所主任、中国人民解放军炮兵副司令员。1955 年被授予中将军衔。

邝任农（1910.2—2003.4）

江西省寻乌人。1928 年加入中国共产党。参加了中央苏区历次反“围剿”斗争。第五次反“围剿”期间，任红三军团第五师供给部部长、军团供给部部长，率部参加了广昌保卫战。在高虎脑战役中，率部与敌在高虎脑、万年亭、宝峰山、驿前等地与敌激战，阻敌 26 天。1934 年 10 月，参加长征。

中华人民共和国成立后，历任华东军区后勤部部长兼政治委员、中国民用航空总局局长、中国人民解放军空军副司令员兼民航总局局长等职。1955 年被授予中将军衔。

刘先胜（1901.6—1977.10）

曾用名刘为，湖南省湘潭人。1924 年加入中国共产党。1927 年 9 月，参加秋收起义。参加了中央苏区历次反“围剿”斗争。第五次反“围剿”期间，任红九军团第三师八团政治委员，率部参加了广昌保卫战，在百子岭和县城以西等地与敌激战。1934 年 10 月，参加长征。

中华人民共和国成立后，历任苏南军区副司令员、司令员，江苏省军区司令员，南京军区副司令员等职。1955 年被授予中将军衔。

吴克华（1913.12—1987.2）

江西省弋阳人。1929 年加入中国共产党。参加了中央苏区历次反“围剿”斗争。第五次反“围剿”期间，任红五军团第十三师三十七团团长，率部参加了广昌保卫战，广昌南部的头陂、赤水战斗和高虎脑战役中的宝峰山、驿前战斗。1934 年 10 月，参加长征。

中华人民共和国成立后，历任华南军区参谋长，海南军区司令员，中国人民解放军炮兵司令员、铁道兵司令员，成都军区司令员，广州军区司令员等职。1955 年被授予中将军衔。

陈正湘（1911.10—1993.12）

原名陈逸成，湖南省新化人。1931 年加入中国共产党。参加了中央苏区历次反“围剿”斗争。第五次反“围剿”期间，先后任红一军团第二师五团代理团长，红十五师四十五团团长，率部参加了广昌保卫战，血战于源头、大罗山、长生桥等地；后又率部参加了高虎脑战役中的大寨脑战斗。1934 年 10 月，参加长征。

中华人民共和国成立后，历任中国人民解放军铁道兵团第一副司令员、华北军区副参谋长、北京军区副司令员等职。1955 年被授予中将军衔。

姚　喆（1906.8—1979.5）

曾用名姚秩章，湖南省邵阳人。1929 年加入中国共产党。1928 年 7 月，参加平江起义。参加了中央苏区历次反“围剿”斗争。第五次反“围剿”期间，先后任红三军团第五师十五团代理团长、十四团团长，率部参加了广昌保卫战。在高虎脑战役中，率部在高虎脑、万年亭、宝峰山、驿前等地与敌激战，阻敌 26 天。1934 年 10 月，参加长征。

中华人民共和国成立后，历任绥远军区副司令员、总高级步兵学校校长、武汉军区副司令员等职。1955 年被授予中将军衔。

甘渭汉（1908.8—1986.4）

湖南省平江人。1927 年加入中国共产党。参加了中央苏区历次反“围剿”斗争。第五次反“围剿”期间，任红军总政治部干事，随部参加了广昌保卫战。1934 年 10 月，参加长征。

中华人民共和国成立后，历任东北军区政治部副主任、干部部部长，中央军委总政治部干部部部长，中央军委总政治部副主任兼中央军委纪委书记等职。1955 年被授予中将军衔。

袁子钦（1908.12—1968.2）

曾用名袁致卿，福建省上杭人。1930 年 7 月加入中国共产党。参加了中央苏区历次反“围剿”斗争。第五次反“围剿”期间，先后任红五军团第十三师政治部组织科科长，红五军团政治部组织部党务科科长、组织科科长，随部参加了广昌保卫战和广昌南部的头陂、赤水战斗。在高虎脑战役中，指挥所部在宝峰山、驿前与敌激战。1934 年 10 月，参加长征。

中华人民共和国成立后，历任中国人民解放军总干部部组织统计部部长、总政治部干部部副部长、总政治部秘书长、总政治部干部部部长、总政治部副主任等职。1955 年被授予中将军衔。

汤　平（1903.7—1968.1）

湖南省浏阳人。1928 年加入中国共产党。参加了中央苏区历次反“围剿”斗争。第五次反“围剿”期间，任红三军团第四师供给部部长，率部参加了广昌保卫战。在高虎脑战役中，指挥所部在高虎脑、万年亭、蜡烛形、驿前等地与敌血战 26 天。1934 年 10 月，率部参加长征。

中华人民共和国成立后，历任中央军委总后勤部财务部部长，中国人民解放军总财务部副部长、总后勤部财务部部长、总后勤部副部长等职。1955 年被授予中将军衔。

周　彪（1910.8—1981.3）

原名周生珍，江西省吉安人。1932 年加入中国共产党。参加了中央苏区历次反“围剿”斗争。第五次反“围剿”期间，任红九军团第三师七团政治委员，率部参加了广昌保卫战，在白子岭和县城以西等地与敌激战。1934 年 10 月，参加长征。

中华人民共和国成立后，历任东北军区防空部队政治委员，空军高射炮兵指挥部司令员等职。1955 年被授予中将军衔。

刘金轩（1908.9—1984.4）

曾用名刘发宏，湖南省祁阳人。1933 年加入中国共产党。参加了中央苏区第二至五次反“围剿”斗争。第五次反“围剿”期间，先后任红三军团第五师十四团三营副营长、营长，率部参加了广昌保卫战。在高虎脑战役中，指挥所部在高虎脑、万年亭、宝峰山、驿前等地与敌激战。1934 年 10 月，参加长征。

中华人民共和国成立后，历任陕西省军区司令员、第六十四军军长、中国人民解放军铁道兵副司令员等职。1955 年被授予中将军衔。

廖容标（1912.10—1979.5）

曾用名廖之秀，江西省赣县人。1931 年加入中国共产党。参加了中央苏区历次反“围剿”斗争。第五次反“围剿”期间，历任红三军团第四师十团、第五师十三团连长等职，率部参加了广昌保卫战。后又率部参加了高虎脑战役，与敌在高虎脑、万年亭、宝峰山、驿前血战 26 天。1934 年 10 月，参加长征。

中华人民共和国成立后，历任华东公安司令部兼淞沪警备司令部副司令员、安徽省军区司令员、南京军区副司令员等职。1955年被授予中将军衔。

饶子健（1909—2000.9）

原名饶国汉，湖南省浏阳人。1930年转入中国共产党。参加了中央苏区历次反“围剿”斗争。第五次反“围剿”期间，任红五军团第十三师三十八团营长，率部参加了广昌保卫战，广昌南部的头陂、赤水战斗，后又率部在宝峰山和驿前阻击敌人，1934年10月，参加长征。

中华人民共和国成立后，历任华东军区海军第六舰队司令员兼政治委员、苏北军区司令员、江苏军区副司令员、上海警备区司令员、南京军区副司令员。1955年被授予中将军衔。

杨梅生（1905.1—1978.1）

原名杨勋梅，湖南省湘潭人。1928年加入中国共产党。1927年9月，参加秋收起义。参加了中央苏区历次反“围剿”斗争。第五次反“围剿”期间，任红九军团第三师八团团长，率部参加了广昌保卫战，在百子岭和县城以西等地与敌激战。1934年10月，参加长征。

中华人民共和国成立后，历任第四十六军军长、湖南军区司令员、广州军区副司令员。1955年被授予中将军衔。

田维扬（1906.11—1977.11）

原名田文扬，湖北省枣阳人。1930年加入中国共产党。1929

年 12 月，参加大冶起义。参加了中央苏区历次反“围剿”斗争。第五次反“围剿”期间，任红三军团第五师十三团一营营长，率部参加了广昌保卫战。在高虎脑战役中，指挥所部在高虎脑、万年亭、宝峰山、驿前等地激战，阻敌 26 天。1934 年 10 月，参加长征。

中华人民共和国成立后，历任中南军区工程部队司令员、中国人民解放军总后勤部后方工程建筑部部长、贵州省军区司令员、昆明军区副司令员等职。1955 年授予中将军衔。

韩　伟（1906.2—1992.4）

原名韩勋琴，湖北省黄陂人。1926 年转入中国共产党。1927 年 9 月，参加秋收起义。参加了中央苏区历次反“围剿”斗争。第五次反“围剿”期间，任红五军团第三十四师一〇〇团团长，率部参加了广昌南部的郎君桥、头陂、赤水战斗。在高虎脑战役中，率部血战于大寨脑、高虎脑、万年亭等地，坚守香炉峰长达 20 多天。1934 年 10 月，参加长征，随红三十四师担任全军总后卫。同年 11 月下旬，率部参加湘江战役，掩护中央红军主力抢渡湘江，后跳崖脱险，是“绝命后卫师”唯一幸存的团长。

中华人民共和国成立后，历任中国人民解放军军事师范学校校长、华北军区副参谋长、北京军区副司令员兼参谋长、北京军区副司令员等职。1955 年被授予中将军衔。

吴信泉（1912.3—1992.4）

湖南省平江人。1930 年加入中国共产党。参加了中央苏区历次反“围剿”斗争。第五次反“围剿”期间，任红三军团第四师十二、十四、十五团特派员，随部参加了广昌保卫战和高虎脑战役。1934年10月，参加长征。

中华人民共和国成立后，历任第三十九军军长兼政治委员、沈阳军区参谋长、中国人民解放军炮兵副司令员等职。1955年被授予中将军衔。

聂鹤亭（1905.10—1971.3）

安徽省阜南人。1926年加入中国共产党。1927年8月，参加南昌起义，后随起义军南下途经广昌，动员工农群众起来革命。参加了中央苏区历次反“围剿”斗争。第五次反“围剿”期间，任红五军团第十三师参谋长，率部参加了广昌保卫战，广昌南部的头陂、赤水战斗和高虎脑战役中的宝峰山、驿前战斗。1934年10月，参加长征。

中华人民共和国成立后，历任中国人民解放军装甲兵副司令员、工程兵副司令员等职。1956年被授予中将军衔。

郭林祥（1914.9—2010.4）

江西省永丰人。1933年加入中国共产党。参加了中央苏区历次反“围剿”斗争。第五次反“围剿”期间，任红一军团第一师十三团政治委员，率部参加了广昌保卫战，先后在源头、大罗山、长生桥等地与敌血战。1934年10月，参加长征。

中华人民共和国成立后，历任成都军区政治委员、总后勤部政治委员、新疆军区政治委员、南京军区政治委员、中央军委纪律检查委员会书记兼总政治部副主任等职。1955年被授予少将军衔，1988年被授予上将军衔。

谢振华（1916.9—2011.8）

江西省崇义人。1932 年转为中国共产党党员。参加了中央苏区历次反“围剿”斗争。第五次反“围剿”期间，任红三军团第五师十四团政治委员，率部参加了广昌保卫战。在高虎脑战役中，所部在高虎脑、万年亭、宝峰山、驿前等地战斗中均为主力团，先后与敌血战 26 天。1934 年 10 月，参加长征。

中华人民共和国成立后，历任山西省军区司令员、北京军区副司令员兼山西省军区司令员、沈阳军区副司令员、昆明军区政治委员等职。1955 年被授予少将军衔。1986 年，为广昌高虎脑红军烈士纪念碑题词。

廖鼎祥（1918.7—1995.12）

江西省广昌县尖峰人。1934 年转入中国共产党。参加了中央苏区第二至第五次反“围剿”斗争。第五次反“围剿”期间，先后任广昌军分区政治部宣传员、红五军团第十三师三十九团二连指导员，率部参加了广昌保卫战和广昌南部的头陂、赤水战斗。在高虎脑战役中，率部与敌在宝峰山、驿前等地血战。1934 年 10 月，参加长征。

中华人民共和国成立后，历任贵州省军区副司令员，炮兵政治部主任，炮兵副司令员等职。1955 年被授予少将军衔。1985 年，为广昌第五次反“围剿”斗争题词。

邓克明（1906.7—1983.10）

曾用名邓必克，湖南省安化人。1930 年加入中国共产党。

1930年5月，参加浏阳起义。参加了中央苏区历次反“围剿”斗争。第五次反“围剿”期间，任红三军团第四师十二团二营营长，在高虎脑战役中，率部在高虎脑、万年亭、宝峰山、驿前等地与敌激战，特别是在宝峰山战斗中，指挥红二营防守主阵地，与国民党军三四个团展开阵地战，毙国民党军300余人。1934年10月，参加长征。

中华人民共和国成立后，历任江西军区副司令员、司令员，福州军区副司令员兼江西省军区司令员，福州军区副司令员等职。1955年被授予少将军衔。

肖　锋（1916—1991.2）

曾用名肖忠谓，江西省泰和人。1930年转入中国共产党。参加了中央苏区历次反“围剿”斗争。第五次反“围剿”期间，任野战直属机关政委兼政治部主任，随部参加了广昌保卫战。1934年10月，参加长征。

中华人民共和国成立后，历任华东军区特种纵队副司令员、装甲兵副司令员、北京军区装甲兵副司令员等职。1961年晋升为少将军衔。

孙超群（1906.9—1967.5）

安徽省阜南人。1930年加入中国共产党。参加了中央苏区历次反“围剿”斗争。第五次反“围剿”期间，任红八军团第二十三师师长，率部参加了广昌保卫战。1934年10月，参加长征。

中华人民共和国成立后，历任防空高射炮兵学校校长、华北军区防空军司令员、中国人民解放军工程兵副司令员兼工程兵学院院长等职，1955 年被授予少将军衔。

侯世奎（1911—1976.1）

甘肃省临夏人。1932 年加入中国共产党。1931 年 12 月，参加宁都起义。参加了中央苏区第四、第五次反“围剿”斗争。第五次反“围剿”期间，任红五军团第三十四师一〇〇团营长，率部参加了广昌南部的郎君桥、头陂、赤水战斗和高虎脑战役中的大寨脑、高虎脑、万年亭战斗。1934 年 10 月，参加长征，随红三十四师担任全军总后卫。同年 11 月下旬，率部参加湘江战役，在掩护中央红军主力抢渡湘江战斗中负伤，是“绝命后卫师”唯一幸存的营长。

中华人民共和国成立后，历任甘肃省军区参谋长、西北军区干部文化学校校长、甘肃省军区副司令员等职。1955 年被授予少将军衔。

白志文（1903.10—1986.4）

河北省易县人。1929 年加入中国共产党。 1929 年 12 月，参加大冶起义。参加了中央苏区历次反“围剿”斗争。第五次反“围剿”期间，任红三军团第五师十五团团长，率部参加了广昌保卫战。在高虎脑战役中，指挥所部在高虎脑、万年亭、宝峰山、驿前等地与敌激战，阻敌 26 天。1934 年 10 月，参加长征。

中华人民共和国成立后，历任河北省军区石门军分区司令员、河北省军区副司令员等职，1955 年被授予少将军衔。

参考资料

1. 中共中央文献研究室编:《毛泽东年谱》，中央文献出版社2013年版。

2. 中共中央文献研究室编:《周恩来年谱》，中央文献出版社2020年版。

3. 中共中央文献研究室编:《朱德年谱》，中央文献出版社2016年版。

4. 中共广昌县委党史工作办公室编著:《中国共产党广昌历史》，中共党史出版社2014年版。

5. 星火燎原编辑部编:《中国人民解放军将帅名录》，解放军出版社2006年版。

大事记
（1933 年 7 月—1935 年 1 月）

1933 年

7 月

中旬，中共广昌县委在县城召开了中国共产党广昌中心县代表大会，动员部署第五次反“围剿”斗争。江西军区司令员陈毅等到会作报告。大会讨论了猛烈扩红、加紧游击战争、查田、查阶级、发展农业生产、组织合作社、活跃苏区市场、发行公债等问题。

24 日，中共中央作出《关于帝国主义国民党五次“围剿”与我们党的任务的决议》，号召全苏区人民积极参加革命战争，保卫苏维埃政权，提出创造一百万铁的红军来同国民党五次“围剿”实行决战，粉碎敌人的新的五次“围剿”，保卫与扩大苏区。同日，博古在中央一级党的活动分子会议上作了《为粉碎敌人的五次“围剿”与争取独立自由的苏维埃中国的斗争》的长篇报告，指出反“围剿”的战争，是“苏维埃道路与殖民地道路的决定胜负的战争”。

下旬，为适应战时需要，广昌县按照中央政府的决议和省苏的指示将广昌县划分为广昌、赤水两县。

8月

1日，广昌县委、县苏政府在县城举行“八一”武装大检阅，受检阅的有2924人。

5日，周恩来在红一方面军政治干部会议上作《粉碎敌人五次“围剿”中央红军的紧急任务》的报告，要求中央红军应紧密地团结在党的周围，以常胜的英勇精神，粉碎国民党军五次“围剿”，强调要建立各方面的正式战线与游击战线，创造众多的游击队，深入敌后开展游击战争，配合正面战场作战。

15日，中共中央发表《为帝国主义瓜分中国与国民党的五次“围剿”告全国民众书》，号召全国人民紧急行动起来，支援红军粉碎国民党军队的“围剿”。

28日，赤水县成立（一说9月3日），隶属中共广昌中心县委。县委、县苏维埃政府驻赤水镇。

9月

28日，国民党军占领中央苏区东北部重镇黎川，中央苏区第五次反“围剿”战争爆发。

月底，共产国际军事顾问奥托·布劳恩（即李德），从上海经闽西来到瑞金。

10月

18日，中华苏维埃共和国临时中央政府发布《为粉碎敌人五次“围剿”紧急动员令》，要求各级政府“用尽全部力量来进行战争的动员”“务使苏区每一工农，都了解粉碎五次‘围剿’的最战斗的意义，来热烈的踊跃的进行参战工作”，并提出“一切苏维埃工作，应该服从战争”的口号。

21日，中共赤水县第一次代表大会召开，讨论了扩大红军、加强地方武装建设、消灭大刀会、查田查阶级、选举运动、经济建设等问题。

26日，中华苏维埃共和国临时中央政府代表潘汉年与福建政府及第十九路军代表徐名鸿在瑞金签订《反日反蒋的初步协定》。

11月

2日，中共中央发出《关于开展反对五次“围剿”运动的紧急通知》。

20日，李济深、陈铭枢、蒋光鼐、蔡廷锴等人以国民党第十九路军为主力，在福建福州南校场召开大会，决定成立“中华共和国人民革命政府”，公开宣布抗日反蒋，即“福建事变”。

25—29日，广昌县召开第二次工农兵代表大会，会议着重研究了支援红军第五次反“围剿”斗争、水利、交通、扩大红军、加强游击战争以及优待红军家属、蓄粮备荒、经济工作等问题，并作出了决议。省苏主席曾山到会作指示。

下旬，赤水县第一次工农兵代表大会召开。会议讨论了扩大红军、收集粮食、消灭大刀会、发展经济等问题。

下旬，红九军团第十四师调驻广昌，奉命在广昌至甘竹的盱江两岸修筑防御工事。

12 月

20 日，根据李德建议，中共临时中央决定，取消中国工农红军总司令部和红一方面军司令部，中央革命根据地的红军各部和其他独立师、团直接由中革军委指挥。

1934 年

1 月

15—18 日，中共临时中央在瑞金召开六届五中全会。全会通过了《中共五中全会政治决议案》和《五中全会给二次全苏大会党团的指令》等文件。会议认为：中国已存在“直接革命形势”；“粉碎第五次‘围剿’，即是阻止中国走向殖民地道路的斗争，即是争取中国革命完全胜利的斗争”。

21 日，“福建事变”宣告失败，国民党第十九路军的番号被取消，军队被蒋介石改编。蒋介石以蒋鼎文为总司令，组成“围剿”中央苏区的东路军。

2 月

2 月上旬，蒋介石把广昌定为主攻方向，国民党北路军第三路军由黎川西南向南推进，拉开了进攻广昌的序幕。

3 月

15 日，国民党北路军占领南丰县城以北以及白舍、甘坊地区，完成进攻广昌的直接准备，国民党军各路“围剿”军合围紧逼，迫使中央红军主力在广昌、建宁等地与之决战。

17 日，由彭德怀、林彪、董振堂等组成第五次反“围剿”北线阵地指挥部，驻地设在广昌县城何家屋（后迁县城西南三官殿），做好了决战的军事部署。

4 月

1 日，蒋介石在南昌召开军事会议，制定国民党北路军、东路军行动计划，命令北路军、东路军协力“进剿”广昌、建宁，要求国民党军“决于两个月内以占领广昌、建宁为目的与红军进行重点决战，然后向根据地核心地区推进”。

10 日，国民党军集中 11 个师外加 5 个炮兵连的兵力，向广昌发动进攻，广昌保卫战打响。广昌保卫战从 4 月 10 日开始到 28 日结束，历时 18 天。

10 日，敌河西纵队第九十八师进占罗坊圩；河东纵队第六师企图进占延福嶂，红三军团第五师奋起抵抗。

11 日，博古、李德从瑞金来到广昌前线指挥作战。

中旬，为进行广昌战役，中共中央调集红一、红三、红九军团和红五军团第十三师及红二十三师红军主力共 9 个师的兵力，全力保卫广昌，与国民党军“决战”。为保卫广昌，中革军委在广昌头陂朱市埠设立野战司令、政治部，朱德兼任司令员，博古兼任政治委员，顾作霖兼任野战政治部主任。博古、李德、朱德、顾作霖驻司令部、政治部指挥作战。

14 日，防守甘竹的红军南撤，敌第五纵队第六十七师随即进占甘竹圩，旋即构筑碉堡固守。

19 日，敌河东纵队第六、第七十九师，在飞机大炮的掩护下向延福嶂、大罗山大举进攻，红军撤至如意亭一带开展反击。

20 日，彭德怀、杨尚昆指挥红四师、红五师，在红一军团协同下，乘夜向饶家堡敌阵地发起猛攻，敌我短兵相接，白刃格斗，战斗异常激烈，阵地六易其手。

21 日，中共中央委员会负责人博古、中革军委主席朱德、总政治部代主任顾作霖联合发布《中央、军委、总政保卫广昌之政治命令》，指出：敌人已尽力采用一切办法企图占领广昌，我们的战斗任务，是全力保卫广昌，要求“一切战斗员、指挥员、政治工作人员应有最大限度的紧张与努力”。

22 日，敌河西纵队占领长生桥、张家脑；河东纵队占领云际寨、香炉寨、高洲塅，直逼广昌县城。

26 日，朱德下达《野战司令员关于坚守广昌的作战命令》。

27 日清晨，国民党集中 7 个师的兵力，在飞机大炮的掩护下，从盱江东西两岸同时对广昌县城发起总攻。红军各部队依托阵地，打退敌人多次进攻，但未能摆脱被动局面。

当晚，19 时博古、李德、朱德致电留守瑞金的周恩来，提议放弃广昌城。

当晚 22 时，周恩来回电，原则上同意放弃广昌。并表示“最后决心由你们下”。

28 日凌晨，中革军委野战司令部向各军团首长下达放弃广昌城的命令，广昌城失守，广昌保卫战结束。

28 日晚，中革军委在头陂圩下关的冯家祠召开军事会议。会议总结了广昌保卫战的战况，讨论了下一步行动。会议决定：红一、红九军团即刻东进保卫建宁，红三军团在新安附近阻敌南进，指挥机关和其余部队撤回瑞金。会上，面对广昌保卫战的惨重损失，彭德怀等领导人十分愤慨，对军事上错误指挥极度不满。会后，彭德怀斥责李德“崽卖爷田心不痛”。

5 月

3 日，博古、李德、朱德率领野战司令部从广昌县头陂出发，5 日返回瑞金。

上旬，中革军委召开会议，讨论广昌战役的失败问题。

下旬，中共中央在瑞金召开书记处会议，作出了战略转移的决策：鉴于中央苏区北大门——广昌失守后，国民党军开始进入中央苏区腹地，红军在苏区内线打破国民党军的“围剿”已不可能，决定将主力撤离中央苏区，进行战略转移。鉴于突围转移事关重大，会议决定将这一设想电告共产国际，待批准后再付诸实施。

6 月

2 日，中央政府和中共中央发出《为紧急动员二十四万担粮食供给红军致各级党部及苏维埃的信》，号召各地开展节省运动，发动群众借谷给红军。

2 日，中共中央通过共产国际远东局致信共产国际执行委员会政治书记处，告知进行突围转移的决定。

16 日，共产国际执行委员会政治书记处政治委员会致电中共中央，对中央红军的突围转移行动表示认同。

下旬，广昌、赤水两县合并成立广赤县，中共广昌中心县委撤销。原广昌中心县委书记罗金乐任中共广赤县委书记。

夏，中共中央政治局书记处在瑞金召开会议，决定成立由博古、李德、周恩来组成的中央最高“三人团”，负责筹划红军主力突围转移的重大事宜。博古、李德负责制定政治、军事方面的重大事项和行动计划，周恩来负责督促中央政府军事计划的实施。

7 月

月初，中共中央政治局拟定《八、九、十三个月的战略计划》。

5 日，中共中央政治局书记处、中华苏维埃共和国中央政府人民委员会、中革军委联名发布《关于组织北上抗日先遣队给七军团作战任务的训令》，指示红七军团到福建、浙江、江西、安徽诸地界建立新的苏维埃根据地，以吸引国民党军从中央苏区调回一部到后方。七日，红七军团从瑞金出发，向闽浙皖赣边界前进。

上旬，国民党军调整部署，集中 31 个师的兵力，分兵 6 路向中央苏区腹地发动进攻，其中在广昌就有 2 路。红军实行“六路分兵”“全线抵御”。

7 月中旬—8 月底，红军为阻滞国民党军南进，给战略转移赢得时间，红三军团和红一、红五军团一部奉命在广昌南部布防，组织了长征前夕的一场大规模激战——高虎脑战役。在彭德怀、杨尚昆的统一指挥下，中央红军约 1.6 万人，在大寨脑、高虎脑至驿前一带布下 15 公里生死防线，阻击国民党军陈诚部队 6 个主力师 6.4 万余人的猖狂进攻。高虎脑战役（又称广昌南部系列阻击战）历时 41 天，先后发生了十余次大小战斗，主要战斗包括大寨脑战斗，高虎脑战斗，万年亭战斗，保护山、蜡烛形战斗，驿前战斗。

21—22 日，中央红军与国民党军在大寨脑发生激战。师长彭绍辉、政委萧华率领的红十五师和师长陈树湘、政委程翠林率领的红三十四师参加了大寨脑战斗。此次战斗，毙敌 500 余人，红军也付出了伤亡400余人的代价。

8月

5—7日，中央红军与国民党军在高虎脑发生激战。师长洪超、政委黄克诚率领的红四师和师长李天佑、政委陈阿金率领的红五师及红三十四师参加了高虎脑战斗。此次战斗是第五次反“围剿”以来最激烈的一仗，红军将士约1.6万人顽强抗击国民党军6.4万余人的进攻，致使国民党军费时3天，前进不足3000米，却付出伤亡4000人的惨重代价，其精锐部队第八十九师丧失战斗力，不得不退出战斗。在这次战斗中，红军伤亡1415人。

13日，中央红军与国民党军在万年亭发生激战。红三十四师、红四师、红五师参加万年亭战斗。此次战斗分两个阶段：8月13—14日为第一阶段，8月26—28日为第二阶段。此次战斗，国民党军伤亡1500余人，红军伤亡315人，红三军团第五师政治委员陈阿金、红三军团卫生部长何复生壮烈牺牲。

28日，中央红军与国民党军在宝峰山、蜡烛形发生激战。红四师、红五师和红十三师参加宝峰山、蜡烛形战斗。在这次战斗中，敌人增强了重炮装备，在敌机和火炮的轰击下，战斗十分惨烈，面对敌人的狂轰滥炸，红军仍然顽强守备，但坚守蜡烛形的红四师十团三营伤亡惨重。守卫宝峰山的红四师十二团除二营冲出重围外，团参谋长吴连生和守卫主阵地的红五连战士大部壮烈牺牲。这场战斗历时三天，红军随后撤至驿前一带。

30日，国民党军与中央红军在驿前发生激战。红四师、红五师、红十三师、红十五师参加了驿前战斗。14时许，红军驻地放弃驿前南面鼓楼峰，至此高虎脑战役结束。此次战斗结束后，中央红军撤出广昌县境，前往石城北部桐江、小松一带设防。

31日，国民党军占领驿前，至此，中央苏区北部防线被突破。

9月

下旬，广赤县委、县苏转移至木兰、高田（今属石城县）。

26日起，国民党军与中央红军在石城发生激战。红四师、红六师、红十五师参加战斗。红三军团及红十五师在石城及其附近阻击和迟滞敌人前进，在完成中革军委预定的任务后，于10月7日奉命撤退。至此，历时整整一年的第五次反“围剿”斗争遂告结束。

10月

5日，中革军委委派潘汉年、何长工作为红军代表前往寻乌与陈济棠部代表杨幼敏、黄质文、黄旭初进行谈判。经过谈判，双方达成5项协议。这次谈判为红军长征突破第一道封锁线创造了有利条件。

6日起，中革军委命令各军团向兴国、于都、瑞金等地集结，命令地方部队接替主力红军的防务。

上旬，中共中央决定，红军长征后在中央苏区成立中共中央分局和中华苏维埃共和国中央政府办事处。中央分局由项英、陈毅、贺昌、瞿秋白、陈潭秋5人组成，项英为书记。中华苏维埃共和国中央政府办事处主任由陈毅担任。主要任务是领导留守苏区的红军部队和群众，开展游击战争，保卫苏区，同时牵制敌人兵力，掩护红军主力突围。

9日，中革军委编制出《野战军由十月十日至二十日行动日程表》，对战略突围行动路线作出明确规定。红军总政治部发布《关于准备长途行军与战斗的政治指令》。

10日晚，中共中央和中革军委率领中央红军主力以及机关共87059人，统编为红军野战军，从瑞金等地出发，开始突围转移。此前，毛泽东、周恩来曾先期赶赴于都，选择行军路线，组织架桥，为大部队行军作准备。

12—16日，军委纵队和各主力军团先后途经于都，开始了突围转移。参加突围转移的红军及中央机关，分为左、中、右三路。红一、红三军团为左、右两路先锋，红八、红九军团为左、右两翼拱卫，中路为军委第一、二野战纵队，红五军团担负整个野战军的后卫掩护任务。

21日夜，中央红军在赣州城王母渡、信丰县新田向国民党军设置的第一道封锁线发起总攻，至25日，中央红军各部队从信丰城南北先后渡过信丰河，突破了敌人设置的第一道封锁线。

22日，中革军委发布《关于成立中央军区发动群众开展游击战争的指示》："中央军区应从廿二日起即宣布成立，项（英）兼军区司令员，并指挥江西、福建、闽赣、赣南及闽浙赣五个军区（闽北分区在内）及各直属的地方独立部队与廿四师和（红）十军。"并要求赣南军区各地方独立部队应深入敌人撤退的区域，"发动群众广泛地发展游击战争，并扰击粤敌撤退"。从此，留下的红二十四师和10多个独立团等共1.6万余人及部分党政工作人员，在项英、陈毅等领导下，在中央根据地开始了三年艰苦卓绝的游击战争。

30日，中央红军离开大余县境进入崇义县，翻越大山，向粤北城口、湘南汝城突进。从此，中央红军全部突围撤离中央苏区。

本月，根据省委关于开展游击战争的指示，解散了广赤县委、县苏政府。县委、县苏政府所有干部及随行家属全部编入前进游击队，继续坚持游击斗争。

11 月

1 日，红三军团向国民党设置的第二道封锁线汝城发起进攻。8 日，中央红军全部通过第二道封锁线，进入湘南、粤北地域。

10 日，红三军团向国民党设置的第三道封锁线发起进攻，于 11 日攻下宜章城，突破第三道封锁线。15 日，中央红军全部通过第三道封锁线。

25 日，中共中央及红军总政治部向各兵团首长发布《野战军突破敌人第四道封锁线、抢渡湘江的政治命令》，指出："我野战军即将进行新的最复杂的战役，要在敌优势兵力及其部分地完成阻击我西渡的部署的条件下，来突破敌人之敌四道封锁线并渡过湘江""要求野战军全部人员最英勇坚决而不顾一切的行动"。

27 日，中央红军主力进至广西全州、灌阳，红一、红三军团先头部队与国民党军展开激战，开始强渡湘江。12 月 1 日下午，除红三十四师、红六师一个团，红八军团部分兵力外，全部渡过湘江。中央红军突破敌人第四道封锁线后，全军从西征开始时的八万七千余人，锐减到三万多人，红三十四师几乎全军覆没，师长陈树湘受伤被俘，毅然扯断肠子，壮烈牺牲。

12 月

11 日，中央红军占领湖南省通道县城。

12 日，中共中央负责人在通道县举行紧急会议，讨论红军行动方向问题。毛泽东从敌军重兵阻拦红军主力北上去湘西这一情况出发，建议放弃原定计划改向西进，向敌人力量薄弱的贵州进军。这一建议得到与会多数人赞成。但由于李德等仍坚持北上湘西与红二、红六军团会合的原定计划，会议没有达成实行战略转兵的一致意见，继续向湘西进发。

18日，中央政治局在贵州黎平举行会议，讨论红军战略方针问题。经过激烈争论，决定采纳毛泽东的意见，西进渡乌江北上。会议通过了《中央政治局关于战略方针之决定》。指出："在湘西创立新的苏维埃根据地目前已不可能，且不适宜""新的根据地，应该是川黔边区地区，在最初应以遵义为中心之地区""责成军委依据本决定，按各阶段制定军事行动计划"。鉴于中央内部意见尚不一致，会议还决定到遵义地区后开会总结讨论反五次"围剿"以来军事指挥的经验教训。

1935年

1月

7日，红军占领贵州遵义城。

15—17日，中央政治局在遵义召开扩大会议（即遵义会议）。会议通过《中共中央关于反对敌人五次"围剿"的总结的决议》，决议肯定了毛泽东等指挥红军多次取得反"围剿"胜利所采取的战略战术的基本原则，明确指出博古、李德"在军事上的单纯防御路线，是我们不能粉碎敌人五次'围剿'主要原因"。会议决定改组中央领导机构，解除了博古临时中央负责人和李德的军事顾问职务，推选张闻天为总负责人，增选毛泽东为中央政治局常委。会后不久，又成立由毛泽东、周恩来、王稼祥组成的三人小组，负责全军的军事行动。会议解决了党内所面临的最迫切的组织和军事问题，结束了“左”倾教条主义在中央的统治，确立了毛泽东在中共中央和红军中的领导地位。遵义会议在中国革命的最危急关头，挽救了革命，挽救了党，挽救了红军。遵义会议是党的历史上一个生死攸关的转折点，标志着中国共产党在政治上开始走向成熟。

主要参考书目

1. 中共中央党史研究室：《中国共产党历史》第一卷（1921—1949），中共党史出版社 2002 年版。

2.《中国共产党简史》编写组：《中国共产党简史》，人民出版社、中共党史出版社 2021 年版。

3. 罗传波、王永昌主编：《中国共产党历史简编》，南京大学出版社 1992 年版。

4. 廖盖隆主编：《中国共产党的辉煌七十年》，新华出版社 1991 年版。

5. 张德裕、曹屯裕主编：《中国共产党历史简编》，南京大学出版社 1989 年版

6. 中共中央党史研究室著，胡绳主编：《中国共产党的七十年》，中共党史出版社 1991 年版。

7. 中共中央党史研究室一室编著：《中国共产党历史（上卷）》注释集，中共党史出版社 1991 年版。

8. 郑德荣、朱阳主编:《中国共产党历史讲义》，吉林人民出版社 1980 年版。

9. 中共中央文献研究室编:《毛泽东年谱》，中央文献出版社 2013 年版。

10. 中共中央文献编辑委员会编:《毛泽东著作选读》，人民出版社 1986 年版。

11. 中共中央文献编辑委员会编:《毛泽东选集》，人民出版社 1991 年版。

12. 中共中央文献研究室编:《周恩来年谱》，中央文献出版社 2020 年版。

13. 中共中央文献研究室编:《朱德年谱》，中央文献出版社 2016 年版。

14. 中国井冈山干部学院、中央档案馆编:《〈红色中华〉全编》（整理本），江西人民出版社 2016 年版。

15. 中共中央党史研究室第一研究部编:《联共（布）、共产国际与中国苏维埃运动（1927—1937）》，中共党史出版社 2020 年版。

16. 中共江西省委党史研究室等编:《中央革命根据地历史资料文库》，中央文献出版社、江西人民出版社 2020 年版。

17. 中共中央党史教研室资料组编:《中国共产党历次重要会议集》，上海人民出版社 1982 年版。

18. 中共中央党史资料征集委员会、中央档案馆编:《遵义会议文献》，人民出版社 1985 年版。

19. 中国工农红军第一方面军史编审委员会编:《中国工农红军第一方面军史》，解放军出版社 1993 年版。

20. 中国工农红军第一方面军史编审委员会编:《中国工农红军

第一方面军史》(附册),解放军出版社 1993 年版。

21. 中国工农红军第三军团史编委会编著:《中国工农红军第三军团史》,国防大学出版社 1992 年版。

22. 中共中央研究室第一研究部编著:《红军长征史》,中共党史出版社 2006 年版。

23. 星火燎原编辑部编辑:《中国人民解放军将帅名录》,解放军出版社 2006 年版。

24. 梅黎明主编:《浩然正气——井冈山与中央苏区的脊梁》,中国发展出版社 2014 年版。

25. 梅黎明主编:《伟大预演——中华苏维埃共和国历史》(修订版),中国发展出版社 2014 年版。

26. 余伯流、何友良主编:《中国苏区史》,江西人民出版社 2011 年版。

27. 江西省档案局编:《铁血破重围 壮举挽危澜:解码中央红军长征起始前后的历史记忆》(上、下),江西人民出版社 2017 年版。

28. 钟起煌主编,何友良著:《江西通史(民国卷)》,江西人民出版社 2008 年版。

29. 李小山主编:《中央革命根据地简史》,江西人民出版社 2009 年版。

30. 盛福江、潘闽生主编:《福建中央苏区纵横·建宁卷》,中共党史出版社 2009 年版。

31. 李松林、齐福麟、许小军、张桂兰编:《中国国民党大事记》,解放军出版社 1988 年版。

32.《彭德怀自述》编辑组编:《彭德怀自述》,人民出版社 1981 年版。

33. 杨尚昆:《杨尚昆回忆录》，中央文献出版社 2001 年版。

34. 张震:《张震回忆录》，解放军出版社 2003 年版。

35. 伍修权:《往事沧桑》，上海文艺出版社 1986 年版。

36. 黄克诚:《黄克诚自述》，人民出版社 1994 年版。

37. 张宗逊:《张宗逊回忆录》，解放军出版社 2008 年版。

38. 李维汉:《回忆与研究》，中共党史出版社 2013 年版。

39. 郭化若:《郭化若回忆录》，军事科学出版社 1995 年版。

40. 萧锋:《十年百战亲历记》，福建人民出版社 1983 年版。

41. 中共江西省委党史研究室:《中央苏区第五次反“围剿”》（上、下）(《江西党史资料》第 21 辑)，赣出字第 01—094 号，1992 年。

42. 陈诚:《五次围剿战史》，台湾“国民党史政局”，1968 年出版。

43. 黄道炫:《中央苏区的革命（1933—1934）》，社会科学文献出版社 2011 年版。

44. 中共瑞金市委党史工作办公室编著:《红都瑞金史》(上)，中共党史出版社 2018 年版。

45. 中共广昌县委党史工作办公室编著:《中国共产党广昌历史》，中共党史出版社 2014 年版。

46. 中共广昌县委党史工作办公室编:《中共广昌地方党史大事记》，新华出版社 1992 年版。

47. 凌步机:《中央苏区军事史》，中国社会科学出版社 2009 年版。

附录：历史文献选录

中央对目前作战计划与任务的指示*

（一九三三年三月四日苏区中央局转发）

（一）根据可靠的国民党方面的消息，在这几天蒋介石在江西开始决定胜负的进攻，除掉福建广东与湖南的军队，现在又集中了将近廿万人在江西，目前并从北方增调军队。根据没有证实的报告说，蒋介石与闽粤的军队已经订立了亲密合作的协定。虽然我们还不知道蒋介石的作战计划，但似乎是分着三路前进：

（甲）中路以陈诚为总指挥，从赣东北向抚河的总方向推进，左翼主力向金溪、资溪、黎川，右翼向东〔乐〕安，这是最危险的一路。

（乙）左路以蔡廷楷〔锴〕为总指挥，从福建向三个方向推进，即邵武、建宁、旧汀州，主力在左翼即汀州。

---

* 中央档案馆编：《中共中央文件选集》第九册（一九三三），中共中央党校出版社 1991 年版。

（丙）右路以余汉谋为总指挥，从赣东南推进，广东第一第二两军【在】第二飞机队帮助之下进攻会昌、雩都，此路不甚重要，目的是在于两个月以内打击我主力，以后包围中央苏区。更详细的消息我们正在搜罗再电告。

（二）我们不能取得南丰，也没有任何理由使我们失望，第一因为战略上的必要，此种企图是必须的；第二政治影响无疑的是很好的，他能加速国民党军队瓦解的过程；第三此种行动足以扰乱敌人的指挥部。另一方面我们认为以下两个月内，我们的策略应有以下的暂时变更：

到处发展游击战争，以便切断敌人交通，扰乱和削弱敌人，并以经常的袭击埋伏和突击敌人的前进。假若我们能够适当的配合防御，我们的要点集中主力打击敌人，并以我们的游击队削弱敌人，我们至少能够保持现在的苏区。

（三）目前国民党进攻决定的战争目的是要最后消灭中央苏区及其军队数量上的优势，要求党与苏维埃政府采取一切非常的步骤。我们提议执行以下的任务：

（甲）在苏区内开始扩大的政治运动，来防御苏维埃政权，动员所有的群众组织来参加与进行物质上的供给等。

（乙）动员所有的赤卫队、少年先锋队、民警等，派他们到相当的边界上去，他们应该武装起来并受到训练，以便为红军的经常部队，特别是红军的补充，如他们没有正式的武装，则编入游击队。各游击队没有充分的武装，则须利用原始的武器，如戈、矛、刀、剑、工具之类。

（丙）利用短期班动员和训练〈把〉新的干部，以便在四月一号给红军五百指挥官和一万个士兵，在五月一号亦给他同样的数目，军校及军事训练班应为这个目的动员起来。

（丁）加紧在国民党士兵中与俘虏中的政治工作。

（戊）在苏区内加强政治保卫局的工作，增加赤色恐怖和防止作战军队的后方任何反革命暴动的企图。

（四）因为我们没有充分的消息，所以对你们不能有今后作战详细计划的建议，你们自己应做出此种计划，一般的我们向你们建议下列各点：

（甲）建立三个战区，每区设一司令部，直接受革命军事委员会指挥。

（1）北区包括梅江以北的所有地域，即赣江与抚河之间以【及】信江与抚河之间，司令部在广昌，这是主要的战线。在这里我们必须企图反攻打击敌人的主力。

（2）东南的战线从宁化到南方的边境，司令部在汀州。

（3）西南的战线从雩都到南方的边境，司令部在会昌。

赣北区应该再分为：

（A）赣江与抚河中间的游击区，要廿一军与相当的独立师，任务是在宜黄，崇仁，乐安，南丰以及沿赣江流域，破坏敌人的力量，交通，物质的供给。

（B）信江以南的区域，包括金溪、资溪与光泽的三角区域，十军新十一军与相当的独立师，任务是在以下面的城市为根据，以进攻的方式来防御这个区，如若可能必须巩固和防御这些城市。假若敌人占领了这些城市，那末这个区域即变为游击区。

（C）黎川、泰宁、建宁、广昌十二军与相当的独立师，这个区域是中央苏区战略的锁钥，是永远不能放弃的，这些城市仍须大大的巩固起来，特别应该注意广昌。方面军没有固守的区域，因为这是我们行动的力量，他应该找到最有利的立〔战〕场击败敌人，目前有两个可能的方向：

第一是抚河以东，此地的便利是与敌人主力作战，保获〔护〕新的苏区；但是危险如以前一样，假若敌人从福建与抚河能够成功的前进，那将切断与中区的联系。因此我们提出第二个可能的方向，去抚河以西对着宜黄与乐安。

（丙）[1]东南的战区清流、连城、上杭必须巩固和防御起来，这里最重要的地方就是汀州，他是从东南方到首都的唯一的一把锁钥，必须用最大的力量来保持他。我们认为在这方面我们的力量太弱，不能执行积极的反抗，因此我们提议从苏区内调一万枪左右和几千游击队去增援他们，正式军队应该集中起来，对着龙岩，游击战争，应向武平永定溪沿战墟一带。

（丁）西南的战线寻邬、会昌、安远必须巩固起来，我们的独立师必须以安远为根据，在广东边界三南[2]的城市附近进行游击战争，另一部分应以雩都为根据，沿赣江进攻敌人的部队与交通，应与八军建立联系以便合作。

（五）为着建立保〔堡〕垒，每个司令部应组织工兵营，当地民众也可利用。每个应该巩固的城市，必须委任一个负责的指挥官，在必要时宣布临时戒严。迫击炮、机关枪等首先应安置在城墙上，其次应在城市周围，廿里至五十里以外，以便在外面的堡垒未被占领以前，防止飞机队的轰炸与袭击，这些堡垒，必须对敌人的飞机很好的隐藏起来，周围的小山与河面的河岸，必须为堡垒所利用，此种工作应该立刻开始，在战区司令部与军队的重新组织，大概可在三月十五号完成。因此，方面军不应迟于这个时间，就要向北前进。

中央局

三、四

根据中央档案原抄件刊印

注释

①原件缺序号“乙”。

②三南，指江西省龙南、全南、定南。

工农红军和全苏区群众一致动员起来为保卫广昌而战！*

（1934年4月18日）

周恩来

□□□中区工农红军以自己的英勇战绩，胜利的保卫苏区，开展了□方战线的胜利，取得了粉碎五次“围剿”的第一次伟大胜利。

因此，蒋介石更以迅速的手段，解决了十九路军，从〔重〕新建立起从东方进攻的阵地，更拼命的实行其第二步的大举进攻。在开始，敌人的主要进攻方向是向着建宁。然而，由于我红军的英勇善战，由于广大群众的热烈参战，由于建宁工人的罢工，终于胜利的保卫了建宁，击退了敌人的这一□□，并且不断的取得了西成

* 《红星》第38期，1934年4月□日。

桥、太阳嶂、新桥……等战斗的胜利，最后更攻占永安，夺回归化，重新开展了东方战线！

但是敌人第二步进攻中之更残酷的激战，正摆在我们面前。蒋介石于进攻建宁的尝试失败之后，又转变其主要进攻方向，向着广昌。

广昌——是北方战线和江西苏区的主要门户，成为敌人在每次进攻中所必争的战略上的枢纽。当一、二、三次战争时敌人占据了广昌，终于在我全部粉碎了敌人“围剿”之下而不得不溃退。当四次战争时，敌人进占了离广昌三十里之甘竹，企图以占领广昌为深入苏区的根据，又终于在我东黄陂伟大胜利之下而计未得逞。

在今天，敌人又已占领了甘竹，逼向广昌。每个同志都要认识，敌人这次占领广昌的企图，与以前四次战争更有着不同的意义不同的形势。敌人在持久战略与堡垒主义战术下，进占广昌是其战略上重要的步骤，是深入中区，实行总进攻的主要关键。我们要为保卫广昌而战！我们胜利了，将造成敌人更大的□□与惨败的条件，将造成我们彻底粉碎五次“围剿”的更有力的基础。为保卫广昌而战的□□□□□□任务，迫切而紧张的放在百战百胜的红军的面前，同时也放在全□□□□□□工农劳苦群众的□上！

英勇的红军正在前线上□战着！——每个红色指战员应该在中革军委指挥之下，发挥你们最高度顽强抗战与勇猛攻击的精神，消灭敌人的有生力量，粉碎敌人的堡垒主义，争取东北线上的伟大胜利！

各个战线上的红军，都应当更加活跃起来，取得配合一致的胜利！

全苏区的工农劳苦群众，一致动员起来！武装起来！每个为土地，为自由，为民族解放而斗争的民众，每个苏维埃的公民，都应集中一切力量，配合红军参加这一光荣的战斗！

广昌的工友们！罢工的工友们！武装起来，同建宁工友一样的积极参加城防守备，担任运输，加紧戒严，□□反革命活动，并号召一切劳苦群众投身红军，发扬无产阶级的领导精神，来争取当前决战的胜利！

环绕在广昌附近苏区的劳苦群众们，不分男女老幼的动员起来，武装起来，全部参加当前的战斗！强壮的加入红军，加入地方部队游击队，加入赤少队，广泛的发展游击战争——集中粮食供给红军，实行坚壁清野，一粒米一颗〔棵〕菜不要落在敌人的手中！担任打扫战场，运战利品，抬负伤战士，护送俘虏到战线的后方！尤其要加紧进行白军士兵的鼓动宣传，号召他们组织他们□□暴动，加入红军！

全苏区尤其是江西苏区的工农群众们！在保卫广昌面前，应更加把战争的责任放在自己的身上，要派遣最好的赤少队模范营，到前线去参战，组织大规模的游击战争，配合红军消灭敌人，要更加紧的集中和运输粮食送上前线，努力春耕，节省经济，加紧检举的工作，把一切阶级异己分子和对战争动员消极动摇的分子洗刷出一切革命组织！

一切苏维埃的公民，应该为着完成红五月扩大红军的突击运动而斗争，为着完成百万铁的红军而战斗！勇敢的工农如潮水似的涌上前方去，扩大红军，加强红军，就一定能够保卫广昌，保卫中央苏区，最终的消灭敌人！

全苏区红军和工农群众的一致动员，是争取当前战斗胜利的前提。在中国共产党的布尔什维克领导之下，一定能够以光荣的动员来完成光荣的任务，我们将不仅能胜利的保卫广昌，并且要完全粉碎敌人的五次“围剿”！

让敌人进攻广昌的企图遭到惨败罢！

把我们保卫广昌的光荣红旗插到南昌抚州去罢！

中央、军委、总政保卫广昌之政治命令*

（1934 年 4 月 21 日）

（一）敌人已尽力采用一切方法企图占领苏维埃的广昌。

（二）我们的战斗的任务，是在以全力保卫广昌为完成这个光荣的任务一切战斗员指挥员政治工作人员应有最大限度的紧张与努力，我们的坚定的坚决的顽强的英勇的战斗，非但能够保卫赤色广昌且可能消灭大量的敌人及最后的粉碎五次“围剿”。

（三）我支点之守备队，是我战斗序列之支柱，他们毫不动摇的在敌人炮火与空中轰炸之下支持着以便用有纪律之火力射击及勇猛的反突击，消灭敌人有生兵力。

（四）我突击力量应该努力隐蔽的接近，（爬行跑步利用死角等等）以便避免在敌火下之不必要的伤亡而进行出于敌人意外的突然的攻击，在攻击时应不顾一切火力奋勇前进坚决无情的消灭敌人。

（五）战斗员指挥员及政治工作人员应记着革命战争是阶级斗争的最高形式，对于任何动摇犹豫胆怯更不必说，个别的混入的敌人奸细在战斗中之反革命行动应提高最大的警觉心消除之。在战斗

---

* 《中央苏区第五次反“围剿”》（上），《江西党史资料》第 21 辑。

中谁都应该与最先新的战士比。

（六）指挥员政治工作人员应无例外在自己的部队中不脱离自己的队伍亦不落后自己的队伍，他们不仅应以个人的勇敢且特别应以正确战术动作给战斗员以身作则，在他们及先前的战斗员领导之下我们的部队应该继续并提高我中国工农红军之光荣传统，高举光荣的红旗向着伟大的胜利前进。

胜利万岁！

中国共产党中央委员会　博　古
军　委　主　席　朱　德
代总政治部主任　顾作霖

中共中央委员会、中央政府人民委员会给战地党和苏维埃的指示信*

（1934年4月24日）

战地党和苏维埃的亲爱的同志们：

反对五次“围剿”的决战，已经进到更加剧烈的决定胜负的紧急的关头，全苏区的工农劳苦群众在党与苏维埃的领导之下，热烈的参加反对帝国主义国民党“围剿”的战争，中心区域正在积极动员模范赤少队开到战线配合我们英勇的工农红军作战。你们正处在这一剧烈的决战的最前线，与工农红军一样的担负着历史上最伟大的光荣的任务。你们的英勇的战斗是粉碎敌人五次

* 《中央苏区第五次反“围剿”》（上），《江西党史资料》第21辑。

“围剿”有决定意义的因素之一，为“保卫广昌”“保卫建宁”“保卫会昌”“保卫和发展全苏区”而战的责任，正放在你们肩上，党中央为着使你们更能顺利的完成这个光荣的战斗任务，特写给你们这个指示信。

一、动员群众武装起来，参加革命战争。

发展广大的游击战争，是战地党和苏维埃的第一等重要的任务。五次“围剿”的重要的特点，便是敌人改变他们的长驱直入的战略，而利用持久战斗，堡垒政策，步步前进的蚕食苏区，与筑成封锁线以围困苏区，使我们红军消灭敌人的战斗，须在一些新的条件下来进行。为要击破敌人这种新的战略战术，必须使主力红军在与敌人进行持久的残酷的战斗中，能得到更宽广的群众武装参战的配合。在中心区域的工农群众正如潮水似的涌到红军中去，扩大红军，直接参战，在战区，在边区，正需要从各方面动员群众武装起来，加入地方部队。加入游击队，加入赤少队，来配合红军作战。敌人想以持久战来消耗我们，我们要以更大的红军，更多的群众武装起来，战胜敌人。敌人想以堡垒主义战术，来封锁我们，来紧缩我们苏区，以求得与红军最后决战，我们要以更多的地方部队，发展广大的游击战争，在敌人左右前后，在敌人的封锁线外，在敌人的堡垒间隔之中，在敌人的远近后方，到处寻找敌人作战，冲破封锁，钳制敌人，分散敌人，疲惫敌人，隔断敌人，瓦解敌人，这样来配合和掩护我主力红军，得以运用自如，实施突击，而最终的消灭敌人。所以党中央关于反对五次“围剿”决议上说：“游击战争的开展，是主力红军在决定胜负的战争中，取得胜利的必要条件之一”。

经过了半年多反对五次“围剿”的战役的经验，完全证明党中央指示的正确。凡是那些群众武装扩大游击战争发展的战区，敌人的兵力常被钳制，敌人的前进亦最感困难，尤其是挺进到敌人远近后方活动的游击队，发展在敌人封锁线外的游击区域，最能分散敌人兵力，有时还吸引敌人的堡垒向后构筑。但一般说来，目前战区边区群众的武装动员，还极不宽广，扩大他们到附近红军中，组织他们到地方部队、游击队、赤少队以及一切参战组织中的成绩，还很微弱。各地已有的地方部队、游击队伍的零散与缩小（江西一部分较好），领导的薄弱与成分的不健全，特别是不敢长期伸出敌人封锁线外去独立活动，仍成为游击战争未能广大开展的极重要原因。

为要彻底的粉碎敌人五次“围剿”，首先就要求战区的党和苏维埃在“每个工农武装起来，反抗敌人的‘围剿’的号召之下，动员战区中所有工农群众，在他们切身的利害上，来响应这一号召。要利用战区群众亲身所受到看到的敌人在“围剿”中的焚烧屠杀，与每一件残暴行为，来激发他们最高度的阶级仇恨和愤怒，领导他们吸引他们进行参加最坚决反抗的武装斗争，组织他们首先是最积极的斗争分子，到各种形式的武装组织（如游击组，便衣游击队，保护春耕队等）中去，这样来发展游击战争，来扩大赤少队、模范赤少队、游击队、独立营、独立团等等武装组织。

对于已组成的赤少队、模范赤少队，应当就地动员整连整营的去参加战争，充当新的游击队，并给他们在实际战斗中的军事政治训练，适当的配备武装（土枪、土炮、梭标〔镖〕、刀、矛与快枪等）领导他们环绕在独立团营与基干游击队的周围，去进行游击战争，去参加在敌人翼侧后方的袭击动作。

这些游击队伍在战区中的发展，必须在他们中间创立基干部队，吸引他们在实际战斗中来认识集中力量是战胜敌人的必要条件，而整批的加入独立团营，或成立新的独立团营。但这些基干部队的创立和扩大，并不减弱了广大游击队伍的繁殖和发展，相反的，在创立中心领导力量上更有力的发展游击战争和扩大群众武装。在这些队伍中，党要特别动员大批积极勇敢的党员和团员，加入到这些队伍里面骨干，和负指挥的责任，在不断的行动中，审查干部和队员的成分，洗刷坏的和不可靠的分子，吸收新的勇敢的成分，特别要教育和训练他们。

在游击动作中，必须锻炼这些武装组织，有决心的在敌人封锁线外，在敌人堡垒的间隙和包围中，进行布尔塞克的艰苦的、残酷的武装斗争，并且要伸到敌人的远近后方去作长期的独立的活动，在那里，领导群众斗争，袭击敌人的薄弱部队，摧毁敌人放弃的或守备兵少的堡垒，切断敌人的交通联络，截击敌人的运输辎重，瓦解敌人士兵，冲破敌人封锁线去恢复和创造新的苏区，扩大自己的队伍和创造新的红军。

战地的党苏维埃除开发展群众武装组织和游击战争配合红军作战外，必须更广大的动员群众参战，要使战区中每一村一乡一区的劳动男女，都能在“保护土地革命利益”“保卫苏区”的动员之下，来担当打扫战场、搬运粮食、加紧戒严、筑堡垒、当运输员等一切参战工作。在大的城镇中，当着敌人进攻的炮火之下，更应组织工人的罢工参战，以反抗敌人进攻，并领导一切劳动公民，进行保卫赤色城镇的防御工作，以树立无产阶级的领导。同时，要尽可能利用一切参战的动员，去组织和武装群众，现在战区赤少队突击的落后，必须在积极领导群众参战的动员中去克服过来，严格的纠正许多边区的脱离战争的“先组织后动员”的机会主义公式。党、苏维埃和一切群众组织机关的工作人员，必须全部武装在赤少队中，成为群众赤少队的模范（参看中央“关于赤少队突击总结的决定”）。在逼近敌人进攻的区域更必须运用各种方式去武装群众：组织他们成为游击小组、便衣游击队、游击队等去四方八面袭击和扰乱敌人，最大部分精壮的党员、团员和工会会员等都就应当加入这些队伍，党、苏维埃、工会和青年团的有威信的负责同志，除开少数必须留作地方秘密工作外，大部应当去担负这些队伍的军事指挥和政治委员。必须准备好一切，在任何情形下，即使自己的地区已被敌人占领，也绝不向苏区里面逃跑，而应留在敌人翼侧和后方活动，以争取整个战争的胜利。

在坚决发展游击争进攻敌人的时候，同时要善于利用防御的利器，派遣得力的地方部队模范赤少队去守备必须扼守的赤色支点，利用赣东北苏区的经验，充分使用挨丝炮、拉丝炮等各种各式的地雷，轰炸进攻的敌军。但必须了解，这些坚决的防御的方法，为的是辅助游击战争，配合红军作战，为的是造成红军和地方部队在作战上的顺利条件。一切单纯防御和堡垒主义倾向，都是错误的，应该严格的纠正。

配合红军作战，除掉最主要的开展游击战争外，还必须号召与说服广大群众运用“坚壁清野”的方法，使敌人进攻苏区时得不到任何物质上的帮助，并且给它以更大的困难。但必须了解，当着过去敌人采取“长驱直入”“并进长追”的战术条件下，我们的坚壁清野，可以配合红军胜利，饿困敌人到不得不退出苏区的地步，现在敌人用堡垒推进、跟着修筑公路，企图从深远后方求得补充，来战胜我们的围困，因此，我们现时的坚壁清野，也须更密切地配合着广大游击战争的发展。没有游击队切断敌人的后方运输，坚壁清野是不能最终的饿困敌人的。在战区，对于工厂劳苦群众，应当号召他们不使一粒谷子、一颗花菜蔬、一件东西落到敌人手中，应当说服他们当着敌人军队要占领这些地区的时候，预先将自己的粮食牲畜用具搬走一空，隐蔽在有保障的地方去。对于地主富农的粮食，实行没收和征发，地主富农及可疑分子应一律送押后方。工农群众则应在“保卫自己土地”“保卫自己的政权”的口号之下，组织在各种各式的游击队中，与蹂躏它的土地，强占焚烧它的房屋、抢劫它的粮食的敌人，进行坚持的残酷的游击战争。纠正不进行坚壁清野工作的放弃现象，同时要坚决反对放弃游击战争，实行退却逃跑的取消主义，尤其要反对强迫命令群众实行坚壁清野的办法。

最后，现在许多战区土地问题仍未彻底解决，“分假田”和地主富农分得好田等现象仍然未消灭，这一方面没有完全消灭反动统治的基础，另一方面，即不能高度发扬广大群众参加战争的积极性，所以各个战区在积极武装群众，发展游击战争的运动中，必须同时加紧进行查田分田的斗争，使土地革命利益真正落在贫农、雇农、中农的身上，更加坚定他们为保护苏区，保持土地利益而战的决心。

二、必须实行赤色恐怖，领导广大群众参加肃反的斗争

在持久的残酷的决战的前面，敌人用一切方法潜入苏区，与苏区内的反革命分子勾结，进行有组织的反革命的活动：派遣侦探，实行暗杀，欺骗和组织群众逃跑，利用一切可能混入党和苏维埃的机关等等。许多战区因为阶段斗争不深入，党和苏维埃政权的薄弱，同时还因为有领导机关对反革命缺乏阶级警觉性，使这些地方反革命的活动，随着战争紧张更加活跃起来。甚至有些苏区的领

导，整个的被反革命分子占据着（南广）。前线上正在与敌人肉搏，而后方发生反革命的破坏与捣乱，这是革命战争的极大的危害。

为着巩固战争的阵地和后方，党和苏维埃必须严格的执行人民委员会第五号命令和党中央关于加强保卫局和裁判部领导的决议，采取严厉的赤色恐怖去镇压反革命，选调最可靠的干部到保卫局和裁判机关工作。经过保卫局侦察确实和预审定罪的反革命犯，裁判机关必须立即逮捕审判和处决。一到对反革命表示纵容与宽恕的人都要受到党和苏维埃的严重的打击和处罚。

实行普遍的赤色戒严，在接近战争的地方，宣布军事戒严，没有保卫局的特别通行证，绝对不许通行。在重要的路口，动员模范赤少队放排哨班哨，日夜不断。对可疑的市镇和村屋实行突然的检查。对于可疑的人，立即扣留，立即侦察明白。对于地主富农和一切嫌疑分子应一律押送后方。

刀匪和其他反动武装在苏区环境的活动，不仅直接的扰乱后方破坏红军的交通，而且是勾结团聚一切反革命分子的力量。党、苏维埃、保卫机关必须领导着地方武装、保卫队、配合的迅速去消灭他们。

党的监察委员会和工农检查委员会，要把检举运动当做自己第一等重要的任务，有计划的有组织的检举各种地方机关，不让一个阶级异己分子、嫌疑分子和不可靠的分子留在任何机关之内。

必须特别注意的吸引广大群众参加肃反斗争与检举运动，拿着破获的重大反革命犯和检举出来的重大犯法分子，在广大群众中举行公审，号召群众和教育群众积极参加肃反斗争与检举运动，提高苏维埃公民的革命纪律，只有取得广大群众中的积极拥护与参加，才能使赤色戒严、肃反与检举收到大的成功。

三、把瓦解白军的工作提到实际的重要的地位上来

在敌人堡垒政策的前面，在敌人的后方和堡垒间隔中，除开发展游击战争外，极端重要工作之一，就是瓦解白军的工作，因为白军官长对于士兵的残酷的压迫（甚至把伤兵筑成肉堡垒）和苏维埃的影响，白军士兵表现极大的动摇，加以在敌人堡垒中，守备兵力分散，官长监督不能如集中时的严密，这都给了我们瓦解白军的极便利的条件。在地方部队中，在派出去的游击队中，必须有专人负责管理白军士兵运动的工作，经过可能接近白军的机会，特别是经过群众去工作。在敌人堡垒的附近，在被敌军进占的区域中，党和游击队的组织更要利用一切可能去接近他们，进行工作，准备好通俗的简短的传单去散发，用一切化装的办法去接近白军士兵，进行向他们作口头的宣传鼓动工作联欢等等，在他们之间组织士兵委员会和极严密的党的秘密支部，有可能时秘密派出可靠的党员打入白军中去当士兵，以达到我们的目的。一切工作的目的是准备在我们红军，游击队与敌军作战时，他们举行哗变和暴动响应我们。

四、必须适应着迅速变化的战争的环境改编自己的组织

“在严重剧烈的国内战争的环境之中，加强党的组织，使它能够适应迅速变化着的国内战争的环境”。党中央五次全会这个指示，对战区党更存着特别的重要的意义。

战地党、苏维埃和一切群众组织的工作，要完全服从战争的需要，一切脱离战争的倾向，必须严厉的批评与纠正。每一个机关和组织的工作，特别在战争动员方面，要取得完全适当的配合，干部的派遣也要互相配合的计划。在组织了战地委员会的地方，党和苏维埃的负责同志必须参加，并且要从党、政府、工会和青年团，

征调一定的必须的得力干部去实际的参加战委工作。一切战争动员工作集中在战委领导之下，但这并不是说这样就可以代替各组织自己的系统，恰恰相反的更要加强各个组织系统的动员去为着完成总的计划和目标而行动。在没有组织战委的地方，党的书记和苏维埃主席必须共同负责的每天检查党与苏维埃的军事部的工作，以保障战争动员计划的完成与游击战争的领导。

战地的党与苏维埃，更需要执行集中的领导。同级党部的决定，上级党部和苏维埃的指示，任何一个党员和苏维埃工作人员必须绝对负责执行，无论党、苏维埃、工会、青年团、武装队伍和一切群众组织必须绝对遵守革命纪律，一切破坏革命纪律的，都要受到严格的处分，特别领导负责的同志和工作人员要负责更严重的责任，革命纪律的重要向所有党员和劳苦群众作详细的解释，提高广大群众为遵守革命纪律而斗争的积极性。

所有战区的党、苏维埃和一切群众组织，在党的领导之下，预先计划好干部的分配，那些加入游击队，那些作秘密的党的和群众的工作、白军士兵工作，准备好秘密机关的驻扎和交通网。最要注意的是不让一个不可靠的分子混到秘密机关和担任交通工作与白军士兵工作。此外还要指定有秘密工作经验的同志，估计到客观的可能去定出秘密工作条例和一切技术工作，——这样准备好一切，万一本地被敌人占领，能够迅速的改编自己的各种组织，一分钟不间断的继续领导斗争。

但必须了解，一旦转入秘密环境的时候，党的任务是要积极的，坚决的领导游击战争，领导广大群众反对白军和国民党地主资产阶级种种压迫剥削的斗争。只有这样依靠广大群众和群众的武装斗争，党才能够秘密存在，才能够配合着苏区的党，争取粉碎五次

“围剿”的光荣的胜利。一切企图脱离群众、躲在山上的办法，必须坚决的阻止和纠正，最后要注意的是：党、苏维埃和一切领导机关，要事先估计到事变的可能，使负责的干部懂得在某种情形之下，应该采取某种紧急的处置，以免事变到来，仓皇失措，以至于发生零乱、散漫、逃跑等恶劣现象。

中共中央委员会和中央政府人民委员会向为着保卫苏维埃的英勇奋斗的战地的党、苏维埃，红色指战员与工农劳苦群众，致最热烈的革命敬礼！

博古、李德关于撤出广昌问题致周恩来电*

（1934年4月27日）

周：

（万万火急）

广昌西北之战未能获得胜利，现只有直接在广昌支点地区作战之可能，但这不是有利的，提议放弃广昌，而将我们的力量暂时撤至广昌之南，战斗经过另报。请立即以万万火急复。

博、李

* 军事科学院军史部一室编：《红军反“围剿”文献》之一下，第747页。

周恩来就放弃广昌等问题致博古、朱德、李德电*

（1934 年 4 月 27 日）

博、朱、李：

甲、来电久译不明。

乙、在我主力受【到】较大损伤，而在广昌支点直接作战又无把握时，原则上同意放弃广昌，但仍须以一部扼守广昌，迟敌诱敌；抽一军团秘密东移，突击汤敌，期于三十日到建宁。敌人汤敌今日已猛攻湾洲岭及其西南山地未下。

丙、最后决心由你们下。

周

赖安给哈迪的信（节选）**

（1934 年 6 月 4 日于上海）

亲爱的乔治[1]：

在我动身之前，你建议我有机会给你写信，同你交谈我对这里的情况和工作的印象。由于某些原因，我迟迟未能这样做。但是我想让你看看几个零散的札记，谈到这里情况的一些方面和涉

* 军事科学院军史部一室编：《红军反“围剿”，文献》之一下，第 748 页。

** 中共中央党史研究室第一研究部译：《联共（布）、共产国际与中国苏维埃运动》（第 14 卷）（1931—1937），中共党史出版社 2007 年版。

及党[2]和局（远东局）工作的一些因素以及我在这里一直坚持的观点。

1. 根据江西、福建地区最近的事态发展，特别是注意到中央红军[3]蒙受的一系列惨重的军事挫折和损失，以及因此中央苏区根据地的缩小，可以推测，如果中国其他地区的军政形势以及国际因素不会导致发生“出人预料”的重大冲突，以后几个月在阶级力量对比和政治重新组合方面也不会导致发生重要变化的话，那么在最近的将来，可能是秋天，中央苏区红军的主要有生力量将不得不放弃江西、寻找出路和在湘川方向寻找发展苏维埃运动的新的地区，同时要顽强地保卫现有的中央苏区根据地，可能的话，还要使用红军轻装的和机动的部队进行机动灵活的防御战，并在中央苏区目前的和原有的土地上以及在相邻的地区大大发展和加强强大而活跃的游击队。

注释

①乔治·哈迪。

②指中国共产党。

③这里和下面指中央苏区红军部队。

共产国际执行委员会政治书记处政治委员会埃韦特给中共中央的电报*[①]

（1934年6月16日[②] 莫斯科 绝密）

致代表，转【中共】中央

1. 我们完全赞成你们目前根据对形势的正确评价实行的计划。争取保存中央苏区的前途，是与在外部地区、在交通线上和在靠近敌人设防地区的后方广泛开展游击密切联系在一起的。不这样大规模地开展游击运动，在苏区内，机动能力非常有限的军队的处境，到今年秋季敌人发动新的攻势，作出最后努力来突破苏区的防线时，就会发生危机。但是在夏季，红军若竭尽全力，是能够采取主动把业已形成的不利形势改变为有利的。为此，必须完成两项任务：（1）为防备不得不离开，要规定加强在赣江西岸的基地，同这些地区建立固定的作战联系，成立运粮队为红军建立粮食储备等；（2）现在就用自己的一部分部队经福建向东北方向发起战役，以期最后这些部队成为将来闽浙皖赣苏区的骨干力量，现在四省边境地区就有可观的游击行动和第十军的核心力量。这次战役，威胁蒋介石的主要基地和交通线，对保存中央苏区和便于其余部队向湖南方向撤离（如果不得不这样做的话），都具有很大的意义。因此，扩大从福鼎到鄱阳湖的游击区，是在中央苏区军队面前可能出现的任

* 中共中央党史研究室第一研究部译:《联共（布）、共产国际与中国苏维埃运动》（第14卷）（1931—1937），中共党史出版社2017年版。

何选择中的最重要任务。

2.【即使】考虑到目前的战线防御有暂时被削弱的风险，我们还是建议随第七军之后再投入3个师，它们绕开敌人战线行进，如沿着经过尤溪的中心线前进，然后向北，以便深入敌后以果断的行动切断现在从沙县、建宁扇形地区进攻中央苏区的敌集团军的交通线。在7、8月间，这个军团独立作战时，不要去占领敌人的堡垒，可以同第十军和北面的游击队一起给敌人的整个战线造成这样的威胁，使敌人不先尝试消除这个新的威胁，就不能下决心投放力量进攻中央苏区。

3. 归根到底，即使秋季战斗结局不利，我们在中国东南部还有三个主力作战集团军：（1）由七、三、十军团组成的、在目前的中央地区东北部活动的集团军；（2）留在中央苏区进行游击战的集团军；（3）在湘赣边境上的西边集团军，这个集团军将包括撤到那里的中央苏区部队，还有6个军团等。

4. 动员新的补充人员的过程证明，中央苏区的资源还没有枯竭。红军作战部队的抵抗能力、后方的情绪等，还没有引起人们的担心。如果说主力部队可能需要暂时撤离中央苏区，为其做准备是适宜的，那么这样做也只是为了撤出有生力量，使之免遭打击。

需要在对共产国际执行委员会十三次全会决议和中共五中全会决议进行讨论的基础上做解释工作，说明斗争的前景和目前的困难，以及红军采取灵活策略的必要性，其目的首先是要保存有生力量和为其发展和加强创造新的条件，以便在有利的时机对日本和其他帝国主义和国民党军队开展广泛的进攻。

注释

①该电报在共产国际执行委员会政治书记处政治委员会1934年6月15日会议上得到批准。

②密电译出的日期。

广昌战斗*

彭德怀

一九三四年一、二月间，在泰宁地区之娥媚峰，我给中央写了一封信，大意是，要做长期准备，否则可能遭到和四方面军不能坚持鄂豫皖苏区同样的失败，这封信未得到答复。

三、四月间，敌集中大量兵力进攻广昌。方面军前方司令部撤回瑞金，另组临时司令部。博古为政委，实际上是李德为总司令，亲上前线，指挥坚守广昌。我再三说广昌是不能固守的，必须估计敌军技术装备。他们不相信，而相信他们自己构筑的永久工事。我说，在自己没有飞机大炮轰击的情况下，就算是比较坚固的野战工事，在今天敌军的装备下，是不起作用的。如果固守广昌，少则两天，多则三天，三军团一万二千人，将全部毁灭，广昌也就失守了。广昌没有城墙，他们要派一个团做半永久工事。我说，采取机动防御，派一个加强连约二百人进占工事，吸引敌军进攻；我主力控制于城西南十里之山地，隐蔽集结，待敌进攻我守备阵地时，则相机突击敌外侧一点，求得消灭敌之一部。绘了配备图，做

* 《彭德怀自述》，人民出版社1981年版。

了作战计划，总算得到这位外国顾问同意了。

进攻广昌之敌七个师，一个炮兵旅轰击，每天约三〈、〉四十架次飞机配合，拖着乌龟壳（堡垒）步步为营前进。前进一次只一千至二千米；在其火力完全控制之下，站稳了脚跟，先做好了野战工事，配备好火力，再进行第二步；每次六〈、〉七架飞机轮番轰炸，从上午八〈，〉九时开始至下午四时许，所谓永久工事被轰平了。激战一天，我军突击几次均未成功，伤亡近千人，在李德所谓永久工事里担任守备的营，全部壮烈牺牲，一个也未出来。他们看到了实际，黄昏后允予撤出战斗，放弃了固守广昌的计划，三军团遭到相当大的损失，撤至头陂圩集结。他们对于红军的英勇顽强、战斗动作熟练和战术指挥没有批评。当时我既无炮兵，步、机枪子弹也很少，恐怕平均没有我们现在一次打靶的多。过去我们作战，就是突然袭击，坚决勇敢，灵活机动。丢掉自己的长处，现在来死拼硬打，当然吃亏。

当日约八时以后，战斗停止时，博古来电话，说李德、博古约我和杨尚昆去谈谈，他们明天回瑞金去。见面时，李德还在谈他那一套，如何进行短促突击，如何组织火力。我说，怎样去组织火力点？根本没有子弹！在敌碉堡密布下，进行短促突击，十次就有十次失败，几乎没有一次是得到成功的。我尽情地、毫无保留地讲了自己的意见，大胆地准备个人的不幸，说，你们的作战指挥从开始就是错误的。讲了四次“围剿”被我军粉碎以后，就没有打过一次好仗，主要是方面军指挥上的错误，就是主力不集中。我举了上面的几次战斗例子：团村的待伏战斗，如果一、三军团不分开作战，集中使用，就能灭敌军三个师十五个团；我们就能缴获枪弹、俘虏敌兵，补充自己的战斗消耗。现在每战都同敌人拼消耗。

敌有全国政权和帝国主义帮助，我则靠取之于敌，你完全不懂这条道理。洵口遭遇战消灭敌人一个师，想停止半天消灭被围之最后一个营都不准，前方指挥者都没有这样的机动权，硬要叫军队转到硝石，几乎把三军团让敌人消灭掉。我还说，你们坐在瑞金指挥的第二次进攻南丰的战斗，几乎造成一军团全军覆灭，连迫击炮放在地图上某一曲线上都规定了。实际中国这一带的十万分之一图，就根本没有实测过，只是问测的，有时方向都不对。我说，如果不是红军高度自觉，一、三军团早就被你送掉了。我还说，这次广昌战斗你们看到了吧！这种主观主义，是图上作业的战术家。中央苏区从一九二七年开创到现在八年了，一、三军团活动到现在，也是六年了，可见创造根据地之不易。“崽卖爷田心不痛”，被送掉！

这段是伍修权同志翻译的，李德没有发火。我知道没有全翻，如果全翻了，哪有不发火的道理呢？我请杨尚昆同志重翻了。这时李德咆哮起来：“封建！封建！”他跳我高兴。他继续骂我，说是因为撤掉我的革命军事委员会副主席不满意（撤职是事实，但不知为什么）。我说，根本没想那些事，现在是究竟怎样才能战胜敌人，这是主要的，我骂了他下流无耻，鄙视了他。那次，我把那套旧军衣服背在包里，准备随他到瑞金去，受公审，开除党籍，杀头，都准备了，无所顾虑了。但这次没有谈政治路线和军事路线的错误，而只谈指挥上的错误。这次也出乎意料，没有撤职，也没有给处罚，只是他到瑞金以后，造谣说彭德怀右倾。实际对他的错误，只是举例说的。军事路线是服从政治路线的，政治上提出两条道路决战，不放弃苏维埃一寸土地，这就必然要产生短促突击、分兵把口的单纯军事防御路线。

从广昌战斗后，同敌人一直顶到石城，顶了四个多月。其中在高虎脑打了一个小胜仗。这是利用特殊地形，采取反斜面山脚边，完全出敌不意的情况下打的。他们抓了这点大做宣传，来说明他们所谓短促突击战术如何如何，借机会指定我写一篇证明他们的“短促突击”战术正确的文章。当我写了之后，他们就把适合他们口味的部分保留了，而不适合他们口味的部分却被删去。特别删去了“这是特殊情况下取得的胜利，而不能证明‘短促突击’是适合的”一句，修改为相反的意思，即证明“短促突击”是正确的，同时经过修改后，没有取得我的同意就发表了。

上述等等，使我慢慢理解到，除了军事指挥的错误，加上他们推行的那种过火斗争，打击别人，抬高自己，打着国际路线旗号，冒称布尔什维克化，都是贯彻了四中全会这条完全错误的路线。

模范的高虎脑战斗之后又有模范的万年亭战斗*

激战的经过

（八月）十四日的早晨，炮声又隆隆地响个不停，这是敌人于六七日高虎脑战斗失败后，重新整顿了队伍，企图急于占领驿前石城，而作绝望的拼命的进攻。

约莫五点钟的光景，战斗开始了。敌人以一师兵力，依然在七架飞机十几门大炮的配合之下，向我“无”团守备之万年亭阵地猛攻。继续四五次的肉搏冲锋，均被我常胜的红军击溃。最后敌人

* 《红星报》1934年8月25日第61期。

集中官长四十余人，率敢死队一营，拼命冲至万年亭附近，当被我英勇的“论”团以短促突击击溃，“无”团“如”团即以交叉火力封锁射击，全部歼灭一营，几十个法西斯蒂的军官敢死队也全部进入鬼门关。当场缴获步枪数十、驳壳十余支。是役敌人死伤千余，未得尺寸进展，在红色战士的铁拳之下，不得不溃败下去！

“们”师是无敌的红军，是红军的模范

写下高虎脑光荣战史的是“们”师，写下这次万年亭光荣战史的又是“们”师。我百战百胜的“们”师在战斗中，越战越勇，显示了他们是无敌的红军，是红军的模范！

特别是值得我们赞扬的是：“无”团守备的顽强，“如”团反突击的坚决，创造了这次光荣的胜利战斗。

顽强抗战的模范九连

在这次战斗中，我“无”团九连又担任了守备的重大任务，经过敌人四路猛攻三次，飞机大炮的猛烈轰炸，但我九连指挥员毫不动摇，并以坚决的反突击与敌人冲锋肉搏，先后三次把敌人击溃。

“无”团九连是一年没有逃跑的模范连，在高虎脑战斗中曾特别表现了他们的顽强守备与英勇抗战的精神。在万年亭战斗更表现了他们的英勇坚决，是火线上的光荣模范连。

“如”团五连，在这次战斗中亦与“无”团九连表现着同样英勇坚决与机动的模范作用。

我们的英雄——写在红军战史的红板上

在这次战斗中，有着不少的光辉的模范例子，应该把我们的

英雄的名字写上红军战史的红板上去！

双脚打断，不下火线

“新”团九连三班长谢光生同志，在战斗的剧烈时，双脚被炮弹打断，不哭不下火线，并大声鼓动红色战士：“一排的同志们，我们不要怕飞机大炮，我们要坚决守住，完成我们的光荣任务”！最后排长要他坐担架，才下火线。

英勇顽强的班长

“无”团九连七班长刘连代同志，领导一班人守备一个阵地，敌人飞机炸弹打在他面前，人都几乎被泥土埋了，同时敌人又冲上来，刘同志毫不动摇的顽强守备，并鼓动大家说：“不要怕飞机大炮，要消灭地下的敌人！”一阵准备的射击与手榴弹投掷，把敌人打塌下去！

一排人打坍敌人一营

“无”团九连一排长，前次在高虎脑战斗中，坚决的领导一排人完成了上级给他的光荣战斗任务。万年亭战斗，同样的表现了英勇的精神，他不但在军事上领导一排人作战，同时在各种情况中能提出各种口号来鼓动红色战士。当敌人冲锋时，他一人打了十几个手榴弹，打坍敌人一营。

负了伤还有缴枪

“论”团五连看见敌人向我九连阵地猛攻，很机动的实施反突击，把敌人打坍。该连指导员罗洪顺同志负了伤不下火线还鼓动红色战士，并缴了敌人两支驳壳枪。该连二排长张玉光也负了伤，同样的缴得驳壳两枝，并还率领全排人反冲锋。

排长领导一班长打坍敌人两连

“无”团七连一排长谭瑞庭同志（党员），指挥一班人守备一个阵地，在敌人开始进攻时，他向大家说：“我们要坚决到底，丝毫不动摇，为苏维埃流血牺牲是最光荣的”。到敌人冲拢来，他领导一班人坚决反突击，把敌人约两连完全打坍。谭同志也在反突击成功时负了伤。

模范的担架队

“们”师担架队同志，在此次战斗中，表现得异常的努力。他们能马上把火线上的负伤战士抬下来，没有丢掉一个伤员，并且对负伤战士说：“同志们，你们负伤是为苏维埃流血最光荣的！”这种模范担架队同志是值得表扬的。

（通讯员：仲华、优良、瑞元、晋南）

悼陈阿金同志*

《红星报》编委

在伟大的高虎脑、万年亭胜利之后，在继续保卫赤色石城驿前的决战中，我们最坚决的无产阶级干部陈阿金同志光荣的牺

---

* 《红星报》1934 年第 63 期。

牲了！

阿金同志，江苏阜宁人，十三岁即至上海纱厂做工，直至二十九岁，参加了上海“五卅”的大罢工，他是罢工工人群众最有信仰最能干的领导。此时候加入了共产党。“五卅“反帝斗争被资产阶级出卖了，阿金同志又曾领导过两次纱厂罢工，反对资本家不执行已承认的条件，罢工取得了胜利，但阿金同志却因此被捕。月余出狱，一九二六年八月参加上海第一次暴动，因此失业。一九二七年二月因援助月员罢工，又被捕入狱，出狱后即参加有历史伟大意义的上海工人第三次大暴动，“四一二”蒋介石在上海实行对工人大镇压后，因在上海不能立足，即被派至苏联学习。一九三〇年回国，一九三〇年七月来中共苏区。曾任红军学校机炮大队政治委员，后调前方任团政委，一九三三年六月第六师成立时，任六师政委，经过陈阿金同志顽强的领导与努力工作，在很短时间内，幼稚的第六师，即锻炼成了有坚强战斗力的铁的第六师。一九三四年春改任第五师政治委员，在陈阿金同志坚强的布尔什维克的领导下，在粉碎敌人五次“围剿”决战中，第五师曾多次写下了光荣模范的战绩。这是阿金同志有力领导的结果。

在高虎脑万年亭附近的浴血决战中，阿金同志都亲临前线，领导我们赤色战士坚决抗战，击溃敌人六个师，毙敌两千多，给蒋介石之主力非主力以沉重打击。敌人在两次惨败后，又于八月二十八、九两日集中七个师，数十门大炮与十余架飞机向我猛攻，在弹雨横飞中，阿金同志亲临前线领导作战，在激烈的战斗中，我们最坚决最有力的阿金同志竟为苏维埃流了最后一滴血，而光荣的牺牲了！

阿金同志的牺牲，是我们很大的损失，我们纪念阿金同志，不是哭泣，不是丧气，我们要学习阿金同志无产阶级的顽强抗战精神，继续阿金的未完事业，坚定的去粉碎五次“围剿”，为苏维埃在全中国的胜利而斗争。

中共中央关于反对敌人五次“围剿”的总结的决议*

（1935 年 1 月 17 日政治局会议通过）

听了 ×× 同志关于五次“围剿”总结的报告及 ××× 同志的副报告之后，政治局扩大会认为 ×× 同志的报告基本上是不正确的。

一、党中央关于敌人五次“围剿”的决议中，曾经清楚的指出五次“围剿”是帝国主义与国民党的反动对于苏维埃革命运动的更加残酷的进攻，但同时指出了在这一剧烈的阶级决战中，帝国主义、国民党内部的弱点与革命形势的新的紧张化，这造成了国内阶级力量的对比有新的有利于我们的变动，得出了“在五次‘围剿’中间我们有着比以前更加充分的取得决战胜利的一切条件”的正确结论（一九三三年七月二十四日中央决议）。而 ×× 同志在他的报告中过分估计了客观的困难，把五次“围剿”不能在中央苏区粉碎的原因归罪于帝国主义、国民党反动力量的强大，同时对于目前的革命形势却又估计不足，这必然会得出客观上五次“围剿”根本不能粉碎的机会主义的结论。

二、党中央根据于自己的正确估计，定出了反对敌人五次

---

* 《遵义会议文献》，人民出版社 1985 年版。

“围剿”的具体任务。一年半反对“围剿”的困苦斗争，证明了党中央的政治路线无疑义的是正确的。特别中央苏区的党在中央直接领导之下，在动员广大工农群众参加革命战争方面，得到了空前的成绩。扩大红军运动成为群众的热潮。动员工农积极分子武装上前线，达到十万人以上，使红军大大的扩大了。模范赤少队开始成为红军的现成后备军，赤少队的群众武装组织有了极大的发展。党在“一切为了前线上的胜利”的口号下，解决了前方红军财政上的粮食上的与一切其他物质上的需要。苏区内部阶级斗争的深入，苏维埃的经济建设以及苏维埃政府与群众关系的彻底的改善，更大大的发扬了广大群众参加革命战争的热情与积极性。一切这些造成了彻底粉碎五次“围剿”的有利条件，而 ×× 同志在他的报告中对于这些顺利的条件，显然是估计不足的。这种估计不足也必然得出在主观上我们没有法子粉碎“围剿”的结论。

三、应该指出在我们工作中还有许多严重的弱点：党对于白区广大工农群众反帝反国民党与日常斗争的领导依然没有显著的进步，游击战争的发展与瓦解白军士兵工作依然薄弱，各苏区红军在统一战略意志之下的相互呼应与配合还是不够，这些弱点无疑的要影响到反对五次“围剿”的行动，成为五次“围剿”不能粉碎的重要原因。但决不应该以为这些弱点的存在，乃是不能粉碎五次“围剿”的主要原因。而 ×× 同志在报告与结论中却夸张这些工作的弱点，对军事领导上战略战术基本上是错误的估计，却又不认识与不承认，这就使我们没有法子了解我们红军主力不能不离开中央苏区与我们不能在中央苏区粉碎“围剿”的主要原因究竟在那里。这就掩盖了我们在军事领导上战略战术的错误路线所产生的恶果。红军的英勇善战，模范的后方工作，广大群众的拥护，如果我们不能在军事领导上运用正确的战略战术，则战争的决定的胜利，是不可能的。五次“围剿”不能在中央苏区粉碎的主要原因正在这里。

四、国民党蒋介石以及他的帝国主义的军事顾问等，经过历次“围剿”失败之后，知道用“长驱直入”的战略战术同我们在苏区内作战，是极端不利的。因此五次“围剿”中，采用了持久战与堡垒主义的战略战术，企图逐渐消耗我们的有生力量与物质资财。紧缩我们的苏区，最后寻求我主力决战，以达到消灭我们的目的。

在这种情形下，我们的战略路线应该是决战防御（攻势防御），集中优势兵力，选择敌人的弱点，在运动战中，有把握的去消灭敌人的一部或大部，以各个击破敌人，以彻底粉碎敌人的“围剿”。然而在反对五次“围剿”的战争中，却以单纯防御路线（或专守防御）代替决战防御，以阵地战堡垒战代替了运动战，并以所谓“短促突击”的战术原则来支持这种单纯防御的战略路线。这就使敌人持久战与堡垒主义战略战术达到了他的目的，使我们主力红军受到部分损失，并离开了中央苏区根据地。应该指出，这一路线，同我们红军取得胜利的战略战术的基本原则，是完全相反的。

五、在目前中国国内战争的阶段下，在我们还没有大的城市工人的暴动、白军士兵的哗变的配合，在我们红军数量上还是非常不够，在我们的苏区还只是中国的一小部分，在我们还没有飞机大炮等特种兵器，在我们还处于内线作战的环境，当着敌人向我们进攻与举行“围剿”时，我们的战略路线当然是决战防御，即是我们的防御不是单纯的防御，而是为了寻求决战的防御，为了转入反攻的防御。单纯防御可以相当削弱敌人力量，可以在某一时期内保持土地，但最终的粉碎敌人“围剿”以保卫苏区是不可能的，最后胜利的前途是没有的。只有从防御转入反攻（战役的与战略的）以至进攻，取得决战的胜利，大量消灭敌人的有生力量，我们才能粉碎“围剿”，保卫苏区，并发展苏维埃革命运动。

在这一战略路线之下，当我们还没有发现和造成敌人的弱点时，我们对于进攻的敌人不应该即刻与之进行无胜利把握的决战，我们应该以次要的力量（如游击队、群众武装、独立营团、部分主力红军等）在各方面迷惑或引诱敌人，在次要方面，主要的以运动防御钳制敌人，而主力则退至适当距离或转移到敌人侧翼后方，隐蔽集结，以寻求有利时机，突击敌人。在内线作战下，当敌人以绝对优势兵力向我们前进时，红军的退却与隐蔽，足以疲劳敌人，消耗敌人，迷惑敌人，使敌人骄矜懈怠，发生过失与暴露弱点，这就创造了转入反攻取得决战胜利的条件。要最审慎的分析与判断敌情，以便适时的恰当的部署战斗。不要由于敌人向我们挑衅与佯攻，而不必要的调动我们的力量与投入战斗，使我们疲于奔命，失去在一定方向取得决战胜利的机会。为了求得胜利，当敌人按照其计划前进时，我们在突击方向，用不着去阻止他，应该待他进至适当距离，然后包围消灭之（即诱敌深入）。为了求得胜利，就是暂时放弃一部分苏区的土地，甚至主力暂时离开苏区根据地，都是在所不辞的，因为我们知道，只要我们能够消灭敌人，粉碎敌人的“围剿”，我们不但能够恢复放弃的土地，而且还能够扩大苏维埃领土。一切这些，都是为着使红军能够经常主动的有利的去战胜敌人的进攻与“围剿”，而避免一切被动的与不利的结果。

然而在五次战争中，对于这些原则却通通是违反的。共产国际去年二月来电说得很对：“我们觉得似乎在目前这一时期，中区军事指挥所采用的计划和步骤，差不多可以说常常是由敌人逼迫而产生的，敌人向我们挑拨，使我们常常不必要的改组我们的力量。

因此我们的力量由于继续不断的变动，就不能积极参加作战。我们觉得应该在那些我们已经获得了某些胜利的地方击败敌人，不要企图在全部战线上同时击败敌人”。单纯防御路线的领导者，对于共产国际的这种指示是无法了解的，所以不但去年二月以前如此，直至主力红军退出苏区仍是如此。甘心情愿把自己处于被动地位的单纯防御路线，并不是也不能企图在全部战线同时击败敌人，而是企图在全部战线同时阻止敌人，××同志过去提出过的“全线出击”的口号，在五次战争则变为全线抵御，而在战略上则二者都是错误的。“不放弃苏区寸土”的口号，在政治上是正确的，而机械的应用到军事上尤其在战略上，则是完全的错误，而适足成为单纯防御路线的掩盖物。

六、为了求得决战的胜利，在决战方面，集中优势兵力是绝对必要的。在目前敌我力量的对比上，敌人的兵力是绝对优势，他们常常拿多于我们数倍以至十数倍的兵力向我们进攻。然而这对于我们不是可怕的。由于敌人是处于外线，战略上采取包围与分进合击的方针，这就造成了我们各个击破敌人的机会，使我们在战略的内线作战下能够收到战役的外线作战（局部外线）的利益，即是以我军的一部钳制敌人的一路或数路，而集中最大力量包围敌之一路而消灭之，用这种办法去各个击破敌人，粉碎敌人的“围剿”。在战略的内线作战情况之下，只有集中优势兵力寻求战役的外线作战取得胜利，才能使红军经常握住主动权，敌人则迫使他陷入被动地位，而最后打破他的整个计划。

但是过去单纯防御路线的领导者，为了抵御各方面敌人的前进，差不多经常分散（主要是一、三军团的分散）兵力。这种分兵主义的结果，就使我们经常处于被动地位，就使我们的兵力处处薄弱，而便利于敌人对我们各个击破。五次战争中，许多的战役（如洵口战役，团村战役，建宁战役，温坊战役等）都由于我们主力不集中而未能得到伟大的胜利。对于单纯防御路线的领导者，红军的中心任务，是阻止敌人前进与企图以“短促突击”消灭部分的敌人，而不是争取主动权，不是争取决战的胜利。其结果就是红军消灭敌人的数量极少，而苏区也终于受敌人蹂躏。

七、在运动战中消灭敌人是我们工农红军的特长。共产国际在敌人五次“围剿”开始时（前年十月来电）即向我们指出：“我们的行动不应该采取阵地战的方式，而应该在敌人的两翼采取运动战。”去年二月来电又重复的说：“很明显的，根据过去的经验，我们的队伍在运动战中已经获得了许多伟大的胜利，但不能在强攻敌人的堡垒地带的作战中获得胜利。”国际这些指示是完全正确的。在五次“围剿”敌人堡垒主义之下，我们虽不能像在一、二、三、四次战争中当敌人“长驱直入”时取得大规模运动战的机会，然而运动战的可能依然存在，事实上已经多次的证明了（洵口、团村、将军殿、建宁、湖坊、温坊各役，特别是十九路军事变时）。然而五次战争中，由于对于堡垒主义的恐惧所产生的单纯防御路线与华夫同志的“短促突击”理论，却使我们从运动战转变到阵地战，而这种阵地战的方式仅对于敌人有利，而对于现时的工农红军是极端不利的。

强攻敌人的堡垒，在目前的技术条件下，是应该拒绝的。只有在堡垒不坚固或孤立的情形之下，在为了打击敌人增援队或为了调动敌人的情形下，才容许攻击堡垒。五次战争中常常轻易的强攻堡垒，其没有任何效果，是不足为怪的，因为这是以战斗当儿戏。

对于五次战争中运动战的可能估计不足，因而把敌人五次

“围剿”与过去一、二、三、四次“围剿”绝〔截〕然的分开，因而绝然否认过去运动战的经验，绝然否认诱敌进来给以消灭的战法，并且不得不在实际上拒绝共产国际的正确指示，这在单纯防御与短促突击的领导者是自然的道理。

八、由于对敌人堡垒主义的估计过高与对运动战的可能估计不足，便产生了胜利只能起始于战术上的理论，以为只有战术上的胜利，才能转变为战役上的胜利，然后由战役上的胜利才能引起战略上有利于我们的变化（华夫同志文章及××、××两同志给林彪彭德怀两同志的信）。以为“在堡垒主义下，只能有许多小的胜利，而不能有痛快淋漓的胜利”（见××同志政治局发言及××同志《红星》报文章），以为只有分兵抵御与短促突击才能对付堡垒主义。所有这些革命战争中机会主义战略战术的理论与实际，在五次战争中是完全破产了。

我们不否认堡垒主义造成了粉碎敌人五次“围剿”的新的困难（而他们最初却以“左”的空谈轻视堡垒主义，见××同志《红星》报文章），不否认而且应准备红军的技术条件（飞机大炮），特别是堡垒内的工农士兵暴动，以战胜将来敌人更坚固的堡垒，但就在现时条件下，堡垒主义也是能够粉碎的，堡垒主义疲劳了敌人的兵力并分散了兵力，养成了敌人对于堡垒的依赖性，使他们脱离堡垒即失去胜利的信心。同时敌人无法不脱离堡垒向我们前进，又无法在全国范围内遍筑足以限制红军行动的堡垒。一切这些，造成了使我们能够克服堡垒主义的顺利条件。因此我们红军粉碎堡垒主义的方法，依然是依靠于运动战，依靠在堡垒线前后左右发展游击战争以配合红军的行动，以及依靠深入的白军士兵运动。所谓运动战粉碎堡垒主义，即是在堡垒线内待敌人前进时大量消灭敌人的部队；在堡垒线外，即是红军转到广大无堡垒地带活动时，迫使敌人不得不离开堡垒来和我们做运动战。只要我们灵活的、艺术的、出奇制胜的运用运动战的战略战术原则，我们就一定能够粉碎敌人的堡垒主义。并且只有正确的战略方针，才能正确的领导战役，并正确的运用战术以粉碎堡垒主义与粉碎“围剿”。单纯防御与“短促突击”，胜利主要不依靠于战略战役的正确领导，而仅仅依靠于战术，实际上只是对堡垒主义的投降，到底不能粉碎堡垒主义。

九、在持久战与速决战问题上，单纯防御路线的领导者的了解也是错误的。必须明白中国国内战争不是一个短时期的战争，而是长期的持久的战争，苏维埃革命，就在不断粉碎敌人的“围剿”中发展与巩固起来的。因此在有利的条件下，我们完全应该从防御转入反攻与进攻。消灭敌人，粉碎“围剿”（如一、二、三、四次战争及五次战争广昌战役以前）。在不利的条件下，我们可以暂时的退却，以保持我们的有生力量，在另一有利条件下转入反攻与进攻（如五次战争广昌战役以后）。这是第一个基本原则。但同时必须了解另一个原则，即为了进行长期的持久战，对于每一次“围剿”与每一个战役，必须极力争取战局的速决。因为在现时敌我力量的对比上，对于一次“围剿”与一个战役采取持久战的方针，对于我们是极端不利的。当着敌人以持久战来对付我们的时候（如五次“围剿”），我们必须运用正确的战略方针，打破敌人这种计划。在我们可能支持的时间之内取得决定的胜利，以粉碎敌人的“围剿”。拿我们人力财力以及军火的补充的数量同国民党所有的去比较（即所谓同敌人拼消耗，见 ×× 同志《红星》报文章），这种持久战的了解是根本错误的，在这些方面现时我们正处在绝对的劣势，这种数目字的比较只能证明相反的结论，即持久战对于我们是没有胜利前途的。

正因为要进行长期国内战争的持久战，同时对于每一“围剿”与每一战役却要进行速决战，所以我们特别要谨慎决定我们的战略战役计划。五次战争中单纯防御战略是根本错误的，在这种错误战略之下进行的许多拼命主义的战斗（如丁毛山、三溪圩、平寮、广昌等战役）同样是错误的，红军一定要避免那种没有胜利把握的战斗。即使作战的决定在当时是正确的，但当形势变化不利于我们时，我们即应拒绝这种战斗。玩弄暴动是极大的罪恶，玩弄战斗同样是罪恶。

正因为要进行战争的持久战与战役的速决战，所以我们一定要给予红军以必须的休养兵力与教育训练的时间，这是争取战争胜利的必要条件。以为五次战争中没有休息训练的可能的说法是不对的，那只是单纯防御短促突击主义者必然的结论。以为红军行动积极化，便是使他经常的不停止的打仗而不应注重休息训练，也是不对的，须知没有必要的休息训练，就不能好好的打胜仗。红军的编制，一定要适合现时国内战争的环境。主力还未充实就去建立许多新的师团单位是不对的。应该于充实主力之后，再去建立新单位。拿全无教育训练又无战斗经验的新兵师团去单独作战是不对的，应该使新兵师团中有老兵骨干，并尽可能在初期使他们在老的兵团指挥之下，训练出战斗经验来。那种不必要的笨重的与上重下轻的组织与装备是不对的，应该是尽可能的轻装，必须充实连队与加强师以下的领导。

正因为要进行战争的持久战与战役的速决战，必须反对那种把保持有生力量与保卫苏区互相对立起来的理论。为了进行胜利的战斗，红军的英勇牺牲是完全必要的，这是阶级武装的特质，是革命战争胜利的基础，这种牺牲换得了胜利，这种牺牲是有代价的。但这不能适用于无代价的拼命主义的战斗，须知只有保持有生力量，我们才能真正的保卫苏区。没有坚强的红军，苏区即无法保存。有了坚强的红军，即使苏区暂时遭到部分的损失，也终究能够恢复，并且新的苏区也只有依靠红军才能创造起来。

在战争持久战的原则之下，要反对当敌人的“围剿”被我们用反攻战斗粉碎了之后可能发生的两种错误倾向。一种是由于疲劳情绪与过高估计敌人力量所产生的保守主义。这种保守主义使我们懈怠消极，使我们停顿不动，使我们不能由反攻转入进攻，消灭更多敌人，发展更大苏区，扩大红军力量，使我们不能在敌人新的“围剿”到来之前取得粉碎新的“围剿”的充分条件。另一种是由于对自己胜利过分估计与对敌人力量估计不足所产生的冒险主义。这种冒险主义使我们的进攻得不到胜利（如无把握的及在当时无必要的进攻中心城市等），甚至于使反攻中已经得到的胜利归于减削或抛弃，使红军有生力量过分牺牲，使扩大红军、扩大苏区、争取战略地区的发展与巩固的任务放弃不顾，这同样使我们不能在敌人新的“围剿”到来之前取得继续粉碎它的充分条件。因此，反对这两种错误倾向，是党在战略的进攻问题上即在敌人两个“围剿”之间的严重的任务。

在战役速决战的原则之下，要反对根源于恐慌情绪的仓〔促〕应战，或对于战略上初战的不慎重，或企图先发制敌，一战不胜就认为没有办法，或借口速决战而不作充分准备，即对于敌人的“围剿”不作必要的与尽可能支持的时间内的一切准备，等等机会主义的倾向。速决战是要求具备一切必要条件（战略的优胜，战役领导的正确，运动战，不失时机，集中兵力等等）去消灭敌人部队，只有消灭了敌人部队才能使战局速决，才能使敌人的进攻与“围剿”归于粉碎。

十、利用反革命内部的每一冲突，从积极方面扩大他们内部的裂痕，使我们转入反攻与进攻，是我们粉碎敌人“围剿”的重要战略之一。福建十九路军事变是粉碎敌人五次“围剿”的重要关键，党中央当时采取了利用国民党内部这一矛盾的正确的政治路线，同十九路军订立了停战协定，来推动十九路军去反对日本帝国主义与蒋介石。然而当时的 ×× 同志等却在“左”的空谈之下，在战略上采取了相反的方针，根本不了解政治上军事上同时利用十九路军事变是粉碎五次“围剿”的重要关键之一。相反的以为红军继续在东线行动，打击进攻十九路军的蒋介石部队的侧后方，是等于帮助了十九路军。因此把红军主力西调劳而无功的去攻击永丰地域的堡垒，失去了这一宝贵的机会。根本不了解十九路军人民政府当时的存在对于我们是有利益的。在军事上突击蒋介石的侧后方以直接配合十九路军的行动，这正是为了我们自己的利益，为了粉碎五次“围剿”。这并不是因为十九路军是革命的军队，相反的这不过是反革命内部的一个派别，这个派别企图用更多的欺骗与武断宣传甚至“社会主义”之类的名词来维持整个地主资产阶段的统治，只有我们在实际行动中表现给在十九路军欺骗下的工农士兵群众看，我们帮助任何派别反日反蒋的斗争，我们才能更容易的揭破十九路军军阀的欺骗，在共同反日反蒋的战争中，争取他们到我们方面来。只有我们军事上采取与十九路军直接配合的方针，才能使我们在当时这一重要关键上不失去消灭蒋介石主力的机会，这种有利条件，是过去历次战争中所没有的。然而在我们军事上没有去利用，这对于单纯防御路线的领导者原是不足为怪的，因为他们的目的，原来不过为了抵御敌人的前进，至于利用敌人内部的矛盾与冲突使自己转入反攻与进攻，在他们看来是冒险的行动。

十一、在战略转变与实行突围的问题上，同样是犯了原则上的错误。首先应该说的：当我们看到在中央苏区继续在内线作战取得决定的胜利已经极少可能以至最后完全没有可能时（一九三四年五月至七月间，即广昌战役以后），我们应毫不迟疑的转变我们的战略方针，实行战略上的退却，以保持我们主力红军的有生力量，在广大无堡垒地区，寻求有利时机，转入反攻，粉碎“围剿”，创造新苏区，以保卫老苏区。国际六月二十五日来电曾经这样的指出：“动员新的武装力量，这在中区并未枯竭，红军各部队的抵抗力及后方环境等，亦未足使我们惊惶失措。甚至说到对苏区主力军退出的事情，这唯一的只是为了保存活的力量，以免遭受敌人可能的打击。在讨论国际十三次全会和五中全会的决议案时，关于斗争的前途及目前国际的情形以及红军灵活的策略，首先是趋于保存活的力量及在新的条件下来巩固和扩大自己，以待机进行广大的进攻，以反对帝国主义、国民党。”在这个重要关节上，我们的战略方针显然也是错误的。在《五、六、七三个月战略计划》上，根本没有提出这一问题。在《八、九、十三个月战略计划》上虽是提出了这一问题，而且开始了退出苏区的直接准备，然而新计划的基本原则依然同当时应取的战略方针相反，“用一切力量继续捍卫中区来求得战役上大的胜利”，“发展游击战争，加强辅助方向的活动，来求得战略上情况的变更”，这些依然是新计划基本原则的第一节二条。关于有生力量的保持问题，完全忽视。而这正是决定退出苏区的战略方针的基础。这一战役时机上的错误，再加上阵地战的发扬，给了红军以很大的损害。这种一方面预备突围，一方面又“用一切力量继续捍卫中区”的矛盾态度，正是单纯防御路线的领导者到了转变关头必然的惊慌失措的表现。

其次，更加重要的，就是我们突围的行动，在华夫同志等的心目中，基本上不是坚决的与战斗的，而是一种惊慌失措的逃跑的以及搬家式的行动。正因为如此，所以这种巨大的转变不但没有依照国际指示，在干部中与红色指战员中进行解释的工作，而且甚至在政治局的会议上也没有提出讨论。把数百万人的群众行动的政治目标，认为不是重要的问题。在主力红军方面，从苏区转移到白区去，从阵地战场转移到运动战场去，不给以必要的休养兵力与整顿训练，而只是仓猝〔促〕的出动。关于为什么退出中央苏区、当前任务怎样、到何处去等基本的任务与方向问题，始终秘而不宣。因此在军事上，特别在政治上，不能提高红军战士的热情与积极性，这不能不是严重的错误。庞大的军委纵队及各军团后方部的组织，使行军作战受到极大的困难，使所有战斗部队，都成了掩护队，使行动迟缓，失去到达原定地区的先机。这是根本忘记了红军的战略转变将遇到敌人严重的反对，忘记了红军在长途运动中，将要同所有追堵截击的敌人作许多艰苦的决斗，才能够达到自己的目的。所有这些政治上军事上组织上的错误，特别战略方针不放在争取于必要与有利时机同敌人决战的原则上，就使得自己差不多经常处于被动地位，经常遭受敌人打击，而不能有力的打击敌人。就使得三个月的突围战役，差不多处处成为掩护战，而没有主动的放手的攻击战。就使得口头上虽经常说主战，而实际上除掩护战而外，却经常是避战。就使得红军士气不能发扬，过分疲劳，得不到片刻休息，因而减员达到了空前的程度。就使得“反攻”的正确口号在实际上变成了 ×× 同志等的避战主义的掩盖物，而不准备于必要与有利时机争取真正反攻的胜利。就使得以红军战略转变，迫使敌人转变其进攻中央苏区的整个计划，以保卫中央苏区，以粉碎五次“围剿”，以建立湖南的根据地，乃至高度保持红军有生力量的基本任务，都不能完成。所有这些，都是在基本的战略方针上采取了避战主义的必然的结果。这种战略避战主义是从一种错误观点出发，即是说红军一定要到达了指定地区（湘西），放下了行李，然后才能举行反攻消灭敌人，否则是不可能的。对追击敌人（如周、薛两纵队），就在他们分离时与疲惫时也是不敢作战的。而这种错误观点的来源，则在于不明了当前的环境是不允许我们这样简单地轻巧地径情直遂地干的，在于对追击敌人的力量的过分估计。殊不知这种简单的轻巧的与径直的干法，在短距离的环境，不严重的与小部队的行动，或者是可能的，而在数千里的在五次“围剿”环境中的主力红军的巨大的战略的转移则是不可能的。对不必要的与敌人无隙可乘的那种战斗，是应避免的，而对于必要的与敌人有隙可乘的战斗，则是不应该避免的。此次突围行动，没有完成自己的任务，其主要原因正在这里。这一原则上的错误，一直发展到突围战役的最后阶段。当红军到了湘黔边境，在当时不利于我的情况下，却还是机械的要向二、六军团地区前进，而不知按照已经变化的情况来改变自己的行动方针。红军到了乌江地域，又不知按照新的情况变化，提出在川黔边转入反攻消灭蒋介石追击部队的任务，而只看见消灭小部黔敌以及消灭所谓土匪的任务。虽则最后两次错误都因政治局大多数同志的坚决反对而纠正了，而在华夫同志等适足表现其战略问题上一贯的机会主义的倾向。

单纯防御路线发展的前途，或者是不顾一切的拼命主义，或者是逃跑主义，此外决不能有别的东西。

十二、政治局扩大会认为一切事实证明我们在军事上的单纯防御路线，是我们不能粉碎敌人五次“围剿”的主要原因。一切企图拿党的正确的路线来为军事领导上的错误路线做辩护（如 ×× 同志的报告、华夫同志的发言）是劳而无功的。

政治局扩大会更认为这种军事上的单纯防御路线，是一种具体的右倾机会主义的表现。他的来源是由于对于敌人的力量估计不足，是由于对客观的困难特别是持久战堡垒主义的困难有了过分的估计，是由于对于自己主观的力量特别是苏区与红军的力量估计不足，是由于对于中国革命战争的特点不了解。因此政治局扩大会认为反对军事上的单纯防御路线的斗争，是反对党内具体的右倾主义的斗争，这种斗争在全党内应该开展与深入下去。一切把这一斗争转变为无原则的个人纠纷的企图，必须受到严厉的打击。

十三、此外政治局扩大会认为 ×× 同志特别是华夫同志的领导方式是极端的恶劣，军委的一切工作为华夫同志个人所包办，把军委的集体领导完全取消，惩办主义有了极大的发展，自我批评丝毫没有，对于军事上一切不同意见不但完全忽视，而且采取各种压制的方法，下层指挥员的机断专行与创造性是被抹煞〔杀〕了。在转变战略战术的名义之下，把过去革命战争中许多宝贵的经验与教训完全抛弃，并目之为“游击主义”，虽是军委内部大多数同志曾经不止一次提出了正确的意见，而且曾经发生过许多剧烈的争论，然而这对于华夫同志与 ×× 同志是徒然的，一切这些，造成了军委内部极不正常的现象。

同时政治局更认为过去书记处与政治局自己对于军委的领导是非常不够的。书记处与政治局最大部分的注意力是集中于扩大红军与保障红军的物质供给方面，因此在这些方面，得到了空前伟大的成绩，然而对于战略战术方面则极少注意，而把这一责任放在极少数同志身上，首先是 ×× 与华夫同志。我们没有清楚的了解，战争的指挥问题，关系于战争胜负的全局。战争指挥的错误，可以使最好的后方工作的成绩化为乌有。政治局对于这一问题上所犯的错误是自己应该承认的，书记处的所有同志，在这方面应该负更多的责任，因为有些重要的决定或战略计划是经过书记处批准的。

然而政治局扩大会特别指出 ×× 同志在这方面的严重错误，他代表中央领导军委工作，他对于华夫同志在作战指挥上所犯的路线上的错误以及军委内部不正常的现象，不但没有及时的去纠正，而且积极的拥护了助长了这种错误的发展。政治局扩大会认为 ×× 同志在这一方面应该负主要的责任，而 ×× 同志在他的结论中对于绝大多数同志的批评与自己的错误是没有承认的。必须指出，这种错误对于 ×× 同志不是整个政治路线的错误，而是部分的严重的政治错误。但这一错误如果坚持下去，发展下去，则必然会走到整个政治路线的错误。

政治局扩大会认为为了粉碎敌人新的围攻，创造新苏区，必须彻底纠正过去军事领导上所犯的错误，并改善军委领导方式。

十四、最后政治局扩大会认为：虽是由于我们过去在军事上的错误领导使我们没有能够在中央苏区内粉碎五次“围剿”，使我们主力红军不能不退出苏区并遭受到部分的损失，然而我们英勇的红军主力依然存在着，我们有着优良的群众条件，我们有着党的正确的领导，我们有着物质上地形上比较良好的地区，我们有着全国广大群众的拥护，与红四方面军和二、六军团的胜利的配合，再加上正确的作战指挥，我们相信，这些困难，在我们全体同志与红色指战员努力之下，是可以克服的。同时敌人方面的困难是大大的增加了，我们活动地区远远的离开了南京政府反革命的根据地，蒋介石几年经营的堡垒地带的依靠是没有了。军阀内部的矛盾与不统一有了进一步的增加，我们主要的敌人蒋介石的主力在五次“围剿”中是削弱了，尤其是帝国主义瓜分中国与国民党的卖国政策，全国国民经济的空前的崩溃，使全国民众更清楚的看到只有苏维埃才能救中国，而更加同情与拥护苏维埃革命运动以至直接为苏维埃政权而斗争。这些都是我们粉碎敌人新的围攻，创造新的苏区根据地，发扬全国苏维埃运动的有利条件。

必须指出，目前的环境在党与红军面前提出了严重的任务。这就是因为帝国主义与反革命国民党军阀任何时候都不会放松我们。我们现在是在敌人新的围攻的前面，中央红军现在是在云贵川地区，这里没有现存的苏区，而需要我们重新去创造，我们的胜利要在自己艰苦奋战中取得。新苏区的创造，不是不经过血战可以成功的。当前的中心问题，是怎样战胜川、滇、黔、蒋这些敌人的军队。为了战胜这些敌人，红军的行动，必须有高度的机动性，革命战争的基本原则是确定了，完成作战任务必须灵活的使用这些原则。红军运动战的特长，在五次战争中是被长期的阵地战相当减弱了，而在目前正要求红军各级指挥员具有高度的运动战战术。因此从阵地战战术（短促突击）到运动战战术的坚决的迅速的转变，是严重的工作。对战斗员尤其是新战士，则须进行必要的技术教育。在政治工作上，一切须适应目前运动战的需要，以保证每一个战斗任务的完成。红军更要从作战中休养与整理自己，并大量的扩大自己。严肃自己的纪律，红军对广大劳苦工农群众的联系，必须更加密切与打成一片。极大的加强对地方居民的工作，红军应该是苏维埃的宣传者与组织者。目前的环境要求党与红军的领导者用一切努力，具体的确〔切〕实的解决这些基本的问题。

白区党的工作，必须建立与加强。对白区群众斗争的领导方式，必须有彻底的转变。瓦解白军工作必须真正的开始。广泛的发展游击战争，是党目前最中心的任务之一。在中央苏区、湘赣【苏区】、湘鄂赣苏区与闽浙赣苏区，党必须坚持对游击战争的领导，转变过去的工作方式，来适合于新的环境。最后，同二、六军团及四方面军必须取得更密切的联系并加强对于他们的领导，以求得全国红军的一致行动与互相配合。

政治局扩大会相信放在我们面前的这些严重的任务，我们是能够完成的。完成这些任务是以后革命战争的新的胜利的保证。新的革命战争的胜利，将使我们中央红军在云贵川三省广大地区中创造出新的苏区根据地，将使我们恢复老苏区，将使全国各地的红军与苏区打成联系的一片，并将使全国工农群众的斗争转变到胜利的大革命。

政治局扩大会相信，中国苏维埃革命有着他雄厚的历史泉源，他是不能消灭的，他是不能被敌人战胜的。中央苏区、湘鄂赣苏区、湘赣苏区与闽浙赣苏区的变为游击区，不过是整个苏维埃革命运动中部分的挫折。这种挫折丝毫也不足以使我们对于中国苏维埃革命的前途表示张皇失措，实际上帝国主义国民党就是想暂时停止苏维埃革命运动的发展也是不可能的。二、六军团与四方面军的胜利，中央红军在云贵川三省内的活跃，以及全国工农群众的革命斗争，证明整个中国苏维埃革命正在前进中。

政治局扩大会指出过去党在军事领导上的错误，对于我党的整个路线说来不过是部分的错误。这种错误也不足以使我们悲观失望。党勇敢的揭发了这种错误，从错误中教育了自己，学习了如何更好的来领导革命战争到彻底的胜利。党揭发了这种错误之后，不是削弱而是加强了。

政治局扩大会号召全党同志，以布尔什维克的坚定性，反对一切张皇失措与悲观失望的右倾机会主义，首先反对单纯防御路线。政治局扩大会更号召全党同志像一个人一样团结在中央的周围，为党中央的总路线奋斗到底，胜利必然是我们的。

选编说明：

这是张闻天为1935年1月15日至17日举行的中共中央政治局扩大会议（遵义会议）起草的决议。他在1934年10月中央红军开始长征前后毅然摒弃“左”倾错误，转到毛泽东的正确路线一边，同当时中央的一部分同志一起支持毛泽东，促成了遵义会议的召开。在毛泽东的帮助下，他在会上作了批判“左”倾军事路线的报告（又称“副报告”），并受会议委托，在会议讨论的基础上，特别是根据毛泽东的意见，并结合他个人转变过程中的思想认识，起草了这个决议。这份重要历史文献的重大历史价值至少有以下四点：

第一，它对中央红军指挥机关在第五次反“围剿”中的军事路线错误作了全面系统地总结，成为我党实现军事路线根本转变的纲领性文件。它在全党全军中的贯彻，为红军的长征胜利奠定了思想的基础。

第二，它对毛泽东的军事思想作了第一次系统的概括。它所论述的这些作战原则，体现了毛泽东为代表的人民战争战略战术思想的基本原则，因而在毛泽东军事思想的形成历史上具有重要的历史地位。

第三，它是中国共产党冲破教条主义束缚，独立自主地运用马克思主义基本原理，解决中国革命重大问题的一个光辉体现。它的形成宣告了党内占统治地位教条主义的破产和毛泽东思想的胜利，其意义尤为深远。

第四，它也是张闻天本人摆脱“左”倾教条主义，转变到正确路线上来的一个标志，是他思想变化的一个重大界碑。决议的形成固然是以毛泽东为主导的一个集体智慧的结晶，但是张闻天能够起草并主持通过这个文件，不仅完全出于他的自觉，而且决议本身也融合了他本人的若干关于中国革命战争的战略思想。

决议在批判错误军事路线的同时却对中央错误的政治路线作了肯定，这是因为会议当时需要集中力量解决作为关键也是最为迫切的军事路线问题，而没有也不可能解决错误的政治路线问题。尽管决议中包含有当时这些不可避免的时代的痕迹，但它终究是我党我军历史上少有的灿烂的篇章，张闻天起草了这一决议是他对中国革命作出的一个重大历史贡献。

后　记

为了配合国家长征文化公园（广昌段）项目建设，我们编写了《浴血广昌 1934》这本专著，旨在告诉读者引发中央红军战略转移的成因和广昌保卫战、高虎脑战役的历史意义，从而还原第五次反“围剿”期间中央红军和苏区人民与敌斗争的那段艰苦卓绝的历史。

1934 年发生在广昌境内的广昌保卫战和高虎脑战役，是中央苏区史上两次重大历史事件，也是长征前夕中央红军和广昌苏区人民用热血和生命铸就的历史丰碑。广大红军将士对党忠诚、顾全大局、英勇顽强、不怕牺牲的革命精神值得永远赞颂！广昌苏区人民为了保卫红色家园，支援革命战争，团结一心、艰苦奋斗、无私奉献、不屈不挠的革命事迹可歌可泣！为了传承好红色基因，赓续红色血脉，汲取奋进力量，我们力图在尊重史实的基础上，用有限的篇幅，将中央红军长征前夕发生在广昌境内的一些重大历史事件和重要的、鲜为人知的史实，生动具体地反映出来，力求做到科学性与可读性相结合。

本书由中共广昌县委党校原常务副校长、高级讲师、广昌红色文化研究会会长胡叔敏担任主编；县文联原主席、四级调研员谢衔生，县委党校讲师揭国柱，担任副主编；县博物馆原馆长、文博副研究员魏叶国，广昌三中高级教师杨菊秀，县委党校原副校长、高级讲师黎国兴，为编辑部成员。胡叔敏主持本书的编撰和统稿，并负责全书的审稿；谢衔生参与全书审稿；魏叶国、揭国柱、张卫国负责全书的校稿。具体分工是：胡叔敏负责前言、后记和第三章“激战高虎脑”的撰写；谢衔生负责第一章“广昌告急”和第二章“北大门失守”的撰写；揭国柱负责第四章“同仇敌忾”和附录的编撰；黎国兴负责第五章“铁血忠魂”的编撰。

本书的编撰工作，得到上级相关部门领导和专家的关心与支持，中共中央政策研究室原主任、原中央文献研究室主任滕文生为本书题写书名并题词。原中央文献研究室副主任、中央党史和文献研究院原院务委员（副部长级）陈晋为本书作序。中共江西省委党史研究室的党史专家给予了精心指导。对本书的出版，江西人民出版社的黄心刚、魏如祥等同志给予了大力支持，中共抚州市委宣传部的领导对本书的出版也予以了关心和支持。对本书的编撰工作，广昌县委、县政府非常重视，县委书记吴自胜为本书作序。同时，本书的编撰还得到了许多县直单位和乡镇的热情帮助和大力支持，在此一并表示诚挚的谢意！

在本书的编撰过程中，我们力求推陈出新、去伪存真，在尊重史实的前提下，精心提炼，数易其稿，但由于学识和水平有限，不当之处在所难免，敬请专家学者和广大读者赐教指正。

编　者

2023 年 7 月